The Professional Golf Tips

프로페셔널 골프팁

염정환 저

골프에서 정답은 없다. 다만 오랫동안 전해져 온 골프의 좋은 것들이 모여 하나의 이론이 되고 또 그것들은 패션처럼 유행도 타며 레슨 강사에 따라서도, 또 골퍼에 따라서도 바뀌고 변하여 왔다. 올바른 스윙법이나 완벽한 퍼팅에 대한 생각들은 언제나 주관적이며 사람마다 다르다. 이것은 어느 누가 말했듯이 “스윙은 지문과 같아서 모든 이가 다를 수밖에 없다”고 말한 것과 같을 것이다.

백산출판사

추천의 말

2016년 여름 브라질에서 있었던 박인비 선수의 올림픽 골프경기를 가슴 졸이며 지켜본 기억이 아직도 생생하다. 그의 올림픽 금메달이나 그랜드 슬램 달성 등을 비롯하여 대한민국 골프선수들의 PGA나 LPGA 무대에서의 눈부신 활약은 대학민국의 골프위상을 다시 한 번 드높였다.

대한민국의 골프 환경이 예전에 비하여 많이 좋아졌지만 아직도 아쉬움은 많다. 겨울이 길고 비용이 비싸며 다양한 지원도 부족한 상태다. 그런데도 대한민국의 골프는 최강이다. 이는 선수들의 열정과 노력 그리고 훌륭한 지도자들의 덕이 아닌가 싶다. 대한민국에는 정말로 훌륭한 지도자들이 많다. 그들은 나름대로의 노하우와 경험들을 바탕으로 어린 선수들에게 비전을 주며 지금도 연습매트와 거친 그린에서 꿈을 전달하고 있다.

"The Professional Golf Tips"는 골프기술로는 바이블에 가깝도록 여러 가지를 포괄적으로 다루고 있다. 독자로 하여금 선택할 수 있는 여유로운 다양성을 제시하고 있으며 개념에서부터 유용한 팁, 그리고 드릴까지 골프기술에 대한 해답이 들어 있다. 뿌리가 되는 정통적인 이론을 바탕으로 올바르게 배우고 가르치라는 메시지를 주는 책이다. 부디 이 책의 도움으로 박인비 같은 한국을 대표하는 훌륭한 선수들이 많이 배출되기를 희망해 본다.

CJ그룹 골프마케팅 부장

김민성

추천의 말

2016년 가을 보성CC에서 열린 KPGA 카이도코리아 투어챔피언십대회 마지막 날을 잊을 수 없다. 3라운드가 끝나고 왠지 감이 좋았고 한 홀, 한 홀, 최선을 다하자는 마음으로 출발한 4라운드 경기에서 투어프로들이 가끔씩 이야기하는 존(ZONE)에 들어온 것 같은 느낌이 들었다. 26언더파 KPGA 역대 72홀 최저타수의 기록 경신으로 우승하였으며 나 자신을 이긴 것 같은 뿌듯함과 가슴속 깊이 무엇인가가 솟구쳐 오르는 감동과 환희가 함께 한 날이었다.

보통 잘 친 라운드에서 많이 배우질 못한다고 하지만 나는 그렇게 생각하지 않는다. 라운드 마다 중요하지 않은 것이 없고 특히 이렇게 잘 치고 결과가 좋은 날에도 좋은 것은 얼마든지 챙길 수 있다. 자신의 스윙에 대한 믿음이 생기고 숏게임에 대한 자신감을 가진다. 인내에 대하여 알게 되고 끝까지 최선을 다하는 마음자세가 중요하다는 것을 깨닫는다.

나도 가끔씩은 아마추어를 지도할 때가 있다. 매번 남을 지도할 때마다 "누군가를 가르치는 것은 정말 힘든 일이구나"라고 느낀다. 내가 가진 노하우를 전달해야 하나, 아니면 교정을 해야 하나 고민하면서 지도했던 기억이 난다. 스윙의 어떤 것에 대하여 설명하려 할 때 원리에 대한 올바른 이해보다 "난 이론은 다 아니까 볼만 잘 맞게 해 달라"는 황당한 부탁을 많이 들어본다. 참으로 어려운 일이다.

골프에 대한 목표가 서로 다른 프로선수나 일반 아마추어를 모두 향상시키는 성공적인 결과를 끄집어내는 기술은 쉽지 않은 일이다. 이런 면에서 "The Professional Golf Tips"의 저자 염정환 교수님은 골프에 대한 열정과 오랜 지도경험을 바탕으로 다양한 층의 팬들이 많다.

최고의 목표를 가진 프로선수나 취미로 골프를 하는 아마추어라도 "The Professional Golf Tips"을 접한다면 다양한 영감을 받을 것이다. 이론적인 뒷받침과 함께 실전에 필요한 팁들이 도움이 될 것이다.

지식으로 학생들을 감동시키지 않는다는 철학을 가진 교수님에게 찬사를 보내며…

KPGA 이형준

머리말

요즘은 골프를 매우 과학적으로 접근하고 있다. 컴퓨터 그래픽을 통하여 각 선수의 구질을 보여주기도 하고 각종 분석 프로그램으로 스윙의 과정을 보다 정밀하게 나타내어 정확한 샷이 되었는지도 알려준다. 다양한 장비를 통하여 볼 비행에 관한 각종 데이터들을 뽑아내고 이러한 데이터는 스윙의 동작 교정과 함께 클럽을 피팅하는데도 활용되고 있다.

골프의 과학적인 접근은 스윙의 발전에도 큰 영향을 미쳤다. 각종 스윙분석 프로그램을 이용한 티칭은 기본이 되었으며 IT를 접목한 스윙 보조기구들은 우리의 스윙을 한 차원 발전시켰다. 골프스윙을 과학적으로 분석하여 세심하게 살펴보면 굉장히 절제된 동작으로 이루어져 있다. 매우 절제된 동작에서 강한 파워와 스피드를 만들어내야 하는 골프스윙은 그리 쉬운 동작이 아님은 틀림없다. 하지만 이 세상의 모든 훌륭한 스윙들은 자연스럽게 볼을 치는 동작에서부터 시작하여 보다 좋은 동작들을 배우며 그것들을 하나하나 갖추어 나갔다.

우리의 몸은 기계가 아니다. 그러므로 스윙의 모든 동작들을 기계적으로 만들 수는 없는 것이고 또 그럴 필요도 없다. LPGA의 전설적인 골퍼 랜시 로페즈는 "내가 단순성을 유지한다면 더 좋은 플레이를 할 것이다"라고 말하였으며 PGA 무대에서 한창 활약중인 릭키 파울러선수 역시 "복잡한 것은 싫다, 단순하게 느낌가는 대로 플레이한다"라고 하여 복잡한 이론에 휩싸인 골퍼보다 느낌 있는 단순함을 택하였다. 이는 골프를 단순하게 접근하며 목표에 집중할수록 플레이가 잘 풀리고 성적이 좋았다는 이야기다.

단순하게 생각하면 매우 단순할 수 있고 복잡하게 들어가면 한도 끝도 없는 것처럼 복잡한 것이 골프이다. 필자 역시 복잡한 골프는 원치 않는다. 어느 정도의 기본기가 충실하다면 그 다음부터는 어떤 메커니즘에 빠지는 것보다 선수의 느낌과 감각이 더 중요하다고 본다. 느낌이 살아있는 기본기가 가장 좋은 스윙일 것이다.

골프에서 정답은 없다. 다만 오랫동안 전해져 온 골프의 좋은 것들이 모여 하나의 이론이 되고 또 그것들은 패션처럼 유행도 타며 레슨 강사에 따라서도, 또 골퍼에 따라서도 바뀌고 변하여 왔다. 올바른 스윙법이나 완벽한 퍼팅에 대한 생각들은 언제나 주관적이며 사람마다 다르다. 이것은 어느 누가 말했듯이 "스윙은 지문과 같아서 모든 이가 다를 수밖에 없다"고 말한 것과 같을 것이다.

골퍼들마다 추구하는 스윙이 다르고 지도자마다 가르치는 스타일도 다르다. 결과 역시 서로 다른 방식에서 다양하게 나타났다. 이처럼 여러 가지 면에서 방식의 차이로 골프스윙이 "옳다"거나 "그르다"라고 생각하는 것은 매우 위험할 수 있다. 체형이 다르고 스타일이 다른 것처럼 우리는 골프스윙이 가지는 다양성을 인정해야 한다. 그러한 다양성을 바탕으로 골프 스윙을 보아야 하며 공통된 원칙들을 알아야 한다.

투어프로생활을 거쳐 이제는 지도자의 입장에서 강의를 하고 또 많은 아마추어들을 레슨할 때마다 스윙이나 숏게임 또는 퍼팅 등에 관한 매뉴얼 같은 교재가 있었으면 좋겠다고 생각했다. 이러한 차원에서 THE PROFESSIONAL GOLF TIPS는 골프스윙, 숏게임, 퍼팅 등에 대한 기본기를 설명하며 스코어를 줄이는 일환으로 골프의 여러 가지 게임을 소개하고 있다. 아울러 이를 바탕으로 보다 나에게 맞는 방식은 무엇일까? 효율적인 연습방법이 어떤 것이 있을까? 고민하는 독자에게 도움이 되고자 하였다. 이러한 마음에서 그동안 가지고 있던 골프에 대한 생각들을 하나하나 정리해보면서 이 책은 시작되었다.

먼저 1부 PROFESSIONAL SWING에서는 스윙을 이루고 있는 법칙이나 원리, 그리고 여러 가지 선택사항들을 살펴보았다. 골프스윙을 들여다보는 관점을 그동안 미 PGA에서 다루어 온 법칙, 원리, 선택사항이라는 큰 주제들을 통하여 다루었다. 그리하여 스윙이 어떤 것들로 이루어졌으며 좋은 스윙을 위해서는 어떤 것들을 갖추어야 하는지를 설명하려고 노력하였다. 아울러 스윙에 대한 것들은 다분히 주관적일 수밖에 없지만 최대한 그러한 부분을 조심하며 기본적인 원리를 설명하는데 힘쓰고 독자 스스로가 원하는 것을 선택할 수 있도록 최대한 주의를 기울였다.

2부 PROFESSIONAL SHORT GAME에서는 숏게임과 벙커샷, 퍼팅, 그리고 트러블샷에 대한 것들을 다루었다. 필자가 그동안 투어에서 경험한 것들과 숏게임을 잘하기 위하여 중요시되는 생각들을 기존의 이론과 접목하여 구성하였다. 먼저 숏게임에서는 꼭 알아야 하는 유용한 TIP들과 여러 가지 샷들을 소개하였다.

숏게임을 잘하기 위해서 꼭 챙겨야 하는 사항들을 자세하게 설명하였으며 또한 벙커샷과 트러블샷도 이 부분에 추가하여 독자들이 조금이라도 점수를 줄이는데 도움이 되고자 하였다. 퍼팅은 개괄적인 설명과 함께 실질적으로 퍼팅 개수를 줄일 수 있는 여러 가지 연습방법과 드릴을 소개하고 있다. 또한 여러 가지 상황에 따른 퍼팅을 소개하였으며 심리적인 부분

도 조금이나마 간략하게 다루었다.

3부 SPECIAL TIPS에서는 매니지먼트 게임을 몇 가지 변수들을 설정하여 실질적으로 코스에서 라운드를 돌며 느꼈던 것들을 표현하면서 보다 현명하게 라운드를 운영할 수 있도록 도움 되는 것들로 구성하였다. 심리적인 부분은 퍼팅부분에서 언급한 것으로만 위안을 삼으려 한다. 골프에서 심리적인 부분이 매우 크며 그것에 대한 연구는 골프에서 매우 중요할 것이다. 책 한 구석에 구색으로 골프심리를 다루기에는 바람직하지 않아 보이며 기존에 나와 있는 좋은 자료들로도 얼마든지 도움이 될 것으로 생각된다.

사실 한 권의 책으로 골프의 많은 것들을 다루기는 쉽지 않다. 하지만 골프의 이런 저런 것들을 두루두루 아우를 수 있었음에 위안을 삼으며 이 글을 읽는 분들이 보다 즐거운 골프를 즐기길 바란다. 어떻게 골프 책을 구성할 것인가를 놓고 여러 날을 고민하며 집필을 위해 오랜 시간 동안 정리하고 정성들여 만들었지만 미흡하고 부족한 부분이 많으리라 사료된다. 이러한 사항들은 앞으로 수정, 보완을 거쳐 더욱 완성도 있는 모습을 갖추어 나가도록 노력할 것이며 부디 이 책의 발간으로 이제 갓 클럽을 잡은 아마추어에서부터 한국의 골프를 짊어지고 나갈 국가대표나 프로선수, 또는 골프를 즐기는 모두에게 조금이나마 도움이 되길 바란다.

끝으로 이 책이 나오기까지 그간 사랑과 관심으로 지켜봐 주시면서 마음으로부터 아낌없이 격려를 해주신 한국골프대학 송충석 총장님, 단국대학교 최종진 전 부총장님과 그리고 같이 근무하는 한국골프대학 여러 교수님들께 깊은 감사를 드린다. 또한 사진과 정리를 도와준 이상인 교수에게도 감사의 마음을 전하며 언제나 좋은 책을 만들기 위해 애쓰시는 백산출판사 진욱상 사장님께 머리 숙여 감사를 드린다. 항상 내게 힘이 되는 아내 명숙과 딸 하주, 아들 찬희에게도 사랑의 마음을 전하며 이 책의 시작에서 끝까지 주관하신 하나님께 감사와 영광을 돌린다.

2016년 10월에

염 정 환

목차

제1부 PROFESSIONAL SWING

- 스윙의 법칙, 원리, 선호도에 대한 관찰

제2부 PROFESSIONAL SHORT GAME

- 숏게임, 벙커샷, 퍼팅, 트러블 샷

제 1 부

PROFESSIONAL SWING

– 스윙의 법칙, 원리, 선호도에 대한 관찰

"당신의 스윙에서 가장 좋은 선생님은 볼의 비행궤적이다."

– 벤 호건

제 1 장

스윙의 법칙

골프스윙이 무엇이라고 한마디로 정의하기란 무척 힘들 것이다. 우리가 인식하고 있는 골프스윙에 대한 많은 정보들은 오랫동안 전해져오는 경험적인 결과물일 수 있다. 하지만 이러한 정보들조차도 잘못 전해지거나 주관적인 것들이 많다. 우수한 선수의 동작이나 그들이 주장하는 견해, 성공한 지도자가 외치는 주장들은 어느 정도 가치가 있거나 설득력이 있어 보이지만 그 역시 개인적인 의견의 한계성을 떨치지는 못한다. 많은 지도자들의 골프스윙에 대한 상반된 주장 역시 우리를 헷갈리게 하고 있으며 그러한 주장들은 자기 나름대로의 이론으로 해석하고 정립하여 세상에 펼쳐 놓고 있다. 하지만 이러한 한계에도 불구하고 우리는 계속해서 골프를 이해하고 좋은 스윙을 위해 노력해야만 한다.

몇몇의 과학자들은 골프스윙을 과학적으로 접근하여 보다 효율적인 퍼포먼스를 내는데 도움이 되는 검증된 데이터를 제시하기도 하였으며 좋은 선수들의 공통된 점을 뽑아서 그것들을 갖추어야 보다 나은 스윙을 할 수 있다고 어필하는 지도자도 많다. 이처럼 스윙에 대한 여러 가지 연구나 과학의 도움으로 기량향상을 위한 여러 가지 교육적인 시스템이 좋아진 것은 사실이다. 이렇게 많은 지도자들이나 과학자들의 노력에 의해 골프스윙을 들여다보는 눈은 밝아졌으며 이런 것들을 토대로 선수들의 기량은 더욱 향상되었고 더 효율적으로 골프를 칠 수 있게 되었다.

골프스윙에 대한 논의는 예나 지금이나 많은 지도자들과 선수들마다 각자의 주장하는 외침이 다를 수 있으나 볼이 어떻게 날아가고 어디로 가는지에 대한 과학적이며 물리적인 요소에 대해서는 서로 다른 견해를 보이지 않는다. 이것은 법칙에 대한 이야기로 골프에서 법칙을 말한다면 볼이 날아가는 것에 대한 원인과 결과로 설명할 수 있다.

법칙은 절대적이다. 물이 높은 곳에서 낮은 곳으로 흐르듯이 변하지 않는 물리적인 진리이다. 골프스윙에 있어서 법칙은 볼이 날아가는 것에 영향을 미친다. 당연한 얘기 같지만 볼은 감정이 없으며 치는 사람의 스타일이나 기량에 관심이 없다. 다만 헤드에 접촉하는 물리적인 행위에 반응만 할 뿐인 것이다. 볼이 날아가는 결과물로만 볼은 자신을 표현한다.

스윙 전면(백스윙, 임팩트, 팔로스루)

스윙 측면(백스윙, 임팩트, 팔로스루)

임팩트

임팩트 직후 하체 회전 모습

법칙은 방향이나 거리, 탄도에 결정적인 영향을 주는 것들이며 원리와 선택사항들보다 상위에 위치한 변하지 않는 견해에 해당된다. 만약 볼을 치면서 법칙에 대한 이해가 없고 이것들에 대한 견해를 무시한다면 분명 원하는 볼을 치지 못할뿐더러 더 많은 시행착오를 겪을 것이다. PGA에서 많은 영향을 끼친 게리 와이언(Gery Wiren) 박사를 비롯하여 많은 지도자들이 골프에 대한 법칙을 5가지로 규정하였는데 헤드 스피드, 페이스 각도, 헤드의 경로, 헤드의 접근각, 명중성이 그것이다.

1 헤드 스피드

골프는 거리, 방향, 탄도를 조절하여 원하는 곳에 볼을 보내는 게임이다. 이 중에서도 거리는 많은 골퍼들의 영원한 숙제이면서 장타를 치는 것은 모든 골퍼의 로망일 것이다. 키 작은 사람이 키가 큰 사람보다 더 멀리 칠 수도 있고 체중이 가벼운 사람이 무거운 사람보다 더 멀리 칠 수도 있다.

그렇다면 어떻게 하면 더 멀리 칠 수 있는 것일까? 선천적으로 볼을 잘 히팅하여 멀리 치는 능력을 타고난 사람도 있다. 이것은 어찌됐던 분명 큰 축복을 받은 사람이다. 하지만 대다수는 거리를 좀 더 보내려고 별별 수단과 방법을 써가며 애쓰고 있다. 스윙을 가다듬고 헬스를 하며 더 멀리 날아간다는 드라이버를 찾아 헤매고 다닌다. **더 멀리 치는 조건을 일일이 나열한다면 끝이 없겠지만 다음 몇 가지는 볼을 멀리 치는데 빠지지 않는 요인들이다. 장타를 칠 수 있는 좋은 몸을 갖는 것, 좋은 스윙을 토대로 잘 갖춰진 올바른 기술을 취하는 것, 그리고 자신의 스윙에 맞는 장비를 선택하는 것이 바로 그것이다.**

장타를 치는데 유리한 몸은 선천적으로 타고날 수도 있지만 그렇지 않다면 운동을 통하여 만들 수 있다. 똑같은 기술을 가졌다면 근력이나 스피드, 순발력 등 체격적으로 우위에 있는 몸이 거리를 내는데 경쟁력이 있을 것이다. 생리학적으로 여자가 남자보다 멀리 치지 못하는 이유도 남녀가 가지는 기본적인 체력의 차이 때문이다.

현대 골프는 파워를 중심으로 장타를 치는 선수에게 점점 더 유리해지는 경향이 있다. 예전에는 짧게 쳐도 숏게임이 좋은 선수가 우승하는 경우가 많았지만 최근에는 장타자들이 우승하는 예가 더욱 많아졌다. 이는 골프 코스가 점점 더 길어지고 그린도 더욱 딱딱해지며 코스의 난이도가 점점 높아지고 있기 때문이다. 따라서 최근에는 투어프로들 중에 골프에 좋다는 헬스나 요가, 피트니스 등을 하지 않는 선수를 찾아보기 힘들다. 4라운드를 무리 없이 소화해 내야 하는 강철 체력을 기르는데 집중하고 스윙의 스피드가 떨어지지 않도록 근력이나 유연성, 지구력, 순발력 운동을 끊임없이 훈련한다.

"골프 장비 중에 가장 중요한 장비는 바로 몸이다"라는 말이 있다. 이는 그 어떤 좋은 클럽도 골프스윙에 적합한 몸이 갖춰져 있지 않으면 소용이 없다는 뜻이다. 여러 가지로 체력적인 부담이 있는 노인과 팔팔한 젊은이의 스윙이 같을 수는 없지만 적어도 스윙의 기술적인 부분을 생각하기에 앞서 현재 가지고 있는 몸의 상태를 점검하고 골프에 더 유리한 체력적인 조건을 더 갖춘다면 지금보다는 더 멀리 칠 수 있는 가능성이 있는 것이다. 사실 구력이 짧은 골퍼들은 몸의 움직임이나 클럽을 다루는 기술이 좋아지면서 거리가 늘 수는 있지만 구력이 오래되었으며 어느 정도 스윙의 완성도가 갖추어진 골퍼들은 스윙을 개선하여 거리를 늘리는 데 한계가 있다. 그러므로 장타를 치는데 가장 중요한 요소는 튼튼한 하드웨어를 갖추는 것이 기본인 것이다. 조금 슬픈 이야기지만 골프에서 멀리 치는 것을 포기한다면 그 골프는 골프의 진정한 도전이나 묘미를 하나쯤은 포기한 것이나 다름이 없다. 따라서 60세가 넘은 나이라 하더라도 조금이라도 더 멀리 치려는 마음자세가 있어야 한다. 아니 나이를 떠나서 골프채를 놓지 않는 이상 조금이라도 더 멀리 치려는 마음이 항상 있어야 한다. 그러려면 몸 관리를 철저히 하고 이것은 그린을 공략할 때에 더 짧은 클럽을 쥐게 되는 보상으로 따라올 것이다.

장타를 치는데 필요한 스윙 기술을 정리하면, 빠른 헤드 스피드를 가져야 하며 헤드 중앙에 맞출 수 있는 타격 기술, 그리고 커다란 스윙아크가 해당된다. 헤드 스피드는 볼 스피드를 결정하며 스핀량과 발사각도가 결합하여 거리에 가장 많은 영향을 주는 요소이다. 과학적인 장비를 동원하여 헤드 스피드를 측정하면 수치상으로 대략 그 선수가 낼 수 있는 한계치의 거리를 알 수 있다. 예를 들어 어떤 선수가 내는 헤드 스피드가 110마일이라면 120마일이 나오는 선수 보다는 짧게 치는 것이 당연할 수 있다. 하지만 헤드가 볼을 향해 들어오는 접근 각도나 볼의 스핀량에 따라 거리는 조금씩 달라질 수 있다. 하지만 틀림없는 사실은 헤드 스피드가 거리에 절대적인 영향을 미친다는 것이다. 선천적으로 여러 가지 신체조건을 좋게 가지고 태어나 특별한 훈련 없이도 스피드를 빨리 낼 수 있는 사람도 있지만 대부분은 좋은 스윙 기술을 터득하고 고된 훈련을 통하여 헤드 스피드를 늘릴 수 있다.

헤드 스피드를 내는데 필요한 스윙 기술의 요소들을 압축한다면 코킹에 대한 문제와 체중 이동, 그리고 몸의 회전이다. 코킹에 대한 이야기는 제2장 스윙의 원리에 있는 레버시스템 부분에서 자세하게 다룰 것이며 체중이동에 관한 것도 동적인 균형에서 자세하게 살펴볼 것이다. 다만 몸의 회전에 대한 부분을 조금 살펴보면 회전력은 스피드를 내는데 꼭 필요한 힘이다. 위로 들어 내려치는 힘과 함께 몸의 꼬임을 이용한 올바른 회전력은 거리를 늘릴 수 있는데 꼭 필요한 기술이다.

상체의 올바른 회전은 가끔씩 하체의 잘못된 움직임으로 소용이 없게 되는데 가장 빈번히 나타나는 오류 중의 하나가 테이크백 시 손이 허리쯤 올라 갈 때 하체가 버티질 못하고 같이 움직이는 것이다. 이것은 하체와 상체의 꼬임각 차이를 없애주어 정확한 볼의 가격을 방해

어드레스에서 백스윙까지의 어깨와 허리 움직임

하고 거리손실을 가져온다. 유연성이 뛰어난 골퍼는 상체의 충분한 꼬임에도 불구하고 하체는 그대로 고정되는 모습을 띤다. 이러한 상체의 올바른 꼬임과 하체의 튼튼한 버팀은 장타를 칠 수 있는 기본자세가 된다. 하체를 고정시키고 왼쪽 어깨를 충분히 회전시키기 위해서는 많은 유연성을 필요로 한다. 왼쪽 어깨를 많이 넣는 감각이 어렵게 느껴지는 골퍼는 상체의 오른쪽부분(오른쪽 어깨를 중심으로)을 뒤로 회전하는 방법을 이용하기도 한다. 방법이야 어떻든 몸의 축을 잘 유지한 상태에서 상체가 충분히 꼬아지는 x-factor의 자세가 장타의 기본임이 틀림없다.

또한 상체는 왼쪽 어깨가 턱을 치듯이 수평회전을 하는 것이 올바른 회전인데 이때 손과 팔이 클럽을 너무 뒤로 치우치지 않도록 주의해야 한다. 셋업 때 왼손보다 오른손이 내려가 잡기 때문에 왼 어깨도 오른 어깨보다는 살짝 높게 마련이다. 이러한 모양은 백스윙을 하면서 위치가 바뀌어 왼 어깨가 오른 어깨보다 살짝 낮은 위치로 회전하게 된다. 이러한 어깨가 회전할 때 각도가 너무 없어 밋밋한 회전이나 각도가 너무 커져 구겨진 스윙을 한다면 완전한 회전이 되지 않거나 올바른 몸의 꼬임을 하지 못하게 된다. 따라서 백스윙을 연습할 때에 하체의 고정과 함께 어깨의 회전 각도를 살펴야 한다.

몸의 올바른 회전과 함께 손과 팔이 클럽을 움직이는 방향을 함께 체크하여야 한다. 대부분은 상체의 수직회전이 클럽이 다니는 방향을 좋게 할 수는 있으나 올바른 몸의 회전은 방

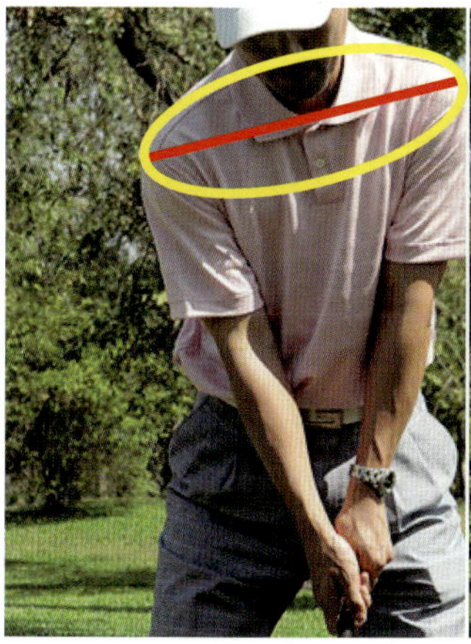

어깨각도(셋업)

어깨각도(테이크 백)

어깨각도(백스윙 탑)

해하고 반대로 상체의 올바른 수평회전은 클럽이 다니는 방향을 너무 뒤로 위치시키는 경향이 있다. 따라서 이에 대한 올바른 이해가 있어야 한다. 상체의 올바른 꼬임과 손과 팔의 움직임으로 인한 클럽의 올바른 이동은 항상 결합된 형태를 띠지만 연습은 몸의 회전과 손, 팔의 움직임의 분리된 연습과 결합된 연습이 동시에 필요하다.

몸의 수평회전을 돕는 드릴 중의 하나는 야구스윙을 연습하듯이 손과 헤드를 평소보다 위로 올린 상태에서 상체를 수평으로 회선하여 백스윙하고 꼬아진 상체를 다시 풀어주는 형태의 연습이다. 이때 팔로스윙의 스피드를 내지 않고 꼬아진 상체를 풀어주는 느낌으로 몸통을 회전하여 스피드를 내야 한다. 상체가 수직으로 구겨지면서 도는 것을 체크하고 팔에 의한 스피드를 자제하여 상체의 올바른 수평회전을 하도록 신경 쓴다. 이 연습법은 올바른 상체의 수평회전이 안되거나 손과 팔에 너무 의존한 스윙을 하여 스피드를 잃는 골퍼들에게는 매우 좋은 드릴이라고 할 수 있다.

또한 올바른 몸의 회전을 위해서는 머리의 위치나 움직임도 중요하다. 백스윙 시 머리를 너무 고정한 나머지 스윙이 구겨지거나 올바른 꼬임이 되지 않는 골퍼가 많다. 머리를 움직이지 않고 백스윙이 올바른 자세로 형성되는 것은 뛰어난 유연성과 많은 연습이 필요하다. 하지만 유연성이 떨어지고 연습량이 그리 많지 않는 골퍼라면 머리의 위치를 너무 고정시키려는 스윙은 바람직하지 않다. 그렇다고 머리의 움직임을 무시하라는 얘기는 아니다. 움직이는 폭의 문제가 있겠지만 좌우로 약간씩 움직이는 자연스러운 백스윙은 오히려 결과를 좋게 만들 수 있고 몸의 부담을 줄여준다.

임팩트

팔로스루

피니시

백스윙의 이상적인 모양은 왼쪽 힙과 머리의 위치로 체크할 수 있는데 왼쪽 힙보다 머리가 오른쪽에 위치해야 올바른 백스윙이 되는 것이다. 그래야 셋업에서 이루어진 척추각도가 그대로 유지되면서 백스윙되는 것이고 올바른 포워드스윙을 기대할 수 있다. 이러한 모양은 특히 숏 아이언보다는 우드처럼 긴 클럽을 사용할 때 더욱 두드러지게 나타난다.

코킹의 적절한 이용과 올바른 체중 이동, 그리고 하체가 버티면서 최대한 꼬아지는 상체의 올바른 회전은 장타를 위한 기본적인 동작들이다. 선천적으로 뛰어난 감각과 체력을 갖추었든 기술의 완성도를 높이어 헤드 스피드를 높이든 골프에서 거리는 중요한 요소이고 거리는 헤드 스피드에 의하여 가장 영향을 많이 받는다는 것을 부정할 수 없는 사실이다. 따라서 올바른 기술을 익히거나 유연성이나 순발력 등 골프에 필요한 신체적 능력을 갖추는데 꾸준한 노력이 있어야 남보다 멀리치는 즐거움을 가질 것이다.

2 클럽 페이스 포지션(페이스 각도)

클럽 페이스 포지션은 볼의 방향을 결정하는 가장 기본적인 요인이다. 임팩트 때 클럽 페이스가 목표에 직각으로 맞았느냐, 열려 맞았느냐, 닫혀 맞았느냐의 문제는 클럽이 다니는 궤도와 결합하여 기본적인 구질을 형성한다. 임팩트 때 클럽 페이스 포지션이 어떠하냐에 따라 볼의 방향을 결정하는데 골프를 치면서 비기너와 숙련자의 차이를 가장 잘 나타나 보이는 것이 바로 이 부분일 것이다.

숙련자들은 오랜 경험을 바탕으로 임팩트에서 클럽 헤드를 직각으로 가져가는데 익숙하지만 초보자들은 임팩트 시점에서 헤드를 목표에 직각으로 가져가는 것이 쉽지 않다. 대부분의 초보자들은 목표보다 오픈된 상태로 임팩트 하기가 쉬우며 이로 인해 푸시 또는 슬라이스를 유발할 가능성이 높다. 우리가 골프를 처음 시작하고 얼마나 많은 볼을 오른쪽으로(왼손잡이는 왼쪽) 보냈는지 생각하면 이해가 갈 것이다. 이렇게 초보자들이 볼을 오른쪽으로 보내는 이유는 클럽 페이스가 임팩트 시점에서 열려서 나타나는 당연한 현상이다. 바로 클럽 페이스의 포지션에 따라 볼의 방향이 달라짐을 그때는 몸과 손, 팔이 이해하지 못했으니 분명 초보자일 수밖에 없었던 것이다.

클럽 헤드를 열고 닫는 것을 결정하는 가장 주된 곳은 손이지만 팔동작이나 몸의 움직임이 어떠하냐에 따라서도 매우 다르게 나타난다. 클럽 헤드를 열고 닫는 것은 손, 팔 그리고 몸의 동작으로 압축하여 설명할 수 있다. 원하지 않는 볼의 방향은 페이스와 궤도를 함께 살펴야 하지만 페이스에 대한 문제만을 살펴보면 다음과 같은 것이 있을 것이다.

먼저 손의 모양이나 동작 그리고 위치에 따라서 클럽의 헤드는 여러 형태로 열리거나 닫힐 수 있다. 먼저 그립의 모양에 따라 구질은 많이 결정된다. 스트롱한 그립은 분명 페이스를 닫는데 도움이 되는 그립이며 슬라이스를 고치는 방법이 될 수 있다. 반면 위크한 그립은 페이스를 열거나 양손이 임팩트 이후 로테이트 되는 것을 방해하여 페이스를 여는데 유리한 그립이다. 이처럼 페이스는 그립을 어떻게 취하느냐에 따라 열리거나 닫힐 수 있어 페이스의 방향을 체크할 때는 먼저 그립의 모양을 살펴보아야 한다.

손과 헤드가 올바른 상태

왼 손목이 꺾여 헤드가 오픈된 상태

둘째, 헤드의 세팅이 바르게 되어 있는지도 매우 중요하다. 아무리 좋은 그립이라 할지라도 헤드의 세팅이 바르게 되어 있지 않고 닫히거나 목표에 열려 있다면 소용이 없을 것이다. 때문에 그립을 잡기 전에 헤드의 올바른 세팅이 항상 선행되어야 한다. 임팩트 때 열리는 경향이 많아 미리 조금 닫힌 상태로 헤드를 셋업하는 사람이 종종 보이지만 이는 권장할 만한 것이 못된다. 이런 셋업은 일시적인 효과는 있을지 몰라도 올바른 동작의 임팩트 모양을 가지게 되면 닫힌 클럽 페이스가 분명 문제를 가져다 줄 것이다. 골프는 일관성의 게임이기 때문에 이러한 셋업은 통제할 수 없는 실수를 가져오며 언젠가는 이것이 본인의 아킬레스건으로 다가올 것이다. 따라서 올바른 헤드의 셋업은 기본 중의 기본이다.

하체의 셋업 자세(7번 아이언)

셋째, 어드레스에서 백스윙을 시작하는 단계에 손의 올바르지 않은 동작으로 헤드가 닫히거나 열리는 경우가 많다. 이 경우는 백스윙 탑의 단계에서도 연장되어 헤드가 스퀘어하지 못하고 열리거나 닫히게 된다. 셋업에서 헤드가 목표에 똑바른 모습이 있다면 백스윙 탑 자세에서도 헤드는 목표에 스퀘어한 것이 좋다. 하지만 많은 골퍼들이 셋업에서는 헤드의 정렬에 많은 신경을 쓰지만 백스윙 탑의 자세에서는 헤드가 열려 있는지 아니면 닫혀 있는지에 대하여 무관심한 것 같다.

백스윙 탑에서 목표에 올바르게 정렬된 헤드의 모양은 분명히 목표지점에 볼을 보낼 수 있는 기회를 더 많이 제공한다. 백스윙 탑 자세에서 헤드가 올바르게 정렬되지 못하는 이유는 코킹으로 인한 손목의 잘못된 모양이 가장 주된 요인이다. 왼 손목의 모양은 그립과 결부되어 헤드의 모양을 열고 닫는데 중요하게 작용한다. 또한 손이 허리쯤에 올라올 때 헤드가 세로로 일직선이라고 생각하여 헤드를 빨리 여는 경우가 많은데 이것은 임팩트에서 상당히 열려 맞는 경우가 많이 발생한다.

이러한 경우에는 헤드가 허리 위치에서 상체가 숙여진 각도 정도로 헤드 페이스가 닫혀 있도록 해야 한다. 헤드의 열고 닫힘을 체그히는 방법으로 백스윙과 포워드스윙에서 손이

스퀘어

오픈

클로즈드

허리 높이일 때 손과 헤드의 위치와 모양이 매우 중요하다. 손의 위치에 따라 헤드의 위치가 많이 달라질 수 있고 또 손의 모양에 따라 헤드의 방향은 완전히 다른 모습으로 나타나기 때문이다.

넷째, 양팔동작이 어떻게 행해지느냐에 따라서도 클럽 페이스는 방향이 달라질 수 있다. 너무 경직된 자세로 인해 왼팔의 적절한 회전이 되지 않거나 양손의 올바른 릴리스 방해도 클럽 페이스를 열게 하는 원인이 된다. 백스윙을 할 때 양팔은 아주 미세하게 회전을 하게 되는데 백스윙 탑을 거쳐 포워드스윙으로 전환하면서 임팩트를 향해 들어오는 동작도 역시 백스윙의 반대 방향으로 양팔이 회전하게 된다. 만일 이러한 자연스러운 회전이 되지 않으면 클럽 페이스의 올바른 각도 유지는 어렵게 된다.

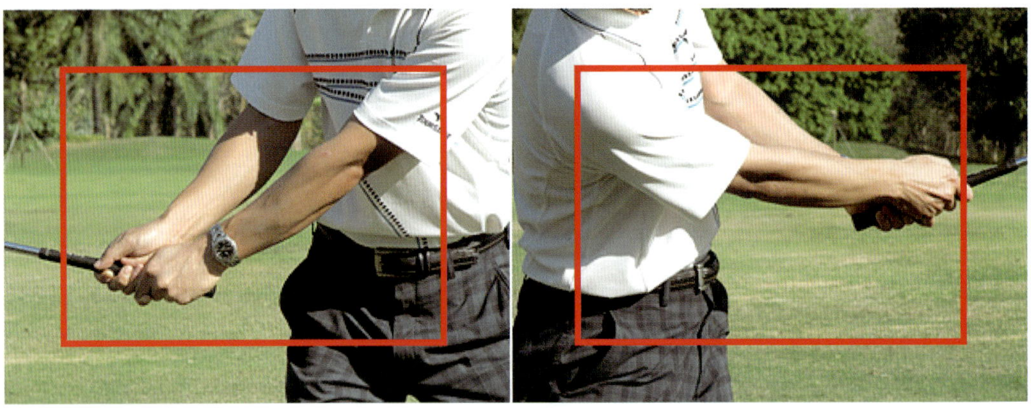

양팔이 회전된 하프스윙 자세

특히 초보자의 경우 포워드스윙에서 과도하게 경직되거나 클럽을 끌어내리는 동작에 치우쳐 양팔의 회전 없이 임팩트를 하여 클럽 페이스가 열린 상태로 볼을 치는 경우가 많이 발생한다. 또한 이러한 동작을 고치기 위해 양손의 느낌으로만 로테이트 동작을 가져가 클럽을 닫으려 한다면 이 역시 일관된 클럽 페이스의 스퀘어는 찾기 힘들다. 따라서 양팔의 자연스러운 회전을 이해해야 한다. 또한 과도한 코킹으로 인한 양팔의 블로킹도 클럽 페이스를 임팩트 시점에서 열리게 하며 반대로 손목이 빨리 풀려 클럽 페이스가 닫히는 경우도 있다. 이처럼 양손의 올바른 코킹 동작과 풀림, 그리고 양팔의 올바른 회전은 클럽 페이스를 열고 닫는데 중요한 역할을 한다.

백스윙

임팩트

팔로스루

다섯째, 몸의 동작을 어떻게 취하느냐에 따라서도 헤드가 열리고 닫힐 수 있다. 사실 헤드를 열고 닫는데 영향을 주는 몸의 동작을 다 열거하기란 너무 많고 또 그것을 이해하기도 쉽지 않다. 하지만 대체적으로 포워드스윙에서 몸이 앞으로 많이 이동하거나 회전이 많으면 클럽 헤드는 그 반대로 열리기 쉽다. 반대로 몸의 이동이 적고 회전이 없으면 클럽 헤드는 닫힐 가능성이 크다. 쉬운 예로 백스윙 탑에서 상체를 많이 움직이고 회전이 많은 사람은 클럽이 열려 슬라이스를 치는 경우가 많다. 이러한 골퍼는 백스윙 때 꼬아진 상체를 조용히 놔두고 팔로만 하는 포워드스윙을 유도하면 클럽을 빨리 닫을 수 있어 슬라이스를 고칠 수 있다. 이처럼 몸의 이동과 회전도 클럽 페이스를 열고 닫는데 매우 중요한 역할을 하며 손과 팔이 휘두르는 클럽의 속도와 맞는 적절한 몸의 움직임이 클럽 페이스를 목표에 직각으로 가져가는 좋은 방법이다.

여섯째, 클럽을 열고 닫는데 영향을 주는 요소는 타이밍도 한몫을 한다. 스윙은 시간차의 싸움이라고도 할 만큼 어드레스에서 백스윙을 하고 임팩트를 거쳐 피니시까지 하는 동안에 이루어지는 시간의 조절을 얼마나 잘 하느냐에 따라 볼의 방향과 거리를 결정한다고 볼 수 있다. 몸의 움직이는 순서와 클럽 헤드가 움직이는 속도를 잘 조절하는 것이 타이밍을 잘 조절하는 것일 수도 있는데 이러한 것들은 임팩트 때 클럽을 열고 닫는데 영향을 준다. 이처럼 스윙을 하는 동안 몸이 쓰여지는 순서가 올바르게 정렬되었을 때 보다 강력하고 똑바른 임팩트를 기대할 수 있다.

손의 모양이 어떻게 형성되고 어떠한 팔동작을 하며 몸의 움직임을 어떻게 취하느냐에 따라 클럽 페이스는 직각으로 또는 열리거나 닫히기도 한다. 클럽 페이스의 목표에 대한 스퀘어 접촉은 사람마다의 감각에 따라서 달라질 수 있으나 위에 설명한 손, 팔 그리고 몸동작을 부분적으로 살피면서 연습한다면 얼마든지 더 빠르게 향상시킬 수 있을 것이다.

슬라이스를 고치는데 도움이 되는 드릴

1. 스퀘어나 위크보다 스트롱한 그립으로 바꾼다.
2. 백스윙 동작에서 왼 손목을 펴는 동작으로 헤드가 열리지 않게 한다.
3. 테이크 백과 포워드스윙에서 허리쯤에 있는 헤드가 열리지 않게 주의한다.
4. 왼팔을 앞으로 나란히 하고 오른손만으로 스윙한다.
5. 왼손으로 오른 어깨를 잡고 머리를 고정시켜 스윙한다.
6. 야구 스윙처럼 플랫하게 헤드가 인사이드로 들어오게 연습한다.
7. 그립을 왼손과 오른손을 분리하여 잡고 올바른 릴리스를 느껴본다.
8. 오른발을 뒤로 빼어 하체의 움직임을 최소화하여 연습한다.
9. 왼발 오르막이나 발끝 오르막 샷의 연습을 많이 한다.

3 헤드의 경로(스윙의 궤도)

연습장에 가보면 스윙이 참으로 요란한 사람이 있다. 백스윙에서 헤드가 한 바퀴 돌고 내려와도 볼만 앞으로 잘 나간다. 하지만 그다지 볼품이 없어 보이고 일관성도 떨어진다. 보통 골퍼의 스윙을 평가할 때 가장 많이 눈에 들어오는 것이 바로 헤드의 움직임이다. 너무나 당연한 소리 같지만 사실 볼은 손이나 몸이 치는 것이 아니라 클럽의 헤드가 친다. 헤드의 움직임에 따라 거리도 달라지고 방향도 결정된다. 요란한 몸 움직임에도 불구하고 올바른 궤도를 따르는 헤드의 움직임은 견고한 임팩트와 함께 올바른 방향성을 낳는다.

볼의 구질을 결정짓는 원인은 의외로 간단하게 임팩트에서의 페이스 각도와 헤드의 경로 두 가지로 함축될 수 있다. 볼이 곧게 나가거나 휘게 하는 다른 수많은 이유들은 위의 두 원인에 영향을 주는 간접 요인들인 것이다. 이 중에서도 스윙의 경로는 임팩트 존에서 어떠한 방향으로 헤드가 들어오고, 또 빠져나가느냐의 문제이다. 사실 빠르게 스윙을 하면서 원하는 궤도까지 정확하게 구사하는 것은 웬만한 노력이 없이는 해내기 힘들다. 임팩트 존에서 헤드가 목표에 따라 어떻게 움직이느냐에 따라 방향은 매우 다른 방향으로 결정될 수 있다.

헤드가 스퀘어하게 지나느냐, 아니면 인-아웃으로, 또는 아웃 인으로 지나가느냐의 문제는 아마도 골프를 하는 한 계속해서 고민해야 하는 문제이며 이러한 헤드의 경로 문제는 방향을 결정하는 중요한 요소인 것이다.

헤드의 경로를 결정짓는 것은 대체적으로 손의 동작과 위치, 팔의 움직임, 그리고 몸의 동작으로 나타날 수 있다.

먼저 손의 동작은 헤드의 경로를 나타내는 중요한 열쇠가 된다. 예를 들어 테이크 백 때 왼 손목의 모양이 바깥쪽으로 심하게 꺾인다면 낸시 로페즈나 줄리 잉스터의 스윙처럼 헤드는 올바른 라인에서 안으로 쳐져있을 것이고 반대로 안쪽으로 꺾여 있다면 리키파울러나 라이언 무어처럼 헤드는 올바른 라인에서 바깥쪽으로 형성되어 있을 것이다. 이처럼 작은 손목의 움직임의 변화가 스윙궤도를 결정짓는 중요한 단초가 된다.

손의 동작은 테이크 백뿐만 아니라 탑의 모양에서도 헤드의 궤도를 결정하는 중요한 부분이다. 손목이 어떤 모양을 취하느냐에 따라 헤드가 머리 쪽으로 향하거나 또는 아래쪽으로 쳐져 있을 수도 있다. 손목의 모양에 따라 스윙의 어느 부분에서 헤드의 위치와 페이스 각도가 달라지며, 코킹이 덜 되거나 더 되기도 한다. 따라서 손의 움직임은 클럽 페이스를 결정하는 중요한 요소이기도 하지만 헤드의 경로를 결정하는 매우 중요한 동작이라 할 수 있다. 따라서 헤드의 올바른 궤도를 위해서는 손의 움직임과 어떤 모양을 취하는지 세심한 주의가 필요하다.

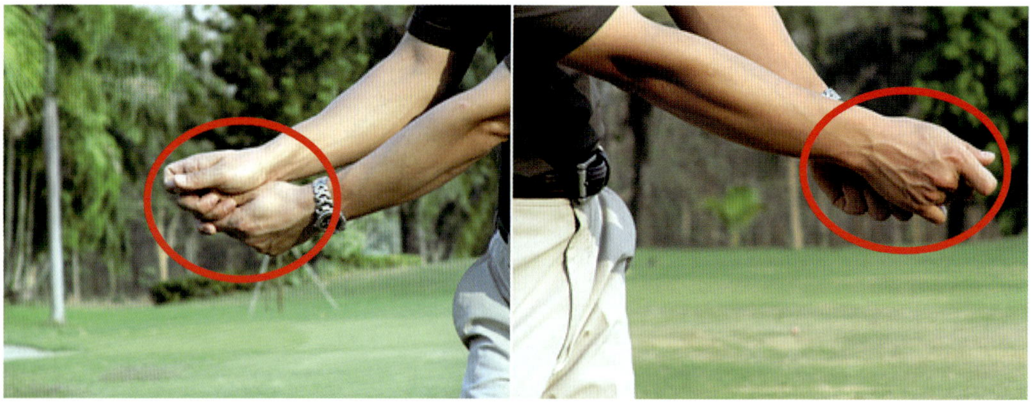

하프스윙 손동작

손의 모양 못지않게 손의 위치도 스윙궤도를 형성하는데 중요한 영향을 미친다. 손의 위치가 테이크 백 때 바깥쪽으로 위치하면 헤드 역시 바깥쪽으로 형성되거나 아니면 헤드의 위치를 바로 잡기 위하여 손목이 꺾이는 오류가 발생한다. 또한 테이크 백에서 손의 위치가 너무 안쪽에 위치한다면 헤드의 위치 역시 너무 안쪽으로 쳐져서 위치할 가능성이 크다.

탑의 모양에서는 손의 위치에 따라 스윙의 높고 낮음이 결정된다. 보통 양손의 위치가 오른쪽 어깨를 기준으로 어깨보다 살짝 높으면 이상적이고 어깨에 위치하면 플랫한 스윙, 어깨보다 많이 높으면 업라이트 스윙으로 구분된다. 신장이나 팔의 길이, 셋업의 모양에 따라 스윙의 높이는 서로 다르게 나타나지만 스윙의 높이를 결정하는 가장 중요한 것은 역시 손의 위치이다.

팔의 움직임은 양팔의 삼각형 구도나 팔의 회전에 따라 스윙궤도가 달라진다. 특히 왼팔의 올바른 회전이 스윙궤도를 많이 다르게 하며 오른 팔꿈치의 모양이 헤드의 움직임에 영향을 많이 준다. 백스윙이나 임팩트 이후 팔로스루에서의 양팔이 이루는 삼각형 구도는 스윙궤도를 나타내는 중요한 척도가 된다. 백스윙에서 오른 팔꿈치가 너무 높으면 헤드의 궤도는 너무 머리 쪽으로 향할 것이며 오른 팔꿈치가 몸에 너무 붙어 있어 낮으면 헤드 궤도는 너무 몸 뒤로 쳐져 있을 것이다. 백스윙에서 왼팔은 펴지고 오른 팔꿈치가 접히는 동작은 스윙을 자연스럽게 휘두르는 동작에서 몸에서 오른팔이 가깝기 때문이며 이러한 동작이 이루어져야지만 올바른 임팩트를 가져올 수 있고 또한 효율을 낼 수 있다.

올바른 위치와 헤드 움직임

〈오픈된 페이스〉

〈클로즈된 페이스〉

팔로스루에서도 이러한 동작은 똑같이 적용되어 오른팔은 던져지듯이 펴지며 몸에서 가까운 왼팔은 자연스럽게 접히며 스윙의 피니시를 맞이한다. 이러한 동작은 스윙의 크기에도 영향을 많이 미치며 만일 이러한 동작이 자연스럽게 되지 않는다면 분명 스윙은 매끄러운 원호를 그리지 못하고 어딘가 구겨지거나 필요 이상의 스윙 모양이 만들어질 것이다.

이처럼 스윙의 원호에 매우 중요한 영향을 미치는 것이 양팔의 동작이다. 특히 팔로스루 동작에서 닭날개짓 같은 올바르지 않은 동작은 대부분 양팔이 스윙할 때 올바르게 회전되어야 하는데 이러한 부분이 잘못되어 나타나는 경우가 대부분이다. 이러한 동작을 고치는 드릴로 겨드랑이에 헤드커버나 수건 등을 끼우고 스윙을 연습하는 방법이 있는데 이 연습법은 양팔과 몸통 스윙의 일체감을 느끼게도 해주지만 올바른 양팔의 사용법을 알게 해주는 좋은 연습법이라 할 수 있다. 어쨌든 양팔의 올바른 회전과 위치는 스윙의 경로를 결정하는데 중요한 동작일 수밖에 없다.

팔로스루 팔동작

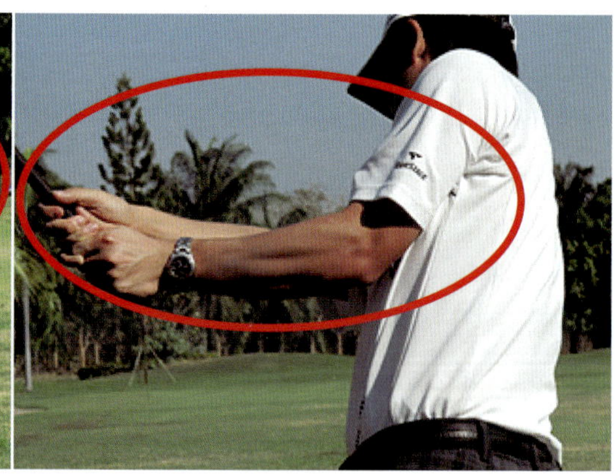
팔로스루 팔동작

몸의 동작도 의외로 스윙의 경로에 많은 영향을 미친다. 백스윙에서 과도한 몸통의 회전은 스윙을 안으로 쳐지게 만들 수도 있고 반대로 너무 더딘 몸통의 회전은 스윙을 팔로만 하게 되어 가파르게 만들 수도 있다. 백스윙에서 스웨이되는 몸통의 움직임은 대부분 백스윙을 인사이드로 들게 하여 백스윙과 포워드스윙의 일치감을 떨어뜨리기도 한다. 임팩트 이후 상체의 위치에 따라서도 팔로스루의 스윙 경로는 매우 다르게 나타난다. 너무 뒤로 남은 상체의 모양은 팔로스루를 들어 올리게 만들며 지나친 상체의 쏠림은 올바른 회전을 방해하여 팔로스루에서 스피드를 잃게 하거나 스윙의 경로를 불완전하게 만든다.

몸통의 동작 중에 가장 스윙의 경로에 영향을 주는 부분은 아마도 백스윙 탑 동작에서 포워드스윙으로 전환되는 과정에서 이루어지는 몸동작일 것이다. 백스윙 탑에서 팔동작보다 너무 빠른 몸통의 회전은 스윙의 경로를 아웃-인 궤도로 만들거나 반대로 몸통 동작보다 너무 빠른 팔동작은 스윙을 쳐지게 하여 인-아웃 스윙을 만들 수 있다. 이처럼 백스윙 탑에서 몸통의 회전이 팔동작에 올바르게 연결되어야만 좋은 스윙의 경로를 가질 수 있다.

백스윙 탑에서 포워드스윙으로 전환할 때에 상체의 좌측 이동은 다운스윙을 가파르게 만들거나 너무 찍어 치는 샷을 유도할 수 있어 롱아이언이나 우드샷에서 매우 불리하게 된다. 또한 톱핑이나 너무 낮은 샷을 유도하여 비거리 면에서도 불리함을 갖게 된다. 백스윙 탑에서 올바른 상체의 중심 유지는 스윙의 경로를 다르게 나타내며 헤드가 볼에 접근하는 각도에도 중요한 역할을 한다. 이 외에도 몸통은 동작은 크고 작게 팔동작과 결합하여 스윙의 경로에 많은 영향을 미치며 이러한 스윙의 경로는 방향이라는 볼의 커다란 결과물로 나타난다.

방향에 대한 고민이 없다면 골프는 매우 쉬운 운동이며 어쩌면 매우 재미없는 운동일지도 모른다. 직업적으로 볼을 치는 투어프로들은 헤드의 움직임에 대한 올바른 이해와 페이스를 조절하는 탁월한 능력으로 본인들이 원하는 구질을 좀 더 쉽게 구사한다. 그러나 이것도 많은 연습과 경험이 필요하며 그들도 때로는 원하지 않는 구질로 인해 괴로워 할 때도 많다.

골프의 거장 벤호건도 시합에서 가끔씩 악성 훅이 나와 "꼭 방울뱀이 튀어나오는 것 같다"라고 표현한 만큼 훅에 대한 고민을 많이 하였다. 이것은 그가 어렸을 때 또래의 동료들보다 키가 작았지만 거리를 내기 위하여 몸통 회전을 많이 하는 플랫한 스윙으로 오랫동안 볼을 쳤던 것이 이유였다. 후에 여러 가지 교정과 훈련을 통하여 좋은 경기를 펼쳤지만 그 역시 원하는 방향으로만 항상 볼을 보내지는 못했다. 이처럼 골프에서는 방향이라는 계속되는 고민과 숙제가 있다.

스윙의 경로는 이러한 방향에 결정적이며 스윙플레인이라는 표현으로도 언급된다. 많은 교습가들이 스윙플레인을 중요시 하는 이유도 바로 여기에 있다. 매번 원하는 대로 볼을 보낼 수만 있다면 스윙의 경로에 대한 고민이 필요 없을 것이다. 백스윙과 포워드스윙을 어떻게 만들어 내느냐에 따라 임팩트 존에서 형성되는 헤드의 궤도는 달라질 수밖에 없다. 이러한 스윙의 궤도는 페이스의 방향과 함께 결합하여 많은 골퍼들의 영원한 숙제로 남을 수밖에 없는 구질을 만들어 내는 것이다.

볼의 방향에 더 영향을 주는 요인이 페이스 각도인지 아니면 헤드의 경로인지에 대한 논의는 끊임없이 계속되고 있으나 이 두 가지가 방향을 결정한다는 것에는 다른 이견이 없을 것이다. 그러므로 방향의 문제를 해결하기 위하여 그립을 체크하고 좋은 백스윙을 만들고 포워드스윙을 다듬으며 임팩트의 경로를 추적하는 작업을 계속해서 하는 것이다. 헤드의 경로에 대한 부분은 제3장 스윙의 원리에서 스윙플레인에 대한 설명으로 추가할 것이다.

4 헤드의 접근각

헤드의 접근각은 클럽이 임팩트에 접근할 때 지면경사와 이루는 각을 말한다. 이것은 클럽의 로프트와 결합하여 스핀에 영향을 주며 볼의 탄도와 비거리에 영향을 미친다. 만일 자신의 구질이 너무 뜨거나 아니면 너무 낮게 날아가는 것이 문제라면 먼저 클럽의 로프트를 확인하고 그 다음은 볼의 위치를 살피며 마지막으로 헤드의 접근각을 체크하여 연습하여야 한다. 특히 드라이버 샷에서 다운스윙 때 헤드가 너무 가파르게 내려오면 볼에 백스핀이 너무 생겨 캐리 이후에 런이 부족하여 비거리에서 손해를 본다. 또한 낮은 탄도로 큰 캐리가 필요할 때 불리하기도 하며 때론 찍혀 맞아 큰 실수를 하기도 한다.

드라이버 장타자들이 보여주는 공통된 특징은 볼이 많이 뜨며 캐리로 날아갈 때 종속 구간에서 볼의 힘이 떨어지지 않는 것이다. 이것은 빠른 헤드 스피드가 무엇보다도 크게 작용하지만 볼이 어떠한 헤드의 접근각을 통하여 임팩트되는가도 중요하게 작용한다.

웨지샷이나 아이언은 헤드의 접근각을 가장 잘 표현하여 주는 것이 디봇이라 할 수 있다. 샷 이후 잔디가 떨어져 나가는 디봇의 깊이를 파악하여 다운스윙이 원만하게 들어왔느냐 또는 가파르게 들어왔느냐를 추적할 수 있다. 파3홀에서 티샷을 할 때 어떤 선수는 티 위의 볼을 깨끗하게 치고 또 어떤 선수는 많이 찍어 치며 디봇을 많이 낸다. 보통 디봇이 많이 나면 다운스윙이 가파르게 내려오며 거리에도 조금 손해를 볼 것이다. 요즘은 많은 선수들이 잔디의 저항이 적고 거리가 일정하게 나는 디봇이 적게 나는 스윙을 더 많이 구사하는 것으로 보인다.

페어웨이 벙커 샷에서도 헤드의 접근각은 매우 중요하게 작용한다. 보통 페어웨이 벙커 샷에서는 볼만 걷어 치는 듯이 디봇이 거의 나지 않는 샷이 유리하다. 짧은 클럽이야 모래에 조금은 디봇이 생기는 것이 당연하지만 전체적으로 디봇이 없는 듯이 볼만 걷어 치는 샷이 페어웨이 벙커 샷에서 좋은 결과를 낼 수 있는 방법이다. 이것 역시 포워드스윙에서 헤드가 떨어지는 각도가 조절되어야만 가능하다. 페어웨이 벙커 샷을 할 때는 평소보다 더 낮은 백스윙을 통하여 헤드가 원만히 들어올 수 있는 것에 신경 써야 한다.

헤드의 접근각은 드라이버나 아이언의 탄도와 스핀량에 결정적인 역할을 하여 비거리에 영향을 주지만 그린 주위에서 하는 어프로치샷에도 매우 다른 결과를 만든다. 캐리와 런을 섬세하게 조절하여야만 핀 가까이 붙일 수 있는 어프로치샷은 스윙 크기나 스피드의 조절로 떨어지는 지점을 잘 공략할 수 있다. 하지만 캐리를 잘 조절하였다 하더라도 스핀량을 조절하지 못하면 구르는 거리를 통제하지 못해 핀에서 멀어지는 샷을 칠 수밖에 없다. 아마추어들이 "어, 조금 굴러야 하는데 왜 볼이 서지?", "잘 친 것 같은데 스핀을 안 먹고 많이 구르네"와 같은 당황스런 표현을 할 때가 이런 경우에 해당된다.

보통 임팩트에서 가파르게 다운 블로의 샷을 치면 볼에 스핀이 많이 걸려 빨리 멈추고 약간 걷어 치듯이 완만한 각도로 볼을 치면 스핀이 덜 걸리며 떨어져도 많이 구르게 된다. 이처럼 헤드가 볼에 접근하는 각도를 어떻게 가져가는가에 따라 같은 캐리라 하더라도 런의 크기가 달라지는 것이다.

헤드의 접근각을 결정하는 중요한 요소로는 셋업이나 임팩트에서 나타나는 상체의 모양과 스윙의 기울기 그리고 볼의 위치, 포워드스윙에서의 스윙 모양 등이 있다. 먼저 상체의 모양은 셋업에서 척추의 각이 이루는 피봇이 더욱 수직으로 변할 때나 상체가 타깃 방향으로 쏠릴 때 헤드의 접근각은 가파르게 형성된다, 더욱 원만한 스윙을 요구하는 드라이버 샷이나 탄도가 뜨게 하려는 샷의 경우에는 상체가 볼 뒤쪽이나 타깃 반대 방향으로 치우치듯이 기울어진 상태를 유지하여 임팩트하면 볼을 향해 내려오는 접근각도를 원만하게 가져갈 수 있다.

슬라이스가 나는 골퍼의 경우에는 헤드의 궤도를 교정하거나 스윙플레인을 고쳐주는 방법도 중요하지만 기본적인 셋업의 자세를 포워드스윙에서 원만한 각도로 스윙될 수 있는 자세로 취해주는 것이 중요하다. 셋업에서 타깃의 반대 방향으로 상체를 기울여 주면 척추각이 약간 기울게 되는데 이 자세는 백스윙에서도 그 각도가 유지되어야 하며 포워드스윙을 거쳐 임팩트에서도 그 모양을 간직해야 한다. 이러한 자세는 보통 드라이버의 경우 볼보다 상체나 머리가 뒤에 남아야 된다는 골프의 조언과도 일맥상통하는 얘기다. 탄도가 낮아 고민

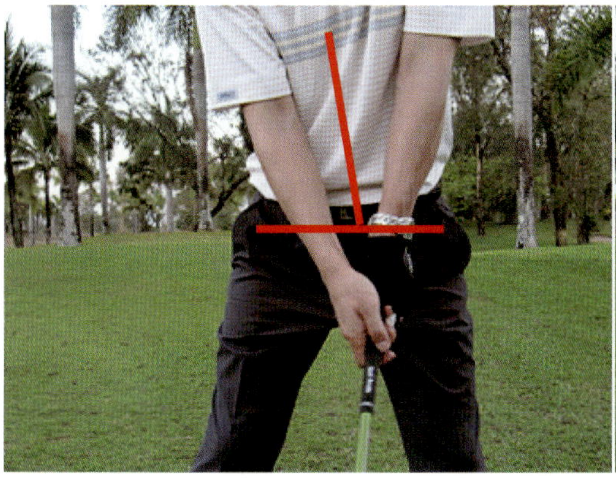

어드레스

임팩트

인 골퍼나 너무 찍혀 맞는 골퍼의 경우에는 이것을 염두에 두고 연습해 보면 도움이 된다.

헤드의 접근각도는 각 클럽에 따라서 확연히 다르게 나타날 수 있다. 이것은 클럽의 길이에 따라 스윙의 기울기가 다르게 나타나기 때문이다. 웨지에 비하여 길이가 긴 드라이버의 경우에는 셋업에서부터 샤프트가 이루는 각도가 완만하여 백스윙과 임팩트를 이루는 순간 까지도 스윙이 완만하게 형성된다. 이러한 완만한 스윙의 기울기는 임팩트 때 접근각도를 적게 하여 우리가 흔히 말하는 내려치는 자세가 아닌 올려치는 자세의 샷을 만들어낸다. 만일 스윙의 기울기가 셋업 때 이루는 각도보다 수직으로 되어 볼을 향하여 들어오는 헤드의 각도가 가파르게 형성된다면 찍혀 맞는 샷이 되거나 올바로 임팩트되었다 하더라도 탄도가 낮게 형성될 것이다. 많은 초보자들이 클럽 헤드의 페이스에 볼을 맞추지 못하고 헤드의 크라운에 볼을 맞춰 거리는 안 나가고 볼만 많이 뜨는 민망한 샷을 만들어 내는 이유도 바로 이러한 이유 때문이다.

드라이버와 반대로 클럽의 길이가 짧은 웨지의 경우에는 볼이 몸과 가까워지면서 보다 가파른 스윙이 된다. 이것은 보다 더 찍어칠 수 있는 조건을 만들며 더 많은 디봇을 내는 원인이 된다. 만일 웨지의 스윙이 너무 누워 있어 원만한 경사를 이룬다면 찍어 치는 다운 블로의 샷이 불가능해지며 방향성에도 문제를 줄 것이다.

어드레스

임팩트

볼의 위치도 접근각도를 다르게 나타내는 중요한 변수이다. 볼을 보다 타깃 반대쪽으로 위치시킨다면 임팩트에 들어오는 각도가 보다 가파르게 만들어질 것이다. 이것은 낮은 탄도의 샷을 유발시키며 볼에 보다 많은 스핀을 가져온다. 반대로 볼의 위치가 타깃 쪽으로 치우친다면 헤드가 완만하게 맞을 확률이 높아진다. 이는 더 뜨는 탄도의 샷을 만들어 낼 것이다.

한편 백스윙 탑에서 포워드스윙으로 전환할 때에 스윙의 크기가 백스윙과 포워드스윙에서 차이가 많이 나는 골퍼가 있다. 이러한 이유는 대부분 코킹의 양이 달라지거나 레이트 히팅을 위하여 많이 끌고 내려오는 동작에 의해서 형성된다. 포워드스윙에서 손목의 레깅 동작이 과도하면 임팩트 시점에서 스윙이 가파르게 형성된다. 이는 볼이 많이 찍혀 맞거나 스핀이 많이 걸리는 샷으로 연결되는데 비거리에도 영향을 준다. 손목의 코킹된 양이 많이 변하지 않는 포워드스윙이 적당하다고 할 수 있는데 이는 스윙의 스타일에 따라서도 조금씩은 달라진다. 여하튼 포워드스윙에서 많이 접혀 내려오는 동작은 가파른 스윙을 유발하며 탄도를 낮게 하는 것은 분명하다.

이처럼 임팩트 구간에서 볼을 향하여 들어오는 헤드의 접근각은 긴 샷에서는 탄도와 스핀에 영향을 주어 비거리를 결정하고 짧은 어프로치샷에서는 근접성을 결정하는 매우 중요한 요인이 됨을 바르게 인식하고 이에 대한 올바른 샷의 이해가 있어야 할 것이다.

5 명중성 (스위트 스팟)

클럽 헤드에는 스위트 스팟이라는 곳이 있다. 클럽 헤드의 중앙 부분을 뜻하는 말로서 이 곳에 볼을 맞추어야 최대의 거리와 최고의 방향을 기대할 수 있다. 명중성이란 이 스위트 스팟에 얼마나 정확하게 볼을 맞추느냐의 문제이다. 세계적으로 볼을 히팅하는 능력은 벤호건이 최고라는 찬사를 받는다. 누군가 그에게 바람 불 때 5번 아이언을 어떻게 치느냐고 물었는데 그의 대답은 "글쎄 난 그런 경우 두 번째 그르부에 볼을 치내만"이라고 대답하였다고 한다. 클럽 페이스의 중앙에 볼을 맞히는 것을 떠나 그르부의 위치까지도 다르게 볼을 맞히는 그의 능력은 가히 찬사를 받을 수밖에 없다. 하지만 일반 아마추어나 프로들에게도 항상 볼을 클럽 페이스 중앙에만 맞추는 것은 아니다. 그 전설적인 골퍼 벤호건도 18홀 라운드를 마치고 자기가 맘에 들게 친 샷은 한두 개가 전부였다고 말하니 정확하게 클럽 페이스 중앙에 볼을 맞추는 것이 쉽지는 않은 것이 틀림없다.

티타늄이 나오기 이전의 헤드의 재질은 나무나 스틸이었다. 이 시절에는 재질의 무게나 강도 때문에 헤드의 사이즈가 작았다. 따라서 스위트 스팟 역시 작을 수밖에 없었다. 보다 작은 스위트 스팟은 정타를 맞추지 못하는 경우 정확성과 거리의 손실을 크게 하였다. 하지만 최근에는 보다 커진 헤드의 사이즈로 스위트 스팟을 넓혔으며 보다 목표에 접근하게 하는 관성모멘트를 키웠다.

스위트 스팟을 치지 못하는 스윙의 기술적인 이유는 셀 수 없이 많지만 가장 큰 이유는 스윙의 중심이 흔들리거나 스윙플레인의 불규칙함에 있다. 필요 이상으로 몸을 많이 움직이거나 스윙의 궤도가 흔들리는 것은 정타를 치는데 분명한 방해 요소이다.

어떤 골퍼는 임팩트 될 때 그립이 빙글 도는 느낌을 가진다고 그립의 악력이 약한 줄 알고 그립만 더 세게 잡는 경우를 보게 되는데 이런 경우 그립을 약하게 잡아서가 아니라 볼이 클럽의 스위트 스팟에 맞지 않고 힐이나 토우부분에 볼이 맞아 그립이 도는 경우가 대부분이다. 그러므로 임팩트 될 때 볼이 헤드의 어느 부분에 맞는지를 체크해야 한다.

스위트 스팟은 드라이버뿐만 아니라 퍼터에 까지 존재한다. 스위트 스팟을 체크하는 간단한 방법은 왼손의 엄지와 검지만을 이용하여 클럽을 잡고 오른손의 검지로 헤드를 톡톡 쳐보면 헤드가 돌아가지 않고 뒤로 살짝 밀리는 부분이 바로 스위트 스팟인 것이다. 이곳에 볼을 맞추어야 원하는 거리를 확보하며 직진성을 보장 받을 수 있다. 골프스윙의 진정한 목표는 바로 이 명중성을 높여 볼을 원하는 곳으로 보내는 것이라 할 수 있다.

볼은 감정이 없다. 골퍼의 스윙 스타일에도 관심이 없으며 누가 쳤는지, 무슨 클럽으로 쳤는지에 대해 전혀 신경을 쓰지 않는다. 단지 헤드에 의하여 역학적으로 반응할 뿐인 것이다. 스위트 스팟에 볼이 맞으면 토우나 힐 부분에 볼이 맞을 때보다 더 멀리 더 정확하게 날아갈 뿐이다. 이처럼 명중성은 볼이 날아가는데 빼놓을 수 없는 법칙에 포함된다. 스윙의 원리들을 잘 이해하고 좋은 동작을 몸에 익힌다면 보다 효율적인 스윙을 하는 동시에 클럽 디자이너가 만든 스위트 스팟으로 볼을 치는 횟수가 늘어나는 것은 자명한 일일 것이다.

아이언 샷의 셋업과 팔로스루

볼 비행 패턴에 관한 관찰

• 구질

골프를 치면서 슬라이스는 왜 나고 훅은 왜 나는 것일까? 어떤 이는 원치 않는 슬라이스 때문에 고민하고 또 어떤 이는 훅만 잡으면 원하는 스코어를 기록할 것 같다고 한탄한다. 이처럼 공이 휘는 구질에는 굉장히 많은 원인이 있을 것 같지만 의외로 아주 간단한 두 가지 원인만을 가지고 있다. 법칙에서 여러 차례 강조하였지만 임팩트 때 클럽 페이스 각도와 임팩트 존에서의 스윙궤도가 서로 혼합되어 구질을 형성한다.

볼의 구질은 보통 9가지로 구분하는데 먼저 목표 쪽으로 똑바로 가는 스트레이트 구질과 오른쪽으로 똑바로 나가는 push 구질, 그리고 왼쪽으로 똑바로 가는 pull 구질이 있다. 이 세 가지 구질에서도 또 세 가지로 나누어지는데 예를 들어 인-아웃 스윙을 하는 사람은 push 구질 쪽의 세 가지 구질을 칠 확률이 높은 것이다. 다시 말해 아웃-인 스윙을 하는 사람은 push 계열의 구질을 치기가 어렵다는 얘기다. 그러므로 슬라이스에 고민하는 사람은 인-아웃 스윙을 연습하고 임팩트 시점에서 열려 맞지 않고 보다 닫혀서 맞는 느낌으로 연습할 필요가 있다.

볼 비행 패턴 9가지

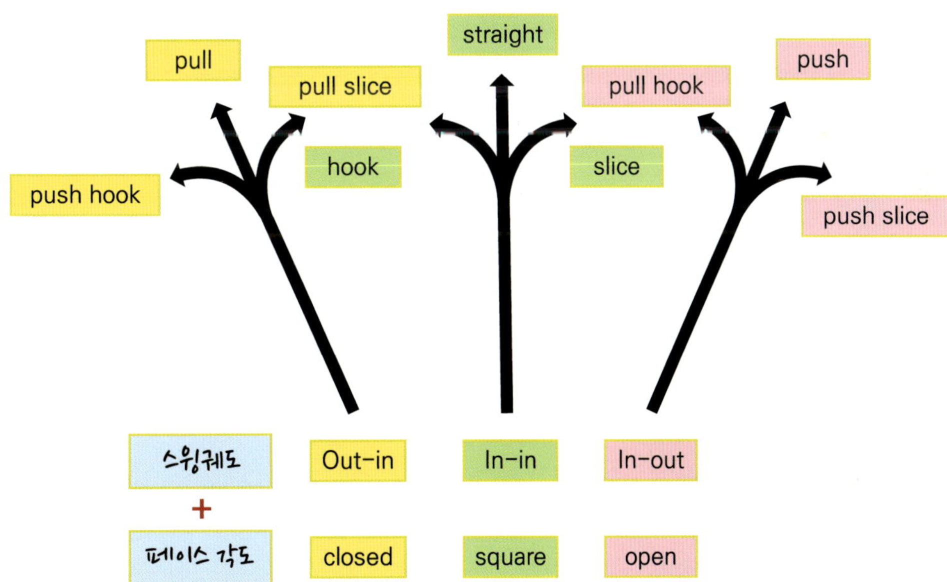

프로들은 코스를 공략할 때에 스트레이트 구질을 많이 치는 것 같지만 사실은 그렇지 않다. 프로들은 두 가지 구질로 코스를 공략하는데 홀에 따라 직구를 전제로 한 페이드 샷이나 아니면 직구를 전제로 한 드로우 샷으로 홀을 공략한다. 예를 들어 왼쪽이 OB지역이라면 페어웨이 중간을 겨냥하는 페이드 샷을 치는 경우가 많다.

프로들마다 주로 구사하는 구질을 가지고 있지만 위험한 쪽을 피하면서 실수를 하였더라도 다음 샷이 있는 미스를 하는 것이 중요하기 때문에 프로들은 항상 페이드나 드로우를 전제로 한 구질을 선택하여 홀을 공략한다.

프로들도 구질 중에 스트레이트 샷이 가장 치기 어렵다는 것을 잘 알고 있다. 그러므로 자기가 가장 자신 있는 주 구질을 이용하여 홀을 공략해 나가는 것이다. 이것이 프로들의 표현으로 "공을 몰고 다니며 플레이한다"는 것이다. 만일 누군가에게 당신의 구질이 무엇이냐고 물었을 때 그의 대답이 스트레이트 샷이라고 답한다면 아마도 그는 직업선수는 아닐 확률이 높다.

그러므로 자기의 체형이나 몸에 맞는 스윙으로 긴장 속에서도 일관되게 쳐낼 수 있는 자신만의 주 구질을 만드는 것이 중요하며 드로우나 페이드를 구사하는 능력을 길러야 한다. 특히 어떤 특정 구질(슬라이스나 훅)로 고생하는 골퍼가 있다면 프로의 도움을 받더라도 그 구질의 반대되는 구질을 과장되게 연습해 보는 것이 필요하다. 그렇게 하면 그토록 자신의 발목을 붙잡던 악성 구질에서 벗어나는 법을 조금씩 깨달으며 오조준을 통해 잃어버린 거리를 되찾을 수 있을 것이다. 연습하는 시간이 재미없고 고달프더라도 뜻을 품고 이겨내면 코스에서 겪을 수많은 좌절의 시간을 줄일 수 있다.

또 어떤 아마추어는 똑바로도 못 치는데 무슨 드로우와 페이드를 치냐고 반문하는 이도 있다. 하지만 분명한 것은 당신이 어느 정도 공을 똑바로 보낼 능력이 있는 구력이 조금 붙은 골퍼라면 연습장에서 똑바른 공을 치는데만 몰두하지 말고 공의 위치나 스윙궤도, 클럽 페이스 조절을 통하여 다양한 구질을 연습하길 바란다. 그리하면 즉각적인 효과는 보지 못하더라도 점진적으로 클럽을 조절하는 능력이나 몸을 쓰는 감각이 향상되어 보다 원하는 구질을 많이 칠 것이다. 이러한 연습은 똑바른 구질의 볼을 치려고 애쓰는 연습보다 더 감각적이고 효과적으로 똑바른 볼을 치는데 도움을 줄 것이다.

• 탄도

볼의 탄도는 로프트와 임팩트 존을 통과하기 전의 볼을 향한 헤드의 접근각도로 인해 가장 많이 다르게 나타난다. 로프트에 대한 기술적인 이해는 탄도와 거리에 있어 아주 중요한 열쇠가 된다. 대부분 거리를 조절하는데 스윙 크기와 스피드가 주를 이루는데 이 두 가지를 아무리 잘 조절하였어도 로프트를 자기가 원하는 정도로 만들어 내지 못한다면 아무런 의미가 없다.

로프트는 볼의 위치와 임팩트 때의 손 모양에 많은 영향을 받는다. 대부분 어드레스 때의 손 모양보다 임팩트 때는 손 모양이 약간 세워지고 이런 모양은 헤드의 토우 쪽이 바닥에 더 붙고 로프트가 세워지는 효과가 있다. 손의 모양이나 올바른 체중이동이 결합되어 로프트에 대한 기술적인 이해가 되지 않는 골퍼는 임팩트 때마다 일관된 탄도를 만들어내지 못하고 이는 결국 거리감 실패로도 나타난다. 로프트에 대한 기술적인 이해는 탄도에 결정적이다. 헤드의 접근각도는 법칙에서 다룬 내용으로 대신한다.

참고문헌

- 닉 브래들리, 샘터, 온몸으로 느끼는 골프스윙의 정석, 2005
- 릭 마티노 외, 한국경제신문, PGA골프 클리닉, 2005

"많은 비기너들이 스윙의 기본을 이해하기도 전에 스코어를 따지려 든다. 이것은 걷기도 전에 뛰려는 것과 같다."

– 잭 니클라우스

제 2 장

스윙의 원리

골프스윙을 이야기 할 때 "원리"라는 말은 참으로 많이 사용되는 단어이다. 골프스윙에서 원리란 과연 무엇일까? 사전에서 원리라는 단어를 찾아보면 "근본이 되는 이치"라고 표현하고 있다. 이것을 빌면 골프 원리는 골프를 하는데 필요한 기본이 되는 이치나 이론 정도가 되지 않을까 싶다. 그렇다면 골프의 기본이 되는 이론이나 이치들은 어떤 것들이 있을까? 골프 원리는 많은 프로들이나 골프지도자들에 따라 다르게 주장되지만 보통 프리스윙의 원리와 인스윙의 원리로 구분하여 설명할 수 있다.

프리스윙의 원리로는 그립, 에임, 셋업을 들 수 있다. 어떻게 클럽을 잡고 어디로 조준할 것이며 어떤 자세로 준비할 것인가는 실제 스윙을 하기 전에 많은 것들을 예측할 수 있으며 결과 역시 매우 다르게 나타난다. 많은 프로들과 지도자들이 이러한 프리스윙의 원리를 매우 중요하게 생각하며 이것들을 기본으로 원인과 결과를 뽑아내고 스윙을 점검한다.

인스윙의 원리로는 스윙플레인, 스윙센터, 스윙의 크기와 길이, 코킹, 동적인 균형, 타이밍, 밸런스, 커넥션, 포지션, 릴리스, 임팩트로 구분할 수 있다. 실제적으로 휘두르는 동작에서 나타나는 스윙의 기본적인 원리들인 것이다. 많은 인스윙의 원리들 중에서 어떤 것들은 매우 운동역학적인 요소를 띠는 것도 있고 어떤 것들은 시간적인 요소를 띠는 것도 있다.

클럽을 휘두르고 볼을 치며 볼이 날아가는데 직접적으로 행해지는 행위를 나타내는 인스윙의 원리는 법칙과 연관되어 방향과 거리, 탄도에 영향을 미치며 그것들을 표출해내는데 중요한 요소들을 내포하고 있다. 스윙을 하는데 필요한 여러 가지 인스윙 원리들은 서로 조화롭게 배열되거나 경쟁한다.

골프에서 법칙은 볼이 날아가는데 절대적으로 표현되는 반론의 여지가 없는 현상이지만 원리는 이러한 법칙에 영향을 미치며 높은 우선권을 갖는 중요한 기본이 되는 것들이다. 원리는 역학적으로 다소 주관적인 견해를 띠지만 스윙에서 결코 간과할 수 없는 매우 중요한 요소임이 틀림없다. 골퍼 각자가 가지고 있는 원리에 대한 생각들은 다양하다. 어떤 것들은 오랜 경험을 통하여 진리처럼 여겨지는 것들도 있으며 또 어떤 것들은 골퍼마다 견해를 달리하는 것도 있다.

결론적으로 원리는 골프에서 빼놓을 수 없는 것이며 그동안 진리처럼 여겨졌던 것들이나 의견이 분분한 것들이 모두 서로서로 녹아 흘러 우리가 눈치 채지 못하였어도 스윙 속에 포함되어 있었던 것이다. 따라서 이러한 원리에 대한 올바른 개념 정립과 이것들을 바탕으로 한 각자 나름대로의 견해를 가져야 한다. 그러면 골프가 내포하고 있는 보다 풍성한 선택을 더 할 수 있을 것이며 본인의 골프는 물론 남을 가르치는데도 훨씬 도움이 될 것이다.

1 그립

손의 감각이 뛰어난 골퍼는 그렇지 못한 골퍼에 비하여 클럽을 통제하는 능력이 뛰어날 수 있다. 하지만 손의 감각만으로 좋은 골프를 치기는 쉽지 않다. 감각이 좋은 손을 가졌다 하더라도 그립이 좋지 않으면 좋은 스윙을 기대하기는 힘들다. 반면 유연하고 강한 힘을 지니지 못한 골퍼라 할지라도 자신에 맞는 올바른 그립을 취한다면 보다 효과적인 스윙을 할 수가 있을 것이다. 이러한 이유는 그립이 어떠한 형태로든지 스윙 동작에 영향을 주기 때문이다.

골프에 있어서 그립은 매우 중요하다. 하지만 많은 골퍼들이 그립의 중요성을 인정하면서도 실제적으로 그들이 취하는 그립을 살펴보면 잘못된 그립을 하는 경우가 많다. 골프의 전설 벤호건도 "사소한 것들에 신경 쓰기보다는 좋은 그립을 위하여 노력해야 한다"고 하여 그립의 중요성을 강조하였다. "나쁜 그립을 하는 훌륭한 골퍼도 없으며 좋은 그립을 하는 나쁜 골퍼도 없다"는 말처럼 많은 프로들이 그립의 중요성을 소리 높여 강조하며 골프의 기본기 중 그립을 가장 중요한 대목으로 꼽는 것은 예나 지금이나 틀림없는 사실이다.

골프를 알면 알수록 그립의 비중은 점점 크게 느껴지게 된다. 그립은 클럽과 몸이 만나는 연결고리이다. 이 연결고리가 견고하거나 이상적이지 못하면 좋은 스윙이나 좋은 느낌을 갖기는 힘들다. 클럽과 양팔, 그리고 몸의 균형 있는 조화로 훌륭한 스윙을 구사하느냐 아니면 이것들이 따로따로 놀아 스윙이 우왕좌왕하느냐의 시작은 바로 그립에서부터 비롯된다고 할 수 있다.

좋은 그립을 한마디로 표현한다면 클럽과 손과의 조화로운 결합체로서 어느 쪽으로도 치우치지 않은 편향됨 없는 그립이라고 할 수 있다. 골프의 궁극적인 목적인 볼을 원하는 곳으로 일관되게 보낼 수 있는 그립이라면 그것의 모양이나 위치는 그리 중요하지 않을 것이다. 좋은 그립은 느낌을 좋게 하고 올바른 동작을 유도하여 보다 효율적인 임팩트를 가능케 한다. 하지만 클럽과 손과의 관계가 부적절한 위치에 놓였을 땐 스윙의 잠재력은 발휘될 수 없고 그것을 보완하려는 불필요한 동작들로 가득 찰 것이다. 그러므로 골프에서 좋은 그립이란 선택이 될 수 없는 필수조건이 될 수밖에 없다. 이처럼 골프에서 그립의 중요성을 강조하는 이유는 바로 그립(손)이 하는 구체적인 역할 때문일 것이다. 그립이 하는 역할을 구체적으로 살펴보면 크게 네 가지로 구분할 수 있다.

1) 그립의 역할

첫째, 그립은 그 모양에 따라 클럽의 페이스 면을 열고 닫는 역할을 한다. 스윙을 하는 동안에 클럽 페이스를 열고 닫아 볼의 방향에 직접적인 영향을 준다. 어드레스에서 그립을 스퀘어하게 잡고 백스윙하면서 클럽의 페이스가 각각의 위치에서 스퀘어한 모양을 유지해야 다운스윙과 임팩트에서 볼을 목표에 직각으로 타격할 가능성이 높은데 이 부분을 관장하는 곳이 바로 손인 것이다.

백스윙 탑에서 많은 이들이 헤드가 스퀘어한지, 닫혀 있는지, 열려 있는지를 모르고 방향을 고민하면서 플레이하는 골퍼를 보게 되면 마음이 안타깝다. 확실한 것은 셋업 때 헤드가 목표에 직각인 상태로 놓여 있다면 백스윙 탑에서도 헤드가 스퀘어한 모양에 있다는 것을 명심해야 할 것이다. 만약 임팩트 때 열려 맞아 슬라이스나 푸시 샷을 고민한다면 먼저 그립이 약한 위크 그립이 아닌지를 체크하고 그 다음에 임팩트 전의 동작 즉 백스윙 탑이나 다운스윙 때의 페이스 면이 오픈되지 않았나를 먼저 주목해야 할 것이다.

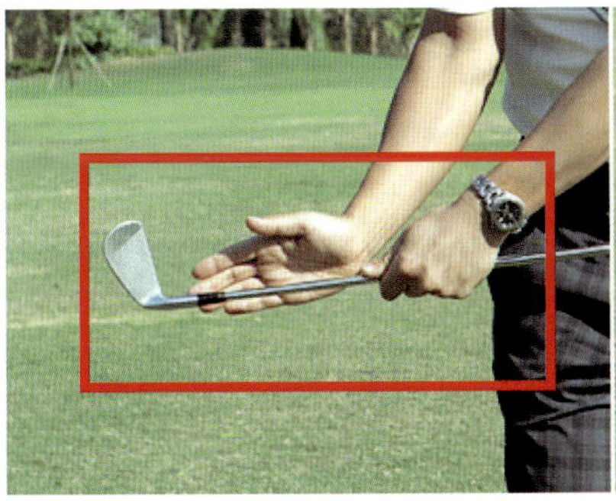

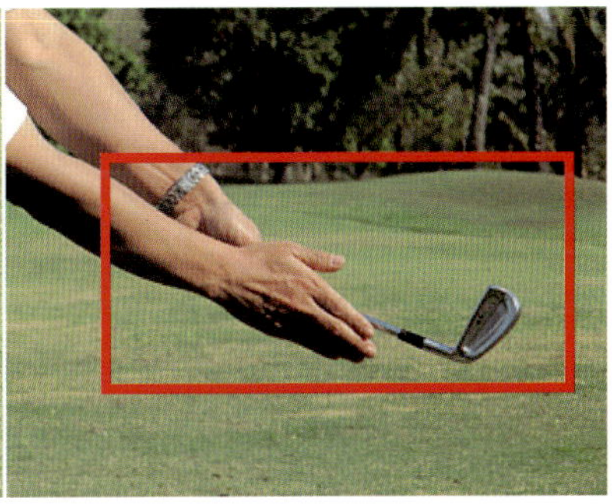

이러한 클럽 페이스는 특히 오른손바닥의 방향과 밀접한 관련이 있다. 어드레스에서 그립을 스퀘어한 중립그립으로 잡았다면 클럽 페이스 방향과 오른손바닥의 방향은 일치할 것이다. 이러한 오른손바닥과 클럽 페이스 면과의 일치된 방향은 백스윙에서 임팩트를 거쳐 피니시까지 그대로 유지됨을 알 수 있다. 백스윙 탑에서 왼 손목 모양을 펴거나 구부리는 동작도

클럽이 정상적으로 스퀘어한 상태

클럽이 닫힌 상태

클럽이 열린 상태

모두 클럽의 페이스 면을 좋은 모양으로 유지하기 위한 동작들인 것이다.

이러한 손목의 모양도 그립을 어떻게 쥐었는가에 따라 클럽의 페이스 면이 다르게 된다. 훅 그립을 잡은 골퍼는 스퀘어한 그립을 잡은 골퍼에 비해 백스윙 탑에서 왼 손목 각도가 조금은 안쪽으로 꺾여 있어야 페이스 각도가 스퀘어를 유지할 수 있는 것이다. 또한 스퀘어한 그립을 취하면 위크 그립에 비해 손목 관절의 크기를 넓게 활용할 수 있어 올바른 코킹의 자세에도 도움을 주며 임팩트 이후에도 올바른 릴리스를 가능하게 해 준다. 손목 힘이 없는 여성골퍼나 어린학생들은 특히 이 부분을 고려하여 그립을 잡아야 할 것이다. 이처럼 그립을 어떻게 취하냐에 따라 클럽 페이스 면은 많이 다르게 되고 볼의 구질에도 직접적인 영향을 미친다 할 수 있다.

둘째, 그립(손)은 헤드가 다니는 길을 결정하는 중요한 역할을 한다. 스윙궤도의 형성에 손의 역할은 매우 중요하게 작용하며 이 역시 볼이 날아가는 방향을 결정하는 직접적인 요소가 된다. 특히 어드레스에서 백스윙을 시작할 때에 손의 방향과 모양이 매우 중요한데 이는 헤드의 위치나 방향을 조율하는 결정적인 요인이며 이는 임팩트 구간에서 올바른 방향으로 클럽이 볼에 접근하는 것을 도와준다.

백스윙

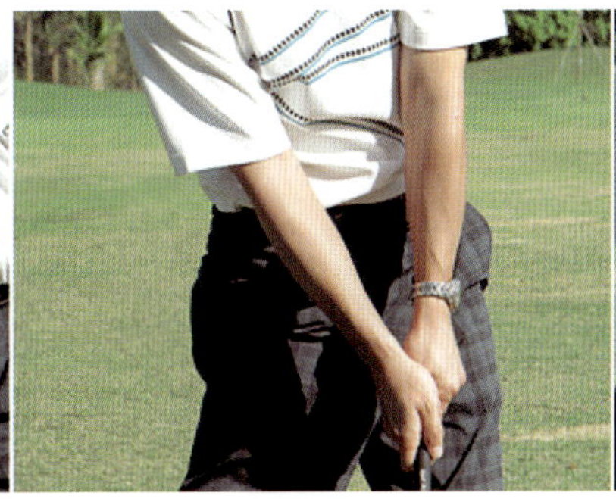
임팩트

팔로스루

또한 스윙을 하는 동안에 각각의 위치에서 손의 모양에 따라 헤드의 위치는 달라질 수밖에 없다. 특히 손목의 모양은 헤드의 높이에 영향을 주는데 이는 코킹의 문제와 결부되는 사항이다. 백스윙 시 손이 허리쯤 높이에서 손목 모양에 따라 헤드가 손 높이와 비슷하여 코킹이 제대로 이루어지지 않은 상태이거나 헤드가 손보다 높은 위치에 있어 코킹이 빠르게 이루어지는 것도 결국은 손의 모양에 따라 결정되기 때문이다.

적절한 코킹

코킹이 너무 안 된 상태

코킹이 너무 많이 된 상태

또한 임팩트 이후에도 손의 모양에 따라서 릴리스 모양이나 헤드의 위치는 다르게 형성된다. 스윙을 큰 그림으로 그려 볼 때 이러한 사항들은 모두 스윙궤도에 포함되는 것들이라 할 수 있다. 이처럼 손의 모양이나 위치는 코킹과 방향을 결정하며 임팩트 이후에는 릴리스를 형성하는 중요한 요소로 작용하며 더 나아가서는 스윙궤도를 결정하는 최초의 장소라고 볼 수 있는 것이다. 그러므로 올바른 손의 모양과 위치 그리고 헤드의 모양, 위치는 좋은 스윙궤도의 선행조건이라 할 수 있다.

백스윙 탑에서의 다양한 손동작

셋째, 그립(손)은 기본적인 스피드를 결정한다. 클럽을 천천히 휘두를 건지 빠르게 휘두를 건지를 기본적으로 결정하는 것이 손이다. 특히 스피드의 원천인 코킹을 만들어 내는 동작도 손과 손목의 꺾임을 통해서 이루어지는데 올바르지 않은 그립은 손목의 유연성을 제어하여 올바른 코킹을 방해하고 이에 따른 스피드의 손실을 가져온다.

손의 기본적인 느낌이나 능력만을 가지고 커다란 스윙으로 부드럽게 칠 것인지 짧은 스윙으로 빠르게 칠 것인지를 결정할 수 있는 것도 기본적인 출발은 손이다. 이러한 특징은 특히 감각적인 부분을 많이 요하는 숏게임이나 퍼팅에 더욱 적용된다. 그래서 손의 감각이 뛰어난 사람이 골프를 잘 칠 수밖에 없으며 퍼팅같이 감각적인 터치를 요하는 부분에서 뛰어난 것이다. 이처럼 손은 스윙의 스피드를 관장하는 중요한 기관이며 스윙의 감각을 느끼는 최초의 위치라고 할 수 있다.

한때 세계에서 가장 좋은 퍼팅실력을 가졌다고 평가 받는 벤크렌쇼 선수는 크고 부드러운 퍼팅 스트로크로 마스터즈를 비롯한 많은 PGA대회에서 우승하였는데 그의 어머니가 피아노를 전공하여 손을 쓰는 감각을 어머니께 물려받아 훌륭한 퍼팅을 하는 선수라고 이야기하는 이들도 많다. 또 어떤 아마추어 고수는 손의 감각을 좋게 하기 위하여 라운드 전 꼭 따뜻한 물에 손을 한참동안 담근 후 첫 티샷을 했다고 하는 이야기도 손이 골프에서 얼마나 중요한지를 일깨우는 대목이다.

넷째, 전체적인 긴장을 조절하는 것이 그립이다. 골프에서 힘의 조절은 매우 중요한 사항으로 그립이 의외로 이에 대한 상당부분을 담당하고 있다. 손에 힘이 들어가면 팔과 어깨도 같이 긴장하며 상체 전체가 부드러움을 잃기 쉽기 때문에 그립을 잡는 압력의 조절이 매우 중요하다. 그립의 압력은 개인차에 따라 상당히 주관적일 수밖에 없다. 수치상으로 표현하는 것도 적절하지는 않은 것이 어린아이가 가장 세게 잡는 수치가 힘이 센 어른이 약하게 쥐는 수치보다 못할 수 있기 때문이다.

그립의 압력을 표현하는데 많은 강사들이 권하는 것은 그립을 잡는 세기가 가장 강할 때를 10이라 하고 가장 약할 때를 1이라고 한다면 3~5 정도의 크기로 쥐는 것이 가장 적당하다고 주장한다. 하지만 이것 역시 개인차에 따라 다르다. 중요한 것은 압력의 다양한 연습을 통하여 본인에게 맞는 것을 찾아야 하고 클럽별, 상황별에 따라 가장 적절한 것을 경험적으로 취히는 방법 밖에 없다.

그립의 압력을 체크할 수 있는 또 다른 방법은 클럽을 쥐고 직각으로 세웠을 때는 너무 그립의 압력이 약한 상태이고 클럽을 수평으로 폈을 때는 그립의 압력이 너무 강한 상태이므로 그 중간의 형태인 팔과 클럽의 각도가 45도 정도인 모양을 취했을 때 그립의 압력이 적당하다고 할 수 있다.

그립의 악력테스트

너무 강하게 그립했을 때는 헤드 무게를 느끼지 못하거나 헤드 스피드를 내는데 방해가 되고 너무 그립을 약하게만 했을 때는 클럽을 컨트롤하는 능력이 떨어져 볼을 목표에 직각으로 맞추는 것이 불가능해진다. 이처럼 너무 세게도 아니고 너무 약하게도 아닌 적당한 압력의 크기로 그립하는 것이 매우 중요하다. 그립 압력의 크기는 전체적인 스윙의 긴장을 조절하여 부드러운 스윙을 하는데 필수 조건인 셈이다.

드라이버 샷의 셋업과 임팩트

손은 매우 뛰어난 감각을 지니고 있다. 물건을 쥐는 것 이외에 무게를 느끼거나 온도를 감지하고 여러 가지 촉감을 느끼게 해 준다. 이처럼 손은 우리의 몸 기관에서 매우 중요한 역할을 하듯이 골프에서도 손이 하는 역할은 의외로 크다.

클럽을 쥐어 클럽의 페이스를 조절하고 클럽의 방향을 결정하며 스피드를 조절하고 몸의 전체적인 긴장을 다루는 매우 중요한 기관이다. 손이 하는 역할을 생각한다면 골프에 있어서 그립의 중요성을 더 강조하지 않아도 충분할 것 같다. 그립의 중요성을 필자는 이 한마디로 맺는다. **"그립은 단순히 클럽을 쥐는 것이 아니다. 그립은 그 자체로 힘이며 통제이다. 단언컨대 그립을 놓치면 승리와 골프의 미래는 없다."**

2) 그립의 4P

① Placement - 배치, 방법

같은 샷을 쳐도 클럽을 짧게 쥐거나 길게 잡는 것은 골퍼의 선택이다. 하지만 경험적으로 짧은 감각적인 어프로치샷에서 그립을 길게 잡는 것이 그리 유리한 선택만은 아니다. 이처럼 그립을 어떻게 잡느냐의 문제는 플레이어의 손의 크기나 손의 힘, 손의 유연성 등에 의해서 결정될 수 있다. 이처럼 그립의 placement는 그립을 어떻게 잡느냐의 문제이다. placement는 클럽을 잡은 손의 모양에 따라 오버래핑, 인터로킹, 텐핑거 그립 등으로 구분된다.

오버래핑 그립의 특징은 손이 크거나 강한 손을 가진 골퍼가 많이 사용하며 느낌이 가장 좋은 그립이다. 왼손 마지막 세 손가락과 오른손은 검지와 중지, 약지를 이용하여 클럽을 잡는 오버래핑 그립은 오른손을 손바닥보다 손가락으로 그립할 수 있어 그립감이 뛰어나고 샷을 자유자재로 구사하기에 용이한 그립으로 현재 가장 보편화된 그립이라 할 수 있다.

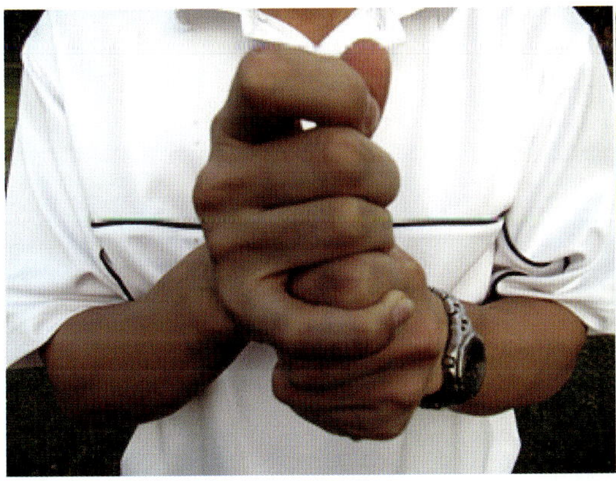

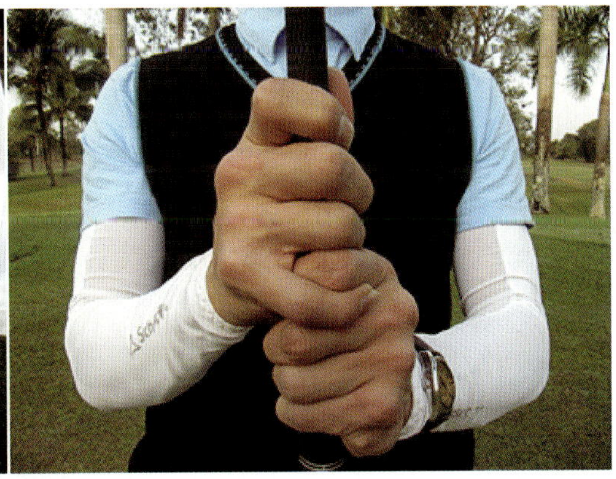

오버래핑 그립

인터로킹 그립은 손가락이 짧거나 손힘이 약한 골퍼들이 많이 사용하며 잭니클라우스나 타이거우즈가 이 그립을 사용하는 대표적인 선수이다. 이 그립은 손이 보다 안정적이고 클럽과 일체감이 있으며 강한 스트록을 구사하기에 편한 그립이다. 왼손 검지와 오른손의 새끼손가락의 로킹은 분명 왼손과 오른손의 일체감을 높이지만 오른손의 그립 접지가 오버래핑보다는 손바닥 쪽으로 위치하여 느낌이 떨어지거나 손목관절 동작을 제한하는 단점이 있다.

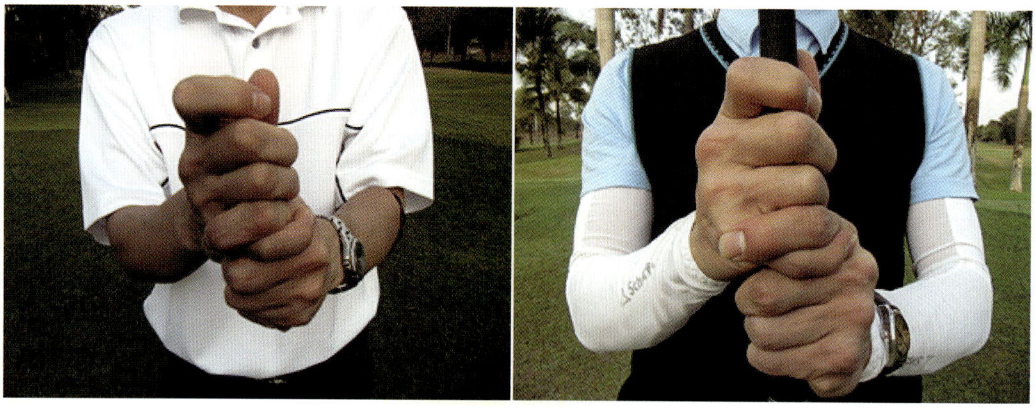

인터로킹 그립

텐핑거 그립은 일명 "베이스볼 그립"이라고 하여 오버래핑이나 인터로킹 그립을 적응하지 못하는 초보골퍼나 아동, 여성골퍼들이 사용하는 그립이다. 손힘이 부족하거나 허리나 몸통의 유연성이 떨어져 큰 근육들의 회전 동원이 불리하여 보다 큰 오른손의 파워가 요구되는 골퍼에게 유리하지만 왼손과 오른손이 많이 분리되어 그립의 느낌과 감이 떨어지고 손목의 유연성을 떨어뜨려 다양한 샷 구사가 어렵다.

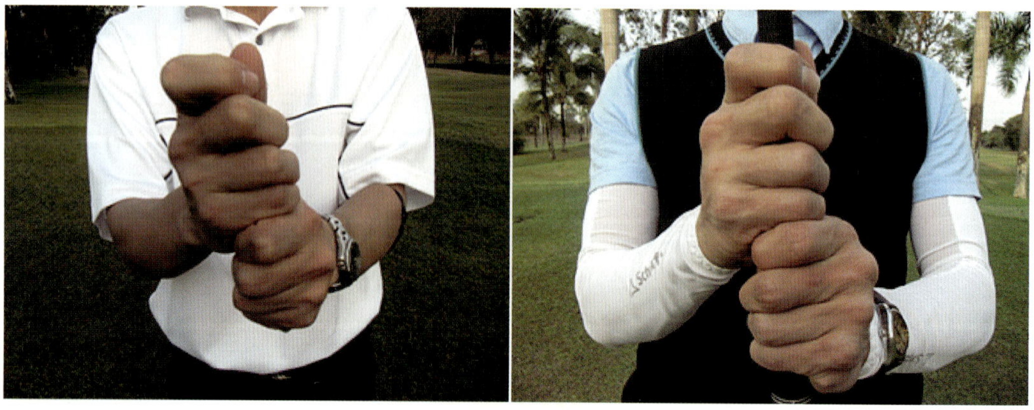

베이스볼 그립

② Position - 위치

Position은 클럽 헤드를 직각으로 놓은 상태에서 손을 오른쪽으로 돌려 잡았는지 왼쪽으로 치우쳐서 잡았는지를 표현하는 개념으로 보통 "스트롱"과 "위크"로 표현된다. 이러한 그립의 위치 결정은 플레이어의 손의 크기나 힘, 샷의 형태에 따라 달라진다. 그립의 Position은 구질에 영향을 미치며 이러한 포지션에 따라 몸동작이나 손동작은 달라진다. 예를 들어 훅 그립은 탑 모양에서 손목이 컵인될 수 있고 임팩트 때 위크 그립을 취한 골퍼보다 더 몸을 열고 임팩트하는 경향이 있다. 이는 똑바른 볼을 치기 위한 일종의 선택일 수밖에 없는 것이다.

슬라이스로 고민하는 플레이어들에게는 분명 스트롱 그립이 도움이 될 것이다. 왼손의 너클이 서너 개가 보이게 잡는 스트롱 그립은 오른손의 V자 모양이 오른 어깨 방향으로 향하게 하는 그립이다. 이 그립의 가장 큰 혜택은 클럽 페이스를 닫아 칠 수 있어 볼을 훅 할 수 있다는 것이다. 훅 볼은 백스핀이 줄어 보다 많은 런을 유발한다.

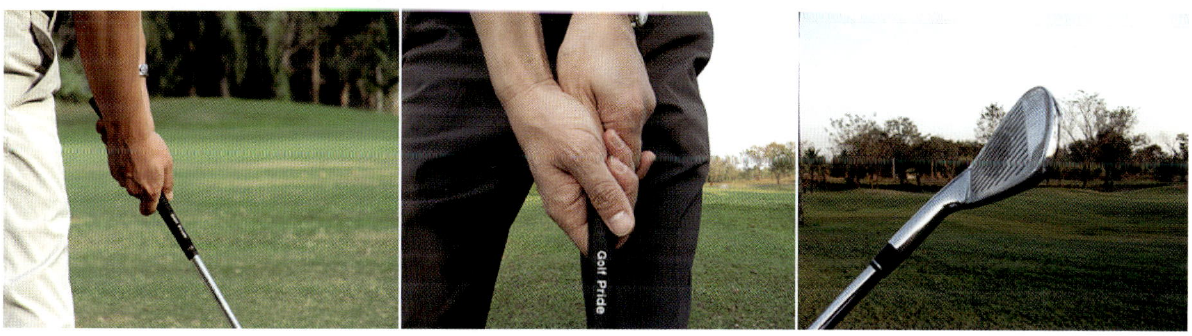

훅(스트롱) 그립의 모양과 클럽 닫힌 모습

이 그립을 취하는 골퍼로는 폴 에이징어, 데이비드 듀발, 프레드 커플스가 대표적이며 이러한 골퍼들은 각자 볼을 똑바로 치는 방법을 스스로 알고 있다. 폴과 데이비드는 훅 그립으로 인한 탑에서의 닫힌 클럽 페이스를 임팩트 시 많은 허리회전이나 늦은 릴리스를 통하여 볼을 목표로 보내고 있다. 같은 그립을 취하는 프레드는 탑에서 왼 손목이 안쪽으로 꺽이는 동작을 취하여 헤드가 스퀘어한 모양을 갖추고 빠른 허리회전을 통해 페이드 샷을 주 구질로 하고 있다. 손목의 힘이 너무 없거나 스피드가 떨어지고 슬라이스로 고민하는 골퍼에게는 분명 설득력이 있는 그립임에 틀림없다.

한편 요즘은 인기가 덜한 위크 그립은 자니밀러나 코리페이빈 등이 사용하였으며 왼손의 너클이 두 개 미만으로 보이며 오른손의 V가 턱 방향으로 향한다. 의도적인 페이드 샷을 칠 경우에 부분적으로 사용되는 그립이다. 이 그립은 어드레스 때부터 왼 손목이 펴져 있어 손목의 자유로운 회전이 제어되고 이 때문에 보다 강력한 손목의 힘이 필요하며 오픈되기 쉬운 클럽 페이스를 직각으로 가져올 수 있는 손의 감각이나 동작이 필요하다. 이러한 그립을 취하는 골퍼의 대부분은 임펙트 시 허리의 회전을 줄이며 손동작의 로테이트가 빠른 것이 특징이다.

위크(약한) 그립의 모양과 클럽 열린 모습

어느 쪽으로도 치우치지 않는 스퀘어 그립은 "뉴트럴 그립"이라고 하며 가장 보편화되고 많이 쓰이는 그립이다. 왼손 너클이 두 개 정도 보이며 오른손은 한 개 정도 보이는 형태를 취하고 오른손 V가 오른 어깨를 향한다. 왼 손목과 오른 손목이 서로 안쪽으로 꺾이는 모양이 있어 그 모습이 나비 같이 생겼다 하여 어떤 교습가들은 "버터플라이 그립"이라고 표현하는 이도 있다.

클럽을 목표에 직각으로 가져가는데 스트롱이나 위크 그립에 비하여 보상동작이 적으며 손목의 동작도 비교적 자유로워 코킹이 수월하고 임팩트와 릴리스와의 연결이 자연스럽다. 클럽 페이스와 오른손바닥이 같은 방향을 향해 있어 임팩트 때 손바닥 방향을 이용해 클럽을 직각으로 가져가기 쉬운 정점이 있다.

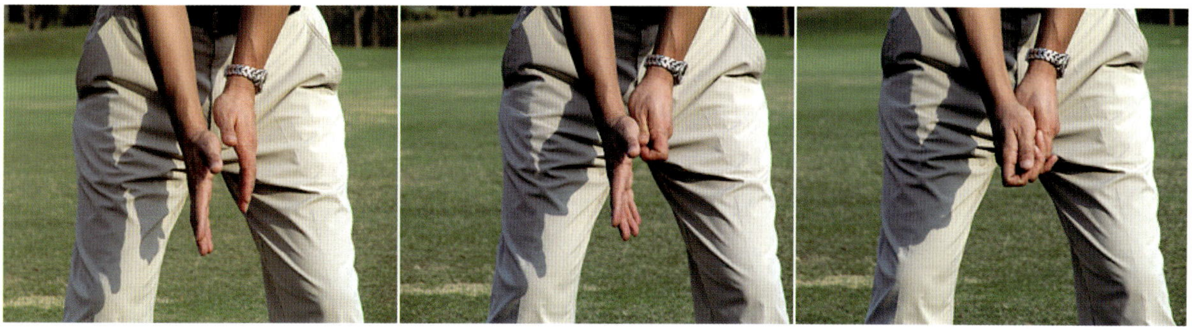

그립을 취하는 손의 이미지

이밖에도 좋은 그립을 취하는 방법은 많을 것이다. 좋은 그립의 기준이란 스트롱이나 위크 그립을 구분하는 것이 아니라 자기에게 잘 어울리고 원하는 샷을 일관되게 칠 수 있는 그립이라 할 수 있다. 사람의 스윙이 모두 다르듯 그립 역시 사람마다 조금씩 다를 수밖에 없다. 잡는 모양도 다르고 느낌도 다르다. 중요한 것은 어떤 그립을 잡느냐가 중요한 것이 아니라 어떻게 자기가 취한 그립을 이해하고 본인의 스윙과 잘 접목시키는가이다. 골프의 궁극적이고 절대적인 과제인 거리와 방향을 충속시키며 항상 일관되게 삽을 수 있는 그립이 가장 좋은 그립인 것이다.

TIPS 보편적인 스퀘어 그립의 특징

1. 그립은 항상 손에서 대각모양으로 잡혀야 한다.

2. 왼손 엄지와 집게손가락의 간격이 너무 넓지 않게 한다.

3. 왼손 모양은 위에서 내려다 봤을 때 너클 두 개 정도 보이게 한다.

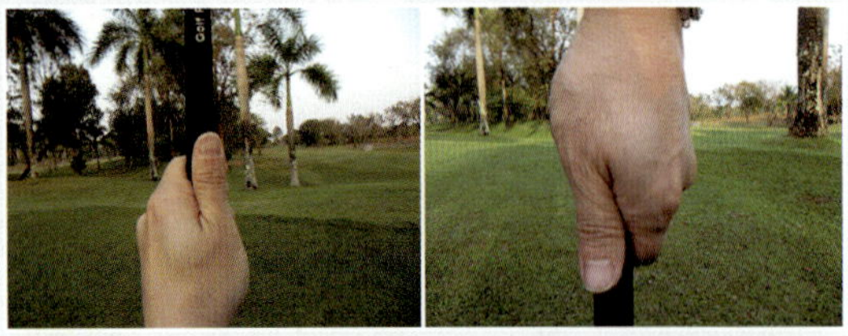

4. 왼손의 V자 모양은 오른쪽 볼을 향하고 오른손은 오른 어깨 방향으로 향하게 한다.

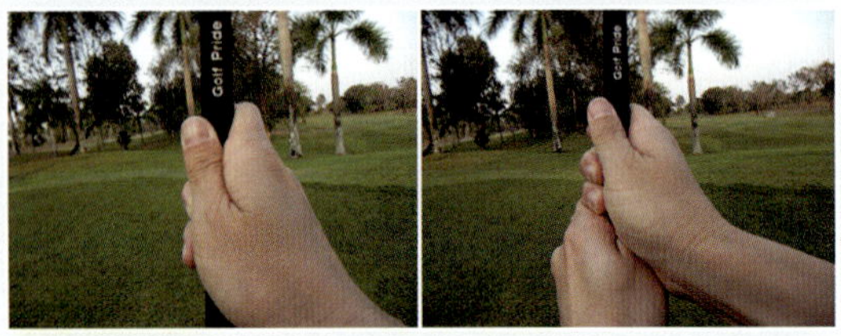

5. 오른손은 클럽 페이스와 손바닥방향이 같게 유지한다.

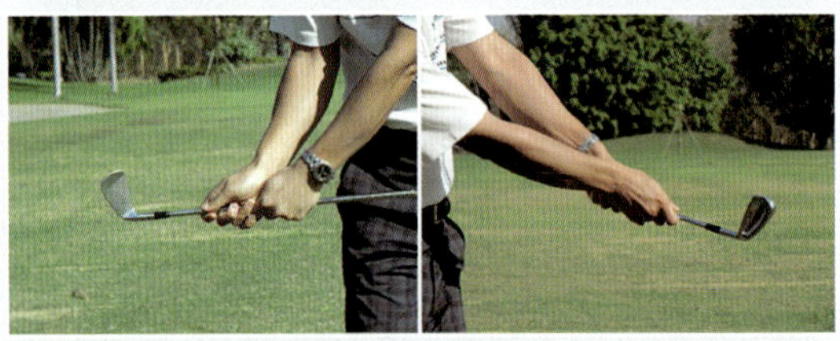

6. 왼 손목과 오른 손목은 약간씩 안쪽으로 꺾이는 느낌이 되도록 한다.

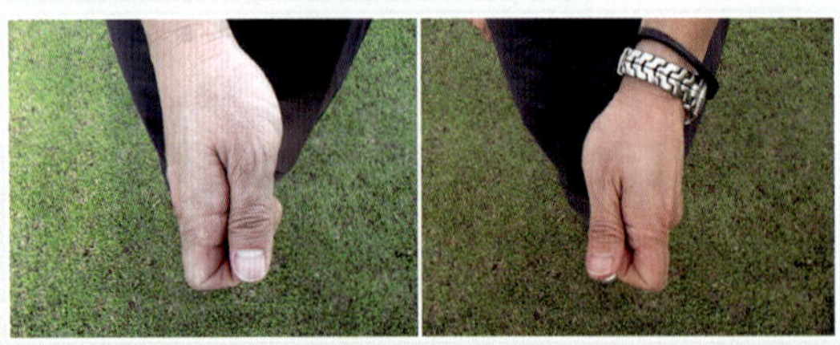

7. 왼손 엄지가 오른손 생명선에 밀착되도록 잡는다.

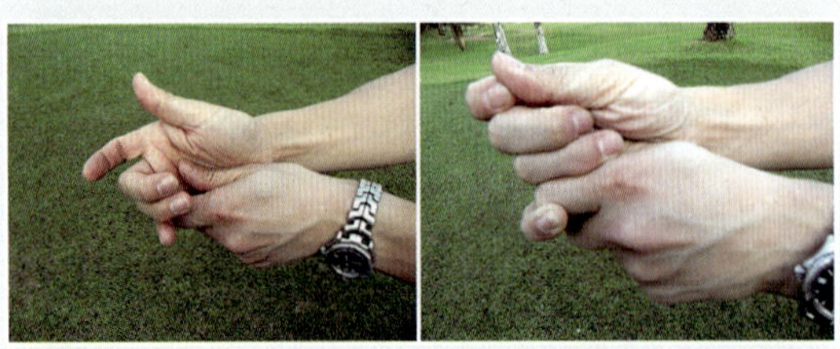

8. 오른손을 잡을 때 왼손 모양이 바뀌지 않게 주의한다.

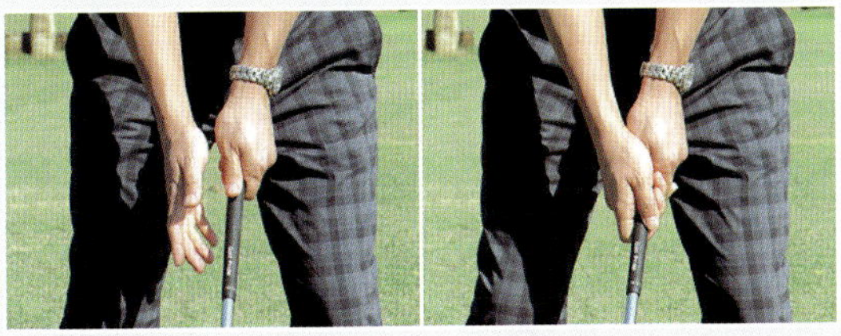

③ Pressure - 압력

많은 강사들이 그립의 압력을 중요하게 다루지만 사실 적절한 그립의 압력을 말로 표현하기는 어렵다. 우리가 자주 사용하는 "세게", "약하게"라는 표현은 매우 상대적일 수밖에 없다. 또한 드라이버가 웨지나 퍼터보다 더 강한 압력이 필요하듯이 클럽의 종류에 따라서도 압력은 다르게 요구된다. 물론 페어웨이에서 치는 샷과 깊은 러프에서 치는 샷이 다르듯 샷의 종류에 따라서도 달라진다.

연필을 쥔 그립 모습

중요한 것은 어느 쪽이든 극단적으로 치우치는 것은 좋지 않다. 왼손 그립을 너무 약하게 잡으면 스윙 중에 애초에 결정되어진 페이스의 방향이 달라질 수 있으며 적당한 높이로 일관되게 탑의 높이를 만들기 어려워 타이밍을 잃기 쉽다. 반면 그립을 너무 강하게 잡으면 보기에는 빈틈이 없어 보이고 견고하여 느껴지지만 헤드무게를 느낄 수 없고 팔과 어깨를 긴장시켜 스피드를 잃게 된다. 또한 손목을 올바르게 사용하지 못하게 되어 스윙하는 동안 제대로 된 힘과 영향력을 발휘하기 어렵게 된다.

따라서 좋은 압력의 그립이란 스윙의 감을 잃지 않으면서도 클럽을 올바르게 통제할 수 있도록 견고하게 쥐어지는 것이라 할 수 있다. 애인과 함께 춤을 출 때 손을 잡듯이 부드럽지만 애인을 리드할 정도로 그립을 잡으면 되는 것이다.

또한 그립의 압력은 스윙하는 도중 자신도 모르게 변한다. 셋업 때의 부드러운 그립은 백스윙 탑에서부터 임팩트에 이르면서 강하게 변하는 경우가 많다. 이것은 어쩌면 힘을 내기 위한 인간의 본능일 수도 있다. 그래서 어떤 강사들은 임팩트 때 엄청난 양의 에너지를 버텨내려면 골퍼 자신도 모르게 힘이 들어가고 강하게 잡게 되는 것은 당연한 것이라고 설명하는 이도 있다. 아마도 스윙 도중에 클럽의 무게와 원심력에 대한 반사작용으로 그립의 세기가 자연스럽게 강해지는 것이 아닌가 싶다. 하지만 보다 더 스윙의 느낌을 좋게 하려면 스윙 도중 일관된 그립의 압력을 유지하는 것이 좋다.

백스윙

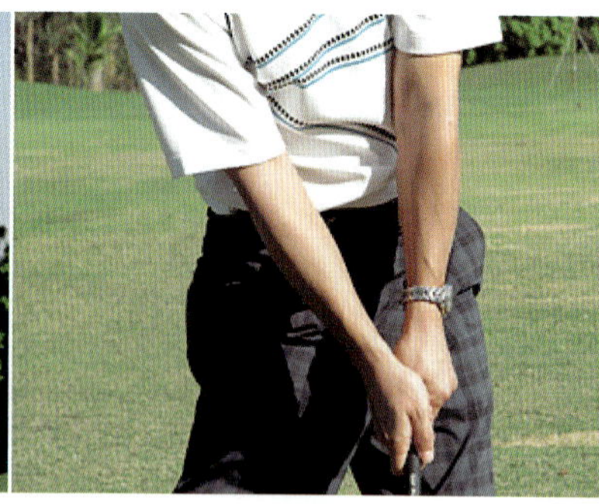
임팩트

피니시

어드레스에서부터 탑과 피니시에 이르기까지 일정한 그립의 압력을 유지하면 스피드를 늘려주며 균형감을 잡는 데에도 도움이 된다. 물론 임팩트에서는 손이 알아서 그립의 압력을 조절할 것이다. 따라서 그립의 모양뿐 아니라 압력의 균형도 좋은 그립의 중요한 요소임을 알아야 한다. 그립의 올바른 감각형성을 위하여 골퍼 자신이 압력의 변화를 느끼고 연습해야만 한다. 강사는 어디까지나 수치상으로나 추상적으로 압력을 조언할 수밖에 없다.

④ Precision - 정확성

조그마한 그립의 변화는 느낌이 다르고 감각을 다르게 하며 볼의 구질에도 많은 변화를 가져온다. 후다닥 그립의 변화를 주어 더 나은 향상을 가져오는 골퍼도 있지만 대부분의 골퍼들은 그립을 바꾸면 원치 않는 구질로 당황하며 변화된 그립을 소화하는데 지쳐 다시 예전의 익숙한 그립으로 되돌아가는 것을 많이 보게 된다. 하지만 분명한 것은 자기에게 잘 맞는 좋은 그립은 있게 마련이다. 더 쉽게 잡을 수 있고 거리를 내주며 감각을 좋게 만드는 그립을 취하느냐 아니면 조금 엉성해도 지금 당장을 위하여 현재의 그립을 유지하느냐의 문제는 오직 선택의 문제이다. 어쩌면 인내의 몫일 수도 있다. 그러므로 그립을 교정하는 일은 부단한 노력과 시간이 필요한 작업이다.

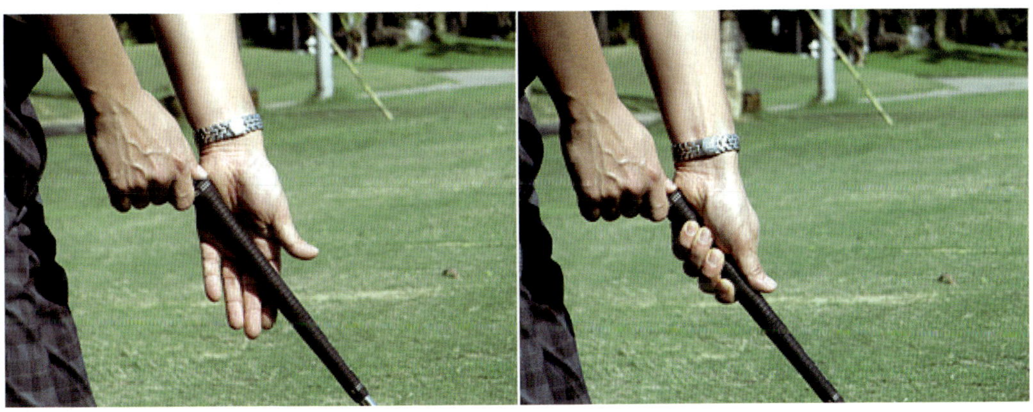

그립의 옆모습

그립에서 정밀도란 동일한 그립 상태의 재현 능력이라고 할 수 있다. 매번의 샷마다 그립을 다르게 잡는다면 골프는 정말로 어려운 운동이 될 것이다. 의도적으로 돌려 치는 샷을 구사하는 것 외에 그립을 왼쪽이나 오른쪽으로 조금이라도 돌려 잡는다면 볼은 우리가 예상하는 것 그 이상으로 목표에서 벗어날 것이다. 그러므로 그립은 항상 일관되고 정밀한 상태로 잡아야 한다.

핸디가 높은 골퍼들이 그립을 잡는 순서가 잘못되어 그립의 정밀도를 떨어뜨리는 경우를 종종 보게 된다. 그립을 먼저 잡고 그 다음에 헤드를 목표에 직각으로 맞추는 경우이다. 하지만 이런 경우에는 헤드가 닫히거나 열린 상태에서 그립이 잡히는 경우가 많다. 꼭 헤드를 먼저 직각에 맞춘 후 그립의 위치를 확인하는 것이 올바른 방법이다.

그립은 어드레스에서 백스윙과 임팩트를 거쳐 피니시까지 일관된 모양을 유지하는 것 또한 중요하다. 대부분의 아마추어들은 임팩트 이후 그립을 놓는 경우(특히 오른손)를 많이 보게 되는데 일관된 압력이나 정밀도를 높이기 위해서는 피니시까지 어드레스에서 잡았던 그립을 그대로 잡고 있는 것이 좋다.

그립의 정밀도를 높이기 위하여 일관된 루틴으로 그립을 잡는 것이 중요하다. 스윙뿐만 아니라 그립을 잡는데 있어서도 자기만의 일정한 루틴을 개발하여 그립의 일관성과 정밀도를 높여야 할 것이다.

3) 그립의 루틴

루틴의 가장 큰 혜택은 일관성이다. 골프 특성상 같은 동작을 반복하며 플레이 하게 되는 골프는 일관성이 무엇보다도 중요하다. 매번 똑같은 방법으로 그립을 잡게 되면 스윙을 망칠 수 있는 나쁜 버릇을 줄일 수 있고 보다 정밀하게 그립을 잡을 확률이 높아진다. 일관된 루틴은 핸디가 낮아지면서 더욱 중요해지며 멘탈이 골프에 중요하게 적용됨을 인식하면서 일관성은 더욱 빛을 발하게 된다. "초보자는 동작에 신경쓰지만 고수는 목표에 집중한다"는 표현도 그립과 스윙의 일관된 루틴은 목표 이외의 어떤 불필요한 동작이나 마음도 필요 없음을 시사한다.

그립의 루틴은 크게 세 가지 방법으로 쥐어진다. **하나는 오른손으로 클럽의 그립 아래쪽을 잡고 볼에 헤드를 직각으로 맞춘 다음 왼손을 잡으며 오른손을 끌어다 그립을 완성하는 방법이다.** 이 방법은 오른발과 오른손을 이용하여 목표라인에 직각으로 에임하는 방법이다. 몸의 오른쪽을 이용하여 발, 몸, 손을 조정한다. 그렉노먼 등 프로들이 가장 많이 사용하는 그립의 루틴으로서 오른 눈이 주시인 골퍼들에게 유리한 방법이다.

오른손 그립 루틴

두 번째 방법은 왼손으로 클럽을 잡고 왼팔을 자연스럽게 늘여뜨려서 시작하는 루틴이다. 왼손으로 볼에다 헤드를 갖다 대고 스탠스를 먼저 취한 다음 오른손으로 그립을 완성하는 방법이다. 이 방법은 왼팔과 왼 어깨를 이용하여 목표에 에임하는 방법이다. 왼눈이 주시이며 왼손 감각이 좋은 골퍼에게 유리하며 왼손의 포지션을 헤드와 잘 일치시키지 않으면 전체적인 그립이 잘못될 수 있다.

왼손 그립 루틴

또 다른 방법은 샤프트를 손 높이 이상으로 놓고 양손으로 그립을 쥐는 방법이다. 볼과 목표의 후방에서 양손으로 그립을 먼저 쥔 다음 볼 뒤에서 목표를 정하고 에임하는 방법이다. 미셸 위나 유소연 선수가 사용하는 이 방법은 양손으로 클럽의 페이스를 체크할 수 있다는 장점이 있다.

양손 그립 루틴

그립의 루틴에서 어떤 방법을 선택하는가는 중요치 않다. 그립이 편하고 손들이 자연스러운 위치에 놓이며 결과가 좋다면 그 방법을 고수하는 것이 좋다. 플레이어가 잘못된 샷의 유형을 시정하기 위하여 매번 그립을 다르게 잡아야 한다는 생각은 금물이다.

2 에임(정렬)

많은 골퍼들이 연습장보다는 코스에서 원하는 곳으로 볼을 보내는 것을 훨씬 더 어려워한다. 그것은 볼이 놓여 있는 라이가 일정치 않은 이유도 있지만 골퍼가 볼을 보내고자 하는 목표에 제대로 정렬하지 못하거나 좋지 않은 셋업을 하는 이유가 더 클 것이다. PGA 승수를 무수히 쌓으며 위대한 골퍼로 기억되는 잭니클라우스도 훌륭한 플레이를 위해서는 기본적인 셋업이 가장 중요하다고 할 만큼 올바른 에임이나 셋업은 볼을 목표로 보내는 골프의 궁극적인 목표에 가장 필요한 기본 전제조건임을 강조했다.

골프는 타깃 게임이다. 볼을 타깃으로 보내려면 거리와 방향을 충족시켜야 한다. 훌륭한 스윙이란 바로 이러한 거리와 방향을 충족시킬 수 있는 임팩트를 만들어 내는 스윙일 것이다. 스코어가 이러한 훌륭한 스윙과 세련된 고난도 기술을 통하여 만들어지지만 많은 골퍼들이 복잡한 스윙의 메커니즘에만 사로잡히는 경우가 많다. 아무리 훌륭한 스윙이나 기술도 타깃에 올바르지 않게 이루어진 에임과 정렬은 소용이 없게 된다.

드라이버 에임

아이언의 에임

에임은 목표에 대한 클럽 페이스의 조준이라 하는데 이 에임은 타깃 라인과 클럽 페이스가 90도가 되도록 하며 구질에 가장 많은 영향을 주는 원리 중 하나로서 임팩트 순간 클럽 페이스 각도에 영향을 미쳐 볼의 비행에 영향을 끼친다. 에임은 단순히 헤드를 목표에 조준하는 것이지만 그 시작은 볼을 목표에 보내려는 샷을 시각화하는데 있다. 볼 뒤에서 치고자 하는 구질을 선명하게 시각화하는 과정부터가 에임의 시작이라고 보아야 한다. 그 이후에 클럽을 목표에 겨냥하고 몸을 셋업하면 된다. 의도적인 드로우나 페이드를 구사하려 한다면 에임은 목표와 평행해지는 것이 조금 달라질 수 있다. 포워드스윙을 조절하기 위하여 목표에 클로즈되게 하거나 오픈되는 경우가 이에 해당한다.

어떤 골퍼는 드라이버샷을 슬라이스로 고민한 나머지 헤드를 닫혀진 상태로 에임하는 것을 간혹 보게 된다. 하지만 이것은 올바른 교정 수단이 아니다. 이러한 임시방편은 올바른 릴리스를 방해 받고 백스윙 역시 가파르게 시작됨을 유발하게 된다. 이처럼 에임을 할 때 주의해야 할 점은 클럽의 로프트나 리딩 에지가 의도된 샷과 잘 일치해야 한다는 점이다. 클럽의 로프트와 리딩 에지가 치려는 샷에 맞게 셋업되지 않으면 모든 것이 어긋나기가 쉽다. 이것은 마치 짧은 어프로치샷에서 굴리는 샷의 셋업을 하고 띄우는 샷을 치려는 것과 다를 것이 없다. 정도의 차이는 있을 수 있으나 짧은 어프로치나 긴 아이언 샷, 드라이버의 경우에도 치려는 샷과 헤드의 에임은 긴밀한 관계에 놓여 있는 것이다.

에임과 정렬을 구분하여 설명할 수도 있지만 에임은 목표에 대한 클럽 에임과 신체의 에임으로 나뉠 수 있고 이를 합하여 표현된 말이 정렬일 것이다. 이처럼 정렬은 클럽과 타깃에 대한 신체의 위치 정렬이라고 할 수 있다. 이러한 정렬은 스윙플레인 즉, 클럽의 경로에 많은

스퀘어 - 평행 스탠스

드로우 - 클로즈드 스탠스

페이드 - 오픈 스탠스

영향을 미쳐 구질을 만들어 내는 중요한 방향적 요소가 된다. 정렬을 생각할 때는 항상 평행이라는 단어를 주목해야 한다. 올바른 정렬은 볼이 나아갈 방향과 몸이 선 방향이 평행이 되어야 한다. 양발뿐 아니라 무릎, 허리, 어깨가 나란하게 헤드의 방향과 평행하게 위치시켜야 한다.

어떤 초보자는 어깨 방향을 깃대에 맞추는 것에 신경 쓰지만 이것은 정말 부질없는 노력이다. 특히 코스에 나가 플레이할 때는 다양한 코스 상황 때문인지 목표에 대한 올바른 정렬이 쉽지 않다. 목표에 대한 올바른 에임이 이루어졌어도 그에 따른 신체 각 부위의 올바른 정렬은 웬만큼 숙련되지 않으면 쉽게 갖추기 어려운 미묘한 것이다.

올바르지 않은 에임이나 정렬은 초보자일수록 더 심하게 나타나는데 초보자는 보통 볼이 나아갈 목표보다 오른쪽으로 정렬하는 경우가 많다. 이렇게 에임을 취할 경우 볼이 목표보다 오른쪽으로 가거나 포워드스윙(다운스윙)을 덮어 치거나 하체를 제대로 사용하지 못하는 올바르지 않은 스윙을 유발한다. 만약 이런 셋업을 취하고도 볼이 목표로 똑바로 잘 갔다면

그것은 우연이거나 운이 매우 좋은 것이라고 볼 수 있다. 이처럼 올바르지 않은 정렬은 좋은 스윙을 기대하기 어렵고 결과 또한 나쁜 것은 당연하다. 그러므로 목표에 대한 올바른 정렬이 있어야 원활한 스윙이 가능하고 원하는 곳으로 볼을 보낼 확률이 높아진다.

에임을 잘못하는 경우는 보통 두 가지 형태로 구분된다. 첫째는 목표에 클럽과 몸의 정렬이 아예 맞지 않는 경우인데 이는 초보자나 라운드 경험이 적은 골프에게 많이 나타난다. 둘째는 목표에 클럽이나 몸이 하나만 올바르고 나머지 부분이 잘못 정렬된 경우이다. 6배열이라는 에임에서 좋은 단어가 있다. 머리, 어깨, 허리, 무릎, 발, 클럽의 여섯 부분이 목표에 올바르게 정렬되었을 때 좋은 방향을 기대할 수 있다. 어느 한부분이 의도되지 않게 뒤틀려 있다면 스윙을 하기 위하여 분명 정렬에 대한 벨런스는 깨어지고 이를 만회하려는 불필요한 보상동작이 가미될 것이다. 이것은 올바르지 못한 정렬의 대부분을 차지한다.

보통 골프를 시작한 지 얼마 되지 않는 초보자는 목표에 오른쪽으로 에임하는 경우가 많은데 이러한 이유는 왼쪽 어깨를 기준으로 오른쪽 눈이 왼쪽 눈보다 더 멀리 위치하기 때문일 수 있다. 오른손잡이인 경우 왼쪽으로 고개를 돌려 목표를 보기 마련인데 이러한 과정에서 왼쪽 어깨가 기준이 되어 왼쪽 눈 보다 오른쪽 눈이 더 멀리 있기 때문에 목표보다 오른쪽으로 에임한다.

어드레스 때의 몸과 볼과의 간격을 잘못 이해하여 목표보다 오른쪽으로 에임하는 경우이다. 이는 피칭을 들고 셋업했을 때 볼과 몸의 간격이 1m라면 볼이 떨어질 지점, 즉 예를 들어 100m지점에서 간격은 1m보다 훨씬 더 넓어진 방향(약 8m)으로 어깨라인이 향해 있어야 한다. 그렇지 않고 계속해서 1m를 향하여 몸의 정렬을 하였다면 이것은 위에서 말한 볼 방향과 몸 방향이 잘못되어 결국 목표보다 매우 오른쪽으로 에임한 결과인 것이다. 이러한 볼의 방향과 몸의 방향은 그 간격이 거리에 따라 다르게 나타나야 하는데 위에서 제시한 그림이 그 좋은 지침이 될 수 있다. 이것은 각 클럽의 길이에 따라 셋업 때 볼과의 간격이 조금 달라지며 이는 볼이 날아가 떨어지는 거리에 따라서도 어깨 방향이 얼마나 간격이 벌어져야 하는지 잘 나타내 주고 있다. 볼 에임과 몸 에임의 공식으로 삼아 코스에서 적용해 보고 자신만의 응용을 통한 일관된 에임이 좋은 스윙과 결과로 나타날 것이다.

대부분 프로들의 정렬 방식은 두 가지 형태로 나뉘어진다. 하나는 헤드를 먼저 목표에 맞추고 그 다음 몸의 방향을 맞추는 방식과 몸의 방향을 대략 가늠하여 볼이 날아갈 목표와 몸의 방향을 동시에 정렬하는 방식이다. 어떤 방식을 취하든 자신만의 일관된 루틴에 따라 일정하게 하는 것이 중요하다.

보고

정렬하고

셋업

코스에 나가 정렬을 할 때 한 가지 도움이 되는 방법은 클럽과 거리에 따라 미리 몸이 서야할 방향을 미리 가늠해 놓는 것이다. 예를 들어 7번 아이언으로 150야드를 친다고 하면 “몸의 방향은 150야드 목표의 좌측 소나무 방향 정도로 서야지”라고 미리 계산하고 몸의 방향을 취하는 것이다. 이 방법은 클럽 헤드는 목표에 대하여 에임을 잘 하였지만 몸의 에임이 어떤 이유에선지 잘 안 되는 사람에게 유리한 방법이다.

보고

정렬하고

셋업

프로들도 자신들만의 방식으로 목표지점에 클럽 헤드를 에임하고 그 연결된 가상의 선을 이미지하며 그 가상의 선에 평행된 목표지점 옆의 한 지점을 정하여 몸의 방향을 연결하는 작업을 매 샷마다 일관되게 성실히 수행한다. 다만 오랫동안 이런 것들을 실천하여 숙련되고 자연스러울 뿐인 것이다. 하지만 골프기술이 숙련된 프로들도 때로는 목표에 대한 정렬을 잘못하여 볼을 엉뚱한 곳으로 많이 보내곤 한다.

보통 정렬에 대한 오류는 선천적인 재능보다는 집중된 주의력과 습관의 영향이 더 크다. 그러므로 목표에 대한 올바른 조준과 그에 따른 올바른 정렬에 대한 주의력 있는 연습과 좋은 습관을 기르는 것이 필요하다.

에임과 정렬을 잘하기 위해서는 연습장에서 볼을 칠 때 연습 매트 생긴 대로만 치지 말고 좌측과 우측으로 다양하게 목표를 정하여 연습해야 한다. 그러면서 다른 클럽을 양발에 갖다 대며 목표에 올바르게 정렬했는지를 체크한다. 또 각 클럽별로 볼과 몸이 떨어지는 거리에 비례하게 볼이 떨어지는 거리에서 몸이 향하는 방향이 얼마나 차이가 나는지를 알아보는 것도 좋은 방법이라 할 수 있다.

에임에 도움이 되는 드릴

① 목표를 가늠할 때 셋업의 모양을 변화시키지 않으면서 겨냥한다. 특히 퍼팅이나 어프로치 샷에서는 더욱 주의하여 좋은 정렬 습관을 만든다.

O

X

② 에임 스틱 등을 이용하여 목표에 대한 정렬을 연습한다.

③ 드라이버, 아이언, 퍼팅 등 샷에 따른 일관된 자신만의 루틴을 만든다. 볼과 신체를 목표지점과 평행하게 정렬하고 그 다음 볼 위치를 정한다.

④ 에임과 볼 구질에 대한 관계를 연습을 통하여 익힌다. 에임에 변화를 주면서 드로우와 페이드에 대한 연습을 한다.

3 셋업

골프는 정확성과 힘을 동시에 요하는 운동이다. 이러한 것들은 스윙장치가 어떻게 셋업되느냐에 따라 많이 달라진다. 야구에서 타격을 준비하는 타자나 스타트를 준비하는 스케이트선수, 자유투를 던지려는 농구선수나 풋볼의 쿼터백까지 모든 운동선수들은 경기 전 준비 자세를 갖는다. 그들은 각자 익혀온 그들만의 몸의 자세를 취하고 신체균형을 잡으며 체중을 조절하여 준비 자세를 취한다.

골프 역시 이러한 다른 운동들처럼 각자의 셋업을 가지게 되며 이 셋업 모양에 따라 스윙의 효율성은 달라진다. 어떤 셋업을 하느냐에 따라 전체적인 스윙의 이미지는 달라지며 임팩트의 결과 또한 다르게 나타날 수밖에 없다. 그러므로 플레이어가 볼, 라이 및 원하는 샷과 자신의 신체를 올바른 자세로 조정하였을 때 성공적인 셋업이라고 할 수 있다.

이러한 의미에서 셋업은 기대된 임팩트의 실현을 위한 기초 이미지라고 할 수 있다. 골퍼들마다 머리에서부터 발 모양에 이르기까지 취하는 자세는 다양하다. 하지만 분명히 자신의 체형에 맞는 균형 잡힌 셋업 자세는 있기 마련이다. 셋업은 몸의 전체적인 자세, 볼의 위치, 스탠스, 체중분산, 균형 등으로 설명된다.

다양한 샷의 셋업

1) 몸의 자세

스윙의 각 위치에서 머리는 중심을 잡기도 하고 볼의 탄도를 결정하며 견고한 임팩트까지 영향을 끼친다. 그동안 머리는 스윙의 중심으로 표현되기도 하고 훌륭한 스윙이나 견고한 임팩트를 위하여 머리의 위치가 많이 사용되었다. 아이언이나 웨지샷에 비하여 드라이버 샷에서의 머리는 보다 더 오른쪽에 위치하게 된다.

특히 머리에서는 턱의 방향이 중요하다. 드라이버일 때는 턱의 방향이 보다 왼쪽으로 향하게 해야 한다. 그렇게 하면 척추는 수직의 위치보다 오른쪽으로 약간 기울게 되며 이러한 상체의 형태는 왼쪽 어깨의 회전을 용이하게 해주며 임팩트 때 머리를 볼 뒤에 있게 하여 올바른 타격을 하는데 도움을 준다. 반면 웨지샷을 칠 때는 턱의 방향을 수직으로 향하게 하여 척추각이 보다 수직으로 위치한 모양이 된다. 이러한 모양은 올바른 다운블로 샷을 가능케 한다.

드라이버의 백스윙

웨지의 백스윙

어깨는 임팩트 때 스윙경로를 결정하는 중요한 요소로 방향과 높이를 인식하여야 한다. 어드레스 때의 어깨 방향은 다운스윙 시 영향을 많이 주며 특히 임팩트의 위치에서 어드레스 때의 방향을 재현할 가능성이 크다. 오픈된 어깨는 뜨는 볼이나 풀샷과 슬라이스를 유발한다. 또한 어깨 높이는 볼에게 접근하는 스윙의 경로와 임팩트 그리고 샷의 탄도에 영향을 준다. 이러한 어깨 높이는 특히 턱의 위치나 방향과 연관이 깊다.

드라이버의 셋업

웨지의 셋업

한편 어깨의 관절에도 주의가 필요하다. 우리가 골프를 치다보면 흔히 "어깨를 긴장시키지 말라"라는 표현을 많이 들어 볼 것이다. 이것은 다른 말로 표현한다면 "어깨관절을 잘 이용해라"라는 말로 바꿀 수 있다. 셋업 때 어깨가 긴장하여 올라가 있으면 목과 어깨의 공간이 부족하게 되고 이러한 모양은 백스윙 시 어깨관절의 가동범위를 줄여 올바른 상체꼬임이나 커다란 스윙아크를 방해한다. 그러므로 셋업 때와 백스윙 탑에서 양 어깨의 관절 범위를 체크하는 연습이 필요하다.

어깨관절을 웅크린 경우 어깨관절을 정상적으로 편 경우

한편 측면 척추각과 무릎 위치가 매우 중요한데 척추가 어떤 각도로 자세를 취하느냐에 따라 스윙이 많이 달라지기 때문이다. 또한 무릎은 팔 뒤쪽에 수직으로 위치하는 것이 이상적인 모양이 된다. 이 모양을 쉽게 만드는 방법은 왼쪽 무릎을 완전히 편 상태에서 상체를 구부리면 자연스럽게 양발은 뒤쪽으로 쏠리는 데 무릎을 살짝 떨어뜨리듯이 낮추면 발바닥 전체로 체중이 느껴진다. 이 자세가 보통 어깨 뒤 부분에 무릎이 위치하는 이상적인 자세이다.

이렇게 해야 손의 위치가 올바르게 되는데 만약 무릎을 너무 구부리면 손이 움직여야 할 공간이 좁기 때문에 손이 튀어나와 위치하게 되어 몸과 손이 너무 먼 셋업을 하게 되는 것이다. 이러한 셋업은 몸과 손, 팔 스윙의 조화를 떨어뜨릴 가능성이 크며 타이밍 또한 엉킬 위험성이 크다. 또한 무릎이 너무 펴져 있는 셋업을 한다면 손이 몸에 가깝게 붙어 자유로운 손과 팔 스윙을 방해할 것이며 스윙을 하는 동안에 하체가 지탱해야 하는 능력이 떨어질 수 있다.

드라이버 셋업

아이언 셋업

보통 신장에 따라 무릎의 구부리는 각도는 달라지는데 스튜어트 싱크나 비제이 싱, 어니 엘스 등과 같이 키가 큰 사람은 아무래도 무릎을 많이 구부리는 셋업을 취하며 마이크 웨어나 제프 슬루먼, 신지애 선수처럼 키가 작은 선수들은 무릎을 많이 펴서 최대한 서서 치는 이미지의 셋업을 한다. 이는 최대한의 스윙아크를 보장받으려는 것과 몸의 회전을 더 이용하겠다는 의지에서 비롯된 듯하다. 이처럼 척추각과 무릎 위치는 손의 위치와 관련이 크며 전체적인 셋업의 이미지에 영향을 미친다.

셋업에서 상체의 척추는 수직이 아니라 오른쪽으로 약간 기울어진 상태가 되는데 이는 왼손보다 오른손이 그립을 내려 잡는 이유에서 비롯된다. 이는 자연스런 모양이며 클럽에 따라 차이가 있지만 보통 상체의 척추각은 턱의 방향과 일직선상에 놓이게 된다. 이러한 자세는 상체의 올바른 비틀림을 유도하고 백스윙에서 척추를 중심으로 자연스럽게 체중이 오른쪽으로 이동하게 되는 것을 돕는다. 하지만 이러한 자세는 사실 자연스러워 보이지만 각자의 신체구조에 따라 다르게 형성되기도 하므로 거울을 이용하여 수시로 본인의 셋업 자세를 점검해야 한다.

셋업에서 가장 위험한 자세 중의 하나가 바로 척추를 수직으로 위치시키는 셋업이다. 이러한 셋업은 오른쪽 다리가 왼쪽 다리의 길이보다 길어 오른쪽 힙이 왼쪽보다 올라가 있어 골반의 높이가 잘못된 골퍼에게 나타난다. 또는 셋업 때 힙의 위치가 오른쪽으로 치우쳐 골반의 위치가 잘못되어 있는 골퍼에게 많이 나타난다. 이러한 척추를 수직으로 위치시키는 셋업은 척추를 중심으로 상체의 올바른 수평회전을 방해할 뿐 아니라 체중을 잘못 이동시키는 역 피봇의 위험에 노출된다.

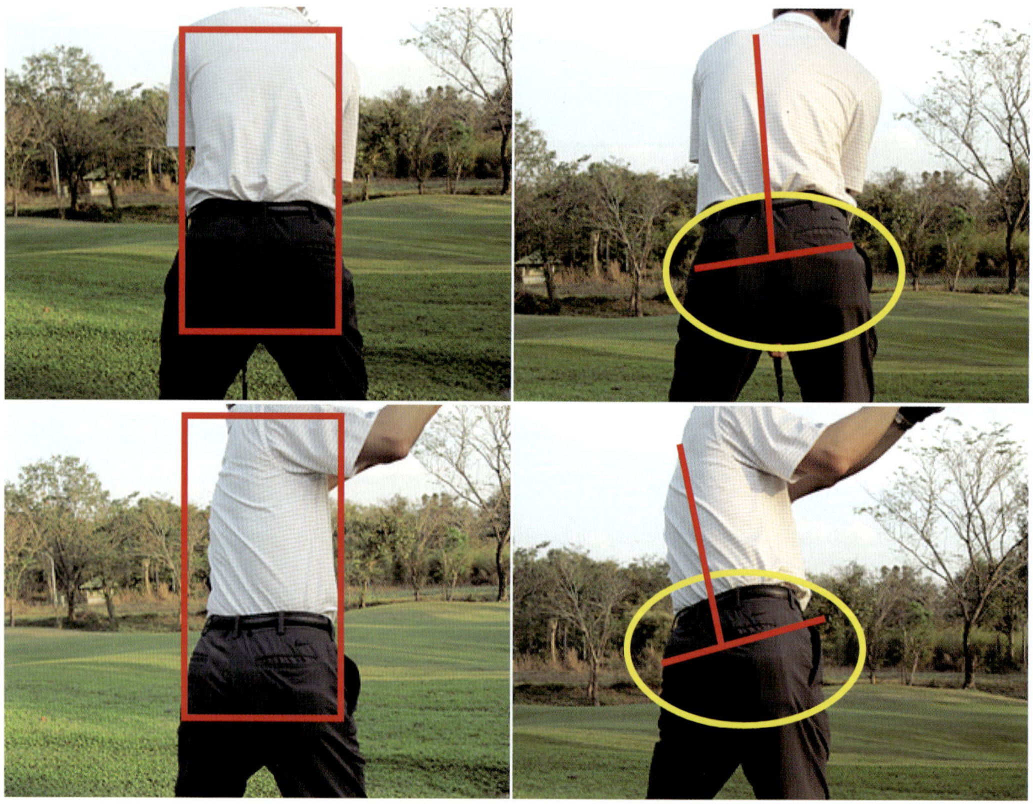

골반의 위치가 바르게 된 경우 / 골반의 위치가 오른쪽으로 치우친 경우

양팔은 그립을 어떻게 잡느냐에 따라 조금씩 모양이 다르게 나타나지만 보통 자연스럽게 늘어뜨려진 상태에서 양팔을 바깥쪽으로 조금씩 벌려 팔꿈치가 자신의 골반 뼈를 향하도록 한다. 이렇게 하면 양팔의 상박부가 가슴에 밀착되는 느낌이 되며 몸통과 양팔의 일체감을 주어 몸통과 양팔의 동시성을 높여준다.

또한 팔꿈치의 그러한 모양은 왼팔의 자유로운 회전을 도와 올바른 스윙단면을 만들 수 있는 기회를 높여준다. 특히 오른 팔꿈치는 셋업 시 살짝 떨어뜨리듯이 구부려 놓으면 오른쪽 겨드랑이에서 멀지 않은 느낌으로 백스윙되고 임팩트에서 올바른 오른팔의 위치를 찾아들어 올 수 있게 해준다. 또한 오른 팔꿈치를 경첩처럼 사용할 수 있게 해주어 임팩트 이후에 커다란 팔로스루를 가능케 한다.

백스윙에서 팔로스루까지의 몸통과 팔 동작

발의 모양은 보통 오른발은 목표에 직각으로 위치하고 왼발은 약 15도 정도로 열어서 위치시킨다. 이러한 이유는 오른발인 경우 백스윙 시 오른 무릎과 오른 허리를 버티게 해주어 상체 꼬임을 최대화해주고 왼발이 약간 열려 있는 모양은 임팩트와 그 이후에 왼 무릎과 허리가 보다 더 자연스러운 회전을 돕는다. 또한 피니시에서 왼 발목에 무리를 주지 않으며 버틸 수 있게 해주므로 이러한 발의 모양을 취한다.

발에도 중심이동은 이루어진다. 백스윙을 할 때 왼발은 안쪽과 앞쪽으로 쏠리며 오른발은 바깥쪽과 뒤쪽으로 치우친다. 다운스윙이 시작되면서 임팩트의 상태에서 발의 중심은 백스윙의 모양과 반대가 된다. 왼발은 뒤쪽과 바깥쪽으로 향하게 되며 오른발은 앞쪽과 안쪽으로 이동하게 된다. 이렇게 하여야 올바른 체중이동과 함께 균형을 잃지 않게 된다.

백스윙에서 임팩트를 거쳐 피니시까지의 하체 동작

2) 볼의 위치

볼의 위치를 정할 때 주의해야 할 점은 방향을 먼저 정하고 그 다음에 볼의 위치를 잡는 것이 중요하다. 만약 볼의 위치를 먼저 정하고 방향을 바꾼다면 볼의 위치가 다시 달라지기 때문이다.

볼 위치 정하는 루틴

볼의 위치를 정하는 방법 중 하나를 소개한다. 먼저 뒤에서 방향을 정한 다음 볼 앞으로 다가와 양발을 모으고 볼을 양발 가운데에 위치시킨다. 양발, 무릎, 허리, 어깨가 목표에 평행한지를 맞추고 그 다음 왼발을 먼저 떼고 그 다음 오른발을 뗀다. 만약 왼발을 많이 떼고 오른발을 적게 떼면 볼은 오른쪽에 위치한 상태가 되는 것이고 드라이버와 같이 왼발은 적게 떼고 오른발을 많이 떼면서 볼을 왼쪽으로 더 위치시키게 한다.

필드에서 누군가가 너무 오른쪽이나 왼쪽으로 에임했다고 조언했을 때 만일 몸의 방향만 수정한다면 당신이 원하는 본래의 볼 위치가 달라지므로 방향과 볼 위치를 함께 수정해야만 한다. 볼의 위치는 라이나 원하는 샷과 스윙 형태에 따라 달라지지만 일반적으로 플레이어의 측면 체중이동과 관련이 깊다. 플레이어의 유연성이나 균형에 문제가 있고 측면 동작이 제약을 받으면 볼은 스탠스의 중심 가까이에 있어야 한다.

볼의 위치를 왼발로 기준하여 항상 같은 위치에 놓고 클럽에 따라 오른발을 뒤로 하는 불변적 볼 포지션을 선호하는 플레이어도 있다. 선택은 플레이어의 몫이며 고정된 볼 위치이든 발이나 클럽, 신체 각 부분을 사용하는 가변적 볼 위치이든지간에 매 스윙 시마다 엄격히 고려되어야 하는 사항임에는 틀림없다.

하체의 셋업, 포워드 및 피니시 동작

3) 스탠스

스탠스의 넓이는 좌우 균형에 영향을 준다. 좁은 스탠스는 체중 중심이 높아져 좌측으로 체중이동이 용이하지만 보다 큰 동작이나 스피드를 높일 때는 불안정을 증진시킨다. 넓은 스탠스는 체중 중심이 낮아져 전체적인 안정감을 주고 커다란 스윙동작을 바탕으로 긴 비거리를 내는데 도움을 주어 젊은 골퍼들에게 인기가 있지만 많은 유연성을 필요로 한다.

콜럼비아의 골프 영웅 까밀로 비제가스 선수나 일본의 이시카와 료 선수가 좋은 예라 할 수 있는데 뛰어난 유연성을 바탕으로 넓은 스탠스에 다이내믹한 스윙, 빠른 스피드를 보여준다. 이들은 피니시 동작에서 오른발이 왼발 쪽으로 끌리듯이 마무리한다. 이처럼 스탠스의 넓이는 스윙 지원에 필요한 균형과 유연성에 의해서 결정된다.

스탠스는 그 넓이에 따라 거리와 상, 하체의 연결성이 달라지며 숏게임과 퍼팅에서는 특히 스탠스 넓이가 거리조절에 도움을 줄 수 있다. 짧은 칩샷이나 퍼터의 경우에는 스탠스 폭을 좁게 해도 되지만 풀스윙에 가까운 어프로치의 경우에는 어느 정도 넓은 스탠스를 요구한다.

퍼터의 경우도 스탠스의 넓이를 이용하여 스윙 폭을 조절하여 거리를 맞추는 프로들이 많다. 스윙 크기를 다르게 조절할 때 스탠스 넓이를 활용하면 도움이 된다. 볼 위치를 고정시키고 오른발의 위치를 넓게 가져가면서 스윙 크기를 조절하면 거리감을 잡는데 매우 효과적이다. 이처럼 스윙의 동작이 커짐에 따라 스탠스의 폭도 커져야 함은 긴 샷이나 퍼팅의 경우도 마찬가지다. 따라서 클럽과 상황에 맞는 스탠스 조절은 좋은 셋업의 필수조건이다.

아이언 스탠스

드라이버 스탠스

4) 체중 분산

균형은 골프뿐만 아니라 모든 운동에서 경기력에 매우 중요한 요소일 것이다. 비기너와 고수의 차이도 어쩌면 스윙의 형태보다는 리듬이나 균형감의 차이로 구분되는지도 모른다. 프로들은 유연한 몸동작으로 균형감 있게 스윙하지만 비기너들은 필요 이상의 힘이 많이 들어가고 그 때문에 효율을 떨어지며 마무리 동작에서 균형을 잃는다. 오죽하면 우스갯소리로 힘 빼는데 3년 걸린다는 말이 있지 않은가.

골프에서 균형은 상체와 하체, 그리고 몸의 좌측과 우측의 힘의 조화에서 많은 영향을 받는다. 하체가 버틸 수 있을 만큼 상체의 힘을 쓰는 것과 몸의 왼쪽이 버틸 수 있을 만큼 오른쪽을 이동시키는 것도 균형감을 잡는 척도가 될 수 있는 것이다. 이러한 힘의 밸런스는 좋은 스윙의 기본이다. 일류 프로들의 스윙을 보면 얼마나 아름답도록 균형이 잘 잡혀 있는지 알 것이다. 그래서 우리는 그러한 균형적인 스윙을 위해 노력하고 또 흉내 내어 따라 해야 한다.

클럽과 상황에 따라서도 좌우 균형과 앞뒤 균형이 조금씩 다르게 된다. 드라이버의 경우 왼쪽보다는 오른쪽으로 조금 더 체중을 두고 발의 앞쪽보다는 뒤쪽으로 체중을 두기 마련이다. 이러한 자세는 드라이버 샷를 할 때 필요한 완만한 스윙을 유도하고 체중을 더 전달하여 장타를 치는데 도움을 줄 수 있다. 반면 숏아이언을 할 때에는 왼쪽 무릎을 조금 더 구부리거나 골반을 약간 좌측으로 위치시켜 왼쪽으로 체중을 두면 올바른 다운블로 샷을 가능하게 해준다. 왼발 내리막 샷일 경우에도 이렇게 하면 도움이 된다.

골프에서의 균형은 스윙 후 피니시 자세에서 체크할 수 있다. 스윙 중 어디에서 힘을 주고 어디에서 스피드를 최대화하는지를 잘 가늠하면 균형 잡힌 피니시를 할 수 있다. 피니시 자세를 오래 취하여 얻을 수 있는 혜택은 어떠한 형태의 오류를 범했는지를 느끼게 해주며 오류를 범한 구간을 알게 한다. 스윙에서 균형을 잘 잡으려면 체중을 어떻게 조절하여야 하는지, 힘은 언제, 어느 정도 써야 하는지를 조절하는 능력이 골프 실력과 비례한다고 볼 수 있다. 그래서 피니시를 우아하고 오래도록 취하라고 강사들은 주문하는 것이다. 올바른 피드백을 위한 피니시를 기억하고 사진을 찍을 때처럼 균형 잡힌 피니시를 취하는데 노력하여야 한다.

임팩트 이후 체중이동

피니시 체중이동

프리샷 루틴

프리샷 루틴은 스윙의 절차라고 할 수 있다. 스윙의 절차는 스윙을 하기 전에 하는 일련의 모든 행동을 뜻하는데 이는 스윙의 시동을 거는 차원에서 매우 중요하다. 골프가 어려운 이유는 정적인 동작에서 동적인 움직임으로 바뀌는데 있다. 야구나 농구처럼 볼의 움직임에 따라 반사적으로 행동하는 것과는 달리 본인이 언제 스윙을 할지를 결정하고 깔끔하고 자연스럽게 스윙에 시동을 거는 것은 결코 쉽지가 않다. 공을 잘 치는 로우 핸디 캡퍼나 프로들도 이 부분에 많은 어려움을 느끼며 오랜 노력으로 샷을 하기 전에 그들만의 일정한 루틴을 만든다.

일정한 루틴의 가장 큰 혜택은 일관성이며 그 다음의 보너스는 보다 더 집중력 있게 샷을 할 수 있다는 것이다. 긴장이 고조된 상황이나 두려움을 느끼는 상황에서도 일정한 루틴을 지키면 보다 더 일관되고 집중력 있게 샷을 할 수 있는 것이다. 스윙의 절차는 사람들마다 다르지만 실수를 줄이려면 매번 샷을 할 때마다 자신만의 루틴을 만들어야 한다. 동작이나 시간을 일관성 있게 만들어 자신만의 박자를 지키며 샷을 해야 좋은 결과를 기대할 수 있다.

루틴은 다음 세 가지로 나누어 표현된다. 먼저 동작에 대한 루틴, 마인드에 대한 루틴, 시간에 대한 루틴으로 구분되고 이것들은 또다시 서로 연결되고 결합되어 전체적인 루틴으로 나타난다.
동작에 대한 루틴은 선수마다 샷 하기 전과 후에 꼭 취하는 동작들로 표현된다. 이 동작들은 간단하고 보기 좋으며 일관된 동작들로 만드는 것이 좋다. 연습스윙은 어떻게 하고 에임은 어떻게 들어가며 샷 하기 전에 어떤 동작들로 샷의 시동을 거는지에 대한 관찰은 루틴에 있어 매우 중요하다.

시간에 대한 루틴은 샷 하기 전에 행하는 동작들과 에임에서 샷을 시작하는 시간으로 다르게 나타난다. 골프백에서 클럽을 빼고 샷에 대한 이미지를 그린 다음, 연습스윙을 하며, 에임과 셋업을 하여 샷을 하는데까지 전체적인 시간이 일관되어야 하며 특히 셋업 이후 샷을 하는데 있어서 걸리는 시간은 매우 중요하다. 너무 복잡하거나 시간이 많이 걸리는 루틴은 남들에게도 피해를 주지만 본인에게도 결코 좋지 않다. 스페인의 유명한 세르지오 가르시아 선수는 예전에 샷을 하기 전 왜글만 12~13번을 하고 샷을 하였다. 고개를 계속해서 목표를 향해 돌리고 왜글을 심하게 많이 하는 행동은 동반 플레이어의 인내심을 테스트하기에 충분했다. 이러한 동작은 보통 습관에서 비롯된다. 자신이 그동안 취하였던 일정한 동작을 하지 않으면 왠지 불안하고 리듬이 깨지는 것을 느껴 그렇게 많은 왜글을 하는 것이다. 분명 좋지 않은 습관이다.
지금은 투어경기에서도 경기의 속도 규정이 매우 강화되었다. 최근의 가르시아 선수의 모습을 보면 왜글하는 횟수도 많이 줄었고 전체적인 플레이의 루틴이 많이 빨라진 것으로 보인다. 아마도 누군가에게 조언을 들었거나 아니면 스스로 너무 긴 루틴은 도움이 되질 않는다고 느낀 것 같다.
루틴은 간단하면서도 언제, 어떠한 상황에서도 일관되게 할 수 있는 것이 좋다. 많은 강사들이 보통 어드레스를 완벽하게 취하면 4초 안에 플레이를 스타트하라고 한다. 그래야만 연습스윙을 통한 리듬감이나 목표를 향한 집중도가 사라지지 않는다고 하니 우리들은 4초라는 시간에 주목할 필요가 있다. 투어프로들이 어드레스를 들어서기까지는 많은 시간이 걸려도 막상 어드레스에 들어서면 주저 없이 샷을 하는 것을 보면 호쾌하고 시원한 느낌이 들지만 그러한 일관된 루틴은 오랜 경험과 연습에서 비롯된 것임을 알아야 한다.
마인드에 대한 루틴은 동작과 시간에 대한 루틴에 영향을 주기도 받기도 한다. 아무리 일관된 동작을 하고 시간을 지키는 루틴을 취하려 하여도 마음에서 샷에 대한 확신과 자신이 없으면 그 루틴을 완전히 깨진 것이다. 특히 셋업에서 스윙의 시동을 거는 매우 짧고도 중요한 시점에서 마음에 대한 결정이 확고하지 않으면 루틴은 실패한 것이며 시간과 동작에 대한 루틴이 달라질 수밖에 없다. 그러므로 마인드에 대한 루틴이 가장 중요하다. 자신이 치려고 하는 구체적인 볼의 이미지를 그대로 가져가면서 한순간도 실패에 대한 두려움이나 결정한 것에 대한 흔들림이 없이 오로지 샷에 대한 집중만이 성공적인 루틴이라 할 수 있다.

샷의 성공여부는 아주 짧은 순간에 결정되기 때문에 매번의 샷을 집중하기 위해서는 항상 같은 루틴으로 샷에 임해야 한다. 동작과 마음을 통제하여 시간을 일관되게 취할 수 있는 루틴이라면 샷의 성공확률이 매우 높아지고 샷에 대한 두려움도 사라질 수 있다. 개인차에 따라 루틴의 동작과 방법이 다르더라도 간단하고 일관된 자신만의 루틴을 개발하고 연습해야 할 것이다.

4 스윙플레인

스윙플레인은 사람마다 체형이나 어드레스 자세, 샤프트 길이, 라이각에 따라 조금씩은 다르게 나타나지만 스윙 중 클럽의 샤프트의 경사도와 어드레스에서 다운스윙, 피니시에 이르기까지 클럽 헤드가 여행하는 경로로 구분할 수 있다. 샤프트의 경사와 헤드의 경로는 이처럼 구분하여 설명할 수는 있지만 이 둘은 샤프트가 일직선으로 이루어진 이상 항상 같이 다루어져야 하며 서로 분리할 수 없는 결합의 형태를 띤다.

백스윙과 팔로스루의 스윙플레인

1) 샤프트의 경사

스윙 중 클럽 샤프트의 경사는 우리가 흔히 표현하는 업라이트나 플랫하냐의 문제이다. 이 두 스윙을 극명하게 잘 표현할 수 있는 선수가 바로 잭 니클라우스와 벤 호건이다. 잭 니클라우스는 높은 스윙을 구사하여 하이 페이드샷을 주로 쳤으며 벤 호건은 누운 스윙을 구사하여 로우 드로우 구질을 주로 구사하였다.

높은 스윙은 볼에 접근하는 헤드의 각도가 타깃 라인과 보다 일직선에 가까울 수 있으며 타이밍을 올바르게 가져갈 수 있다면 스트레이트 볼의 기회를 높여준다. 보다 긴 티샷 캐리와 높은 탄도의 아이언샷에 유리하고 키가 큰 선수들에게 적합한 스윙이라 할 수 있다.

낮은 스윙은 몸의 회전을 더 이용할 수 있으며 타이밍을 맞추기 쉽다. 클럽 각도가 볼 뒤쪽에서 접근하기 쉬우며 낮은 탄도의 볼로 바람이 부는 코스에서 유리하다. 높은 스윙을 구사하지 못하는 키가 작은 선수에게 적합하다. 이러한 샤프트의 경사는 스윙의 높고 낮음을

클럽별 스윙기울기

표현하여 스윙의 기울기라고도 한다.

스윙의 기울기는 클럽에 따라서도 다르게 나타난다. 웨지와 드라이버를 비교해보면 골퍼가 어떤 클럽을 잡던 체형은 일정하지만 클럽의 길이가 달라지면서 어드레스 시 볼에서 멀리 떨어진 드라이버가 당연히 샤프트의 경사는 웨지보다 완만해질 것이다. 이러한 완만한 샤프트의 경사는 스윙 전체에서 그대로 유지되어야 하는데 이러한 완만한 스윙의 기울기가 티 높이와 함께 자연스러운 업 블로우의 샷을 가능케 한다.

만일 드라이버가 찍혀 맞거나 너무 낮은 탄도로 나온다면 볼의 위치에 문제가 없을 시 스윙의 기울기를 체크해 보아야 할 것이다. 그립을 잡을 때 왼손보다 오른손이 아래에 위치하므로 오른쪽 어깨는 왼쪽 어깨보다 당연히 내려가 있는 형태가 되는데 이러한 모습은 드라이버의 경우 볼 위치가 왼쪽으로 치우치므로 더욱 확연히 나타난다. 이렇게 올바른 어드레스가 되어야지만 스윙의 기울기 역시 올바르게 형성될 가능성이 크다.

샤프트의 경사는 디봇의 깊이에도 영향을 주는데 숏 아이언보다 스윙기울기가 원만한 롱 아이언이 디봇이 얇게 나는 것은 당연하다. 그러므로 숏 아이언은 깊이 찍히는 것 같고 롱아이언은 쓸어 치는 느낌이 나는 것이다.

많은 아마추어들이 코스에 나가 오늘은 드라이버가 잘 맞았는데 아이언이 잘 떨어지질 않았다고 말할 때 아마도 각 클럽에 가지는 스윙의 기울기를 제대로 만들지 못하고 드라이버에 가까운 완만한 기울기로 아이언 샷을 했을 가능성이 크다. 많은 학생들이 숏 아이언은 찍어 치고 롱 아이언은 쓸어 치냐고 묻는데 어드레스 당시 샤프트가 이루는 경사도를 가르친다면 그 답은 스스로 알게 될 것이다.

스윙플레인을 보다 쉽게 이해하기 위한 방법을 소개하면 손이 다니는 길과 헤드가 다니는 길로 나누어 표현할 수 있다. 대부분이 스윙에서 헤드의 움직임에만 집중되어 있는데 좋은 스윙플레인을 위해서는 손이 어느 길로 다니는지가 매우 중요하다. 셋업에서 백스윙 때 양손이 오른쪽 어깨 위치로 이동하고 임팩트를 거쳐 피니시에서는 양손의 위치가 왼쪽 어깨 정도에 있으면 좋은 방향이라고 보면 된다. 손이 스윙 구간마다 올바른 위치에서 벗어나면 헤드의 움직임을 맞추기 위하여 불필요한 손동작이 생길 수밖에 없다. 그러므로 손이 좋은 위치로 다녀야만 헤드도 좋은 경로를 위치할 가능성이 크다.

2) 헤드의 경로

손이 좋은 위치를 확보하면 다음으로 헤드의 움직임을 확인해 보아야 한다. 볼을 치는 것은 클럽의 헤드이다. 그러므로 헤드의 움직임을 확인하는 것은 언제든지 필요하다. 헤드가 열렸는지 닫혔는지, 헤드가 스피드가 나는지, 헤드가 올바른 길로 다니는지 등에 대한 확인은 골프에서 매우 중요하다. 이런 관심은 모두 헤드에 초점이 맞추어진 것들이며 골프스윙에 있어서 클럽 헤드가 어떻게 움직이고 어떻게 볼을 맞추는지는 골프원리 중 가장 중요한 것일 수도 있다.

헤드의 경로는 클럽의 페이스와 함께 방향을 결정하는 중요한 요소가 된다. 헤드가 다니는 경로는 방향을 결정하고 방향은 게임의 절반이다. 헤드의 경로를 가장 잘 표현한 것이 바로 벤호건이 어드레스를 하고 목과 볼에 연결된 커다란 유리판 그림일 것이다. 우리는 이 이미지를 통하여 어떻게 헤드가 백스윙되고 어떻게 다운스윙을 해야 유리판이 깨지지 않고 스윙할 수 있는지를 알아왔다. 또한 스윙플레인의 모든 것을 함축적으로 담고 있는 이 이미지를 바탕으로 골퍼의 올바른 스윙플레인을 확인할 수 있는 분석 툴(Tool)도 개발되었다.

백스윙 스윙플레인

팔로스루 스윙플레인

골퍼가 스윙 중에 몸통을 중심으로 비스듬하고도 빠르게 움직이는 헤드의 경로를 정확히 추적하는 일은 매우 어렵다. 하지만 이 작업이 어렵다고 해서 보다 복잡한 스윙 경로를 가진다면 그것을 만회하려는 보상동작들로 더욱 일관성은 떨어질 것이다. 투어프로들도 제각기 독특한 스윙구조를 통해 자신만의 주 구질을 가지고 있다.

PGA투어선수 짐퓨릭은 바깥쪽으로 가파르게 드는 백스윙을 통하여 빠른 하체와 허리 회전을 바탕으로 다운스윙 때 헤드를 온라인 궤도에 위치시키며 플레이한다. 분명 간단하지 않은 복잡한 스윙궤도임에 틀림없다. 그러나 많은 연습과 훈련을 통해 일관성을 가지고 있으며 아직도 시합에서 좋은 성적을 거두고 있다. 요즘 프로들이 많이 추구하는 간단한 원플레인 스윙에는 분명 반하는 궤도이며 여러분들 또한 이렇게 스윙을 할 필요도 없다.

많은 보상동작이 필요한 스윙궤도는 만들기도 어렵고 그 스윙이 몸에 자리 잡기도 힘들다. 보다 간단하고 간결한 스윙궤도를 추구해야 한다. 좋은 백스윙 궤도를 가지면 분명 좋은 다운스윙을 할 수 있는 확률이 높아지지만 중요한 것은 다운스윙에서의 헤드가 볼을 향하여 들어오는 궤도가 중요하다.

좋은 스윙플레인은 꼭 어떤 방향으로 헤드가 다녀야 한다고 정의하기보다 다운스윙에서 항상 같은 길로 다닐 수 있는 일관성 있는 경로와 파워를 낼 수 있는 위치를 가지면 된다. 원 플레인이든 투 플레인이든 상관없이 샤프트라인에서 크게 벗어나지 않는 다운스윙의 경로와 원하는 탄도를 뽑아낼 수 있는 샤프트의 경사를 구사한다면 그것이 바로 이상적인 스윙플레인이라 할 수 있다.

올바른 스윙플레인을 위한 추가적 관찰

① 각 클럽에 맞는 올바른 몸의 셋업을 한다. 특히 볼과의 거리는 스윙플레인에 많은 영향을 미친다. 볼과의 거리를 멀리 갖게 된다면 대부분 손이나 헤드를 안으로 당겨 스윙을 너무 안으로 시작하게 되고 볼과 너무 가까이 서게 되면 손이나 헤드가 밖으로 튀어나와 올바른 백스윙이 이루어지지 않게 된다.

스퀘어

아웃 방향 테이크백

인 방향 테이크백

② 백스윙 시작 후 손이 오른쪽 허리 높이 이전에는 헤드가 손보다 앞쪽에 위치해야 하며 손과 헤드가 같은 높이에 있을 때 같은 라인으로 일치하여야 한다. 대부분의 골퍼들이 이 부분을 다 알고 있지만 손이 허리 높이에 있을 때 일직선을 만들려고 하다가 대부분 인사이드로 헤드를 빼는 오류를 많이 범하고 있다. 물론 리키 파울러나 라이언 무어 같이 백스윙 시작을 바깥쪽으로 시작하여 투 플레인 스윙을 구사하는 골퍼도 있고 낸시 로페즈나 줄리 잉스터 같이 안으로 빼서 스윙하는 골퍼도 있다. 하지만 당신이 보다 더 일관된 원 플레인 스윙을 추구한다면 백스윙을 시작했을 때 손이 허리 높이 이전의 동작에서 헤드와 손의 위치를 확인하여야 하며 올바른 위치로 다니는 연습을 해야 할 것이다.

올바른 위치 너무 바깥쪽 너무 안쪽

③ 클럽을 백스윙 할 때에 손과 헤드의 위치가 중요하다. 헤드가 항상 온라인 궤도에 머무르게 해야 좋은 단면을 유지할 수 있다. 클럽이 지면과 수평을 이룰 때 클럽의 버트부분이 항상 목표 방향을 향하는 것과 백스윙의 중간단계와 팔로스루 지점에서 클럽 버트가 볼을 향하여 있어야 한다.

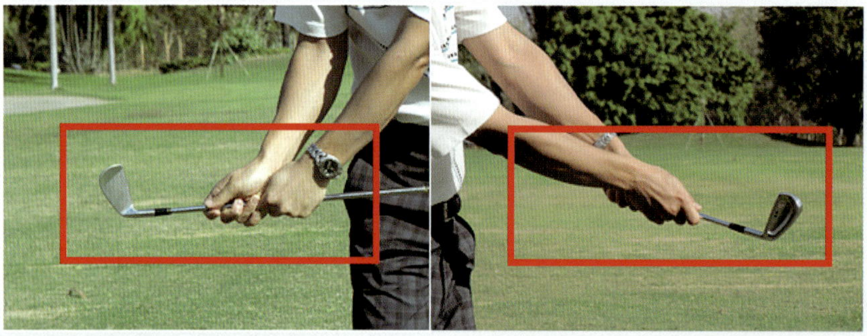

백스윙에서의 손 모양과 클럽 헤드 팔로스루에서 손 모양과 클럽 헤드

④ 백스윙 시 오른 팔꿈치는 처음부터 천천히 접혀야 한다. 그래야 오른팔을 바르게 사용할 수 있고 내미는 백스윙이 되지 않는다. 많은 아마추어가 오른팔의 올바른 사용과 위치를 찾지 못하고 너무 타이트하게 접어 작은 스윙아크를 유발하거나 아니면 오른팔을 너무 뻗어 자연스런 스윙 크기와 코킹 등을 방해한다. 오른팔의 올바른 위치는 스윙 크기와 헤드의 경로에 매우 중요한 요소다.

백스윙 뒷모습 백스윙 앞모습

⑤ 백스윙의 4분의 3 지점에서는 그립을 한 손이 오른쪽 어깨를 가리는 정도의 높이가 이상적이다. 신장이나 개인에 따라 스윙의 높이는 모두 다르게 나타나지만 비교적 적당한 높이의 백스윙은 양손의 높이가 어깨를 가리는 정도가 이상적이라고 할 수 있다. 그래야 백스윙이 완성되었을 때 양손이 머리와 어깨의 중간 정도에 위치하게 된다.

올바른 위치 **너무 높은 위치** **너무 낮은 위치**

⑥ 이상적인 스윙플레인을 위해서는 오른 팔꿈치의 모양이 중요하다. 오른 팔꿈치가 백스윙 중간에서 척추각과 비슷한 모양이 되는 것이 좋다. 만일 오른 팔꿈치가 몸 안쪽으로 너무 치우치면 클럽이 뒤로 쳐져 샤프트라인이 너무 누울 수가 있고 오른 팔꿈치가 바깥쪽으로 너무 벌어지면 클럽이 높아지며 샤프트의 방향이 오른쪽을 향하게 된다.

⑦ 다운스윙에서 손이 허리쯤 내려오는 동작에서 손과 헤드가 어느 위치에 있는지 확인한다. 백스윙에서도 이 동작에서 손과 헤드가 있는 위치가 중요하지만 사실은 다운스윙에서의 동작이 훨씬 더 중요하다. 아무리 좋은 백스윙을 가졌다 하여도 이 동작에서 헤드나 손의 위치가 목표라인에 올바르지 못하다면 아무 소용이 없게 된다.

의도적인 드로우를 칠 경우 이 위치에서는 아무래도 손보다 헤드가 인사이드에 위치할 것이다. 이처럼 스윙플레인을 평가할 때 가장 핵심적인 위치가 바로 이곳일 수 있다. 이 위치에서 손과 헤드의 방향과 모양은 볼이 나가는 비행에 절대적이다. 하지만 백스윙 탑에서 임팩트를 이루는 과정의 중간동작이므로 매우 빠르게 이루어지고 있어 수많은 연습과 노력이 수반되지 않으면 사실 느끼기도 어려운 위치이다.

⑧ 임팩트에서 왼팔과 샤프트가 일직선이 되는지 체크한다. 또 오른팔은 살짝 접혀서 오른쪽 겨드랑이 쪽으로 밀착되는지를 확인한다.

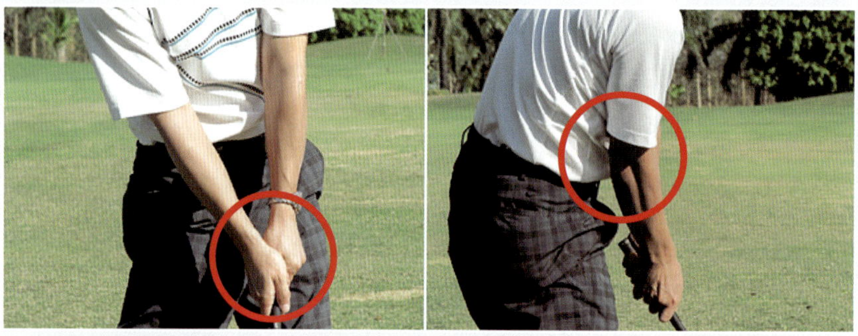

⑨ 팔로스루에서는 왼 팔꿈치는 자연스럽게 회전되며 접혀야 한다. 왼팔을 어디까지 뻗어야 하는가의 문제는 클럽이나 스윙에 따라 조금씩 다르게 나타나지만 너무 빨리 구부러져 팔로스루가 작아지거나 걷어 올리는 스윙은 좋지 않다. 또 너무 오랫동안 뻗으면 자연스러운 스윙플레인을 방해하거나 스피드를 잃을 수 있다. 왼 팔꿈치는 자연스럽게 회전되며 접혀야 하는데 팔꿈치가 회전되는 것이 잘 안 되는 골퍼는 지면 쪽으로 팔꿈치 방향을 유지하듯 회전하면 도움이 된다.

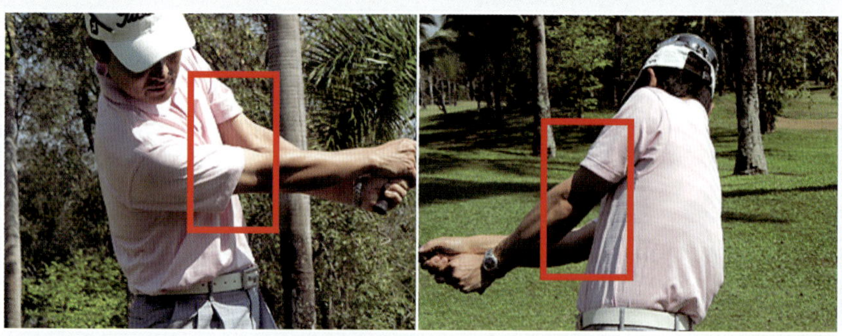

⑩ 백스윙 때는 왼팔과 샤프트가 L자가 되게 하고 팔로스루에서는 오른팔과 샤프트가 L자가 되게 한다. 손과 팔의 사용을 잘하여야 올바른 스윙플레인과 스피드를 이끌어 낼 수 있다. 골프를 배움에 있어 왕도는 없지만 몸스윙을 먼저 배워야 하는가 아니면 팔스윙을 먼저 배워야 하는가를 누군가 묻는다면 항상 팔스윙을 먼저 배우고 몸을 사용하는 법을 배우라고 할 것이다. 많은 이들이 몸을 잘 써야 볼을 잘 치는 것으로 알고 있고 또 그것은 부정할 수 없는 사실이지만 팔의 역할을 제대로 하는 골퍼에게 해당되는 이야기다. 하지만 스윙에서 손과 팔의 능력을 간과하여 몸에만 신경 쓰는 골퍼를 의외로 많이 보게 된다. 볼은 손과 팔만을 잘 사용하여도 얼마든지 잘 칠 수 있다는 것을 알아야 한다. 물론 몸동작이 손과 팔을 잘 도와주어 효율을 이끌어내고 일관성을 가진다면 더욱 이상적일 것이다.

⑪ 클럽을 양손에 하나씩 들고 연습스윙을 한다. 이 연습법은 양손의 근력을 키워주기도 하지만 올바르게 양손이 클럽을 리드하는 능력을 키운다. 올바르지 않은 동작이 나오면 샤프트가 서로 부딪치는 오류를 통하여 스윙플레인을 체크할 수 있다.

스윙플레인은 골퍼의 스윙 모양을 가장 잘 표현하는 것이기도 하며 방향이나 볼을 가격하는 데 있어 중요한 요소이다. 좋은 스윙플레인을 한마디로 표현하기는 힘들지만 이를 위해서는 자신에게 어울리는 간결하고 일관된 스윙을 갖추는 노력을 게을리하지 말아야 할 것이다.

5 스윙센터(스윙의 축)

골프는 축을 중심으로 이루어지는 운동이다. 어린아이가 그네를 탈 때 줄을 지지하는 철봉이 축이 되며 그 축을 바탕으로 그네가 왔다갔다 하는 것처럼 골프도 어떤 한 점을 중심으로 헤드가 휘둘러지며 원심력을 이끌어 낸다. 골프에서 스윙의 중심은 곧 파워이면서 정확성이다. 매번 같은 동작을 반복해서 수행하는 골프스윙의 특성 상 스윙의 중심이 잘 유지 되는 것은 견고한 타격이나 거리를 보장받는데 절대적인 요소이다. 스윙 중심은 스윙 중 상체 회전이나 양팔을 중심으로 척추의 어느 한 부분으로 많이 표현되어 왔다. 이 스윙축이 움직이면 클럽 헤드가 만들어내는 궤도가 변하게 되므로 스윗스팟에 볼을 맞추는 것이 어렵게 된다. 이렇게 골프에서의 스윙 중심은 몸의 회전과 관련이 깊으며 이러한 스윙 중심은 신체 어느 부분에도 위치할 수 있으나 클럽에 따라서 조금은 변할 수도 있다.

예를 들어 숏 아이언의 경우는 스윙 중심이 몸의 왼쪽 어딘가에 고정되어 있다면 드라이버의 경우에는 더 많은 레버리지를 내기 위해 오른쪽으로 옮겨 왔다가 다운스윙에서 다시 복귀하는 경우가 있다. 골퍼마다 스윙의 중심을 다르게 표현하지만 스윙의 중심은 다음과 같은 6가지 방향의 결합으로 이루어진다.

첫째는 스윙의 좌우 중심으로 타깃 방향과 그 반대 방향이다.

백스윙할 때에 머리를 너무 고정한 나머지 상체의 중심이 타깃 방향으로 옮겨진 역 피봇의 형태는 잘못된 백스윙의 가장 좋지 못한 경우라 할 수 있다. 이러한 백스윙은 다운스윙 시 올바른 체중이동이 이루어지지 않고 타깃 반대 방향으로 무게중심이 이동하면서 다운스윙할 소지가 많다. 차라리 백스윙할 때 상체가 오른쪽으로 많이 옮겨지는 스웨이의 형태를 떠는 스윙이 역 피봇의 경우보다는 나을 것 같다. 스웨이의 경우에는 임팩트 시 힘을 전달하기 위해 백스윙 때 우측으로 많이 움직이는 형태이다. 하지만 이러한 스웨이 동작은 임팩트 때 다시 제자리로 중심이 복귀할 수만 있다면 문제되지 않는 사항이다. 이처럼 스윙의 좌, 우에 대한 중심은 다른 위-아래나 앞-뒤의 스윙 중심에 비하면 조금은 관대한 편이다. 유명한 선수들 중에서도 백스윙 때 오른쪽으로 약간씩 움직이는 선수들은 많다.

요즘 현대스윙은 견고한 임팩트를 높이기 위하여 탁월한 유연성을 바탕으로 스윙 중심을 많이 고정시키며 상체의 비틀림을 최대화하는 스윙의 형태를 많이 띤다. 특히 코스의 업, 다운이 심한 우리나라의 경우에 주니어 선수나 프로선수들의 경우가 이러한 스윙의 특징이 더욱 두드러진다.

좌우 중심축을 잘 조절하는 방법 중의 하나는 백스윙할 때는 허리를 고정시키고 다운스윙할 때는 머리를 고정시키는 방법이다. 이렇게 하면 머리를 너무 잡고 백스윙해서 생기는 역 피봇의 위험성에서 자유로울 수 있고 다운스윙에서 하체의 올바른 리드를 유도해 임팩트 시 힘을 제대로 전달할 수 있다.

백스윙 중심축

임팩트 중심축

임팩트 시 윈 벽을 만들고 치는 것도 좌우 중심축을 잘 유지하는 방법이 될 수 있다. 임팩트 시 몸의 중심이 너무 왼편으로 나가게 되면 너무 낮은 탄도나 탑핑의 우려가 많아진다. 또한 회전이 부족한 스윙에서는 낮은 슬라이스를 낳는다. 이처럼 스윙의 좌우 중심은 스윙의 헤드 접근각을 달리하여 볼의 탄도를 결정한다.

스윙의 좌우 중심은 파워와 견고한 임팩트의 결정요소이다. 제자리에서 스윙의 중심을 유지하며 파워를 잃지 않는 스윙이 최고이겠지만 사실 이러한 스윙은 체력적, 기술적인 조건이 요구된다. 일관성을 가지며 좋은 성적을 내는 많은 프로들의 스윙이다. 보다 많은 레버리지를 내기 위하여 좌우로 많이 움직이는 스윙을 할 것인가, 아니면 정확성을 위하여 제자리에서 간결하게 칠 것인가는 선택의 문제이다.

스윙에서 좌우 중심의 영향을 가장 많이 받는 샷이 있다면 완발 내리막이나 오르막 샷 같은 트러블 샷일 것이다. 볼의 정확한 콘텍트가 필요한 이런 트러블샷에서 몸이 좌우로 많이 움직인다면 샷은 실패할 수밖에 없다. 드라이버 샷에서 파워를 내기 위하여 조금 움직이는 스윙이라도 이런 트러블에서는 몸의 중심을 단단히 잡는 기술이 필요하다.

둘째는 위-아래의 중심이다.

모든 운동이 어떤 힘을 내려고 할 때는 순간적으로 자세가 약간 낮아진다고 한다. 피겨선수들이 점프를 하기 전에 몸이 약간 낮아지거나 권투선수가 강한 훅을 치기 전에 약간 웅크리는 듯한 동작들은 모두 힘을 축적하기 위하여 본능적으로 무게중심을 낮추는 것이라 할 수 있다. 골프도 백스윙에서 다운스윙 전환 시 이러한 현상이 많이 나타나는데 사실 스윙의 메커니즘 상 좋은 동작은 아닌 것 같다. 타이거 우즈의 경우도 백스윙에서 다운스윙 전환 시 자세가 조금 낮아지지만 임팩트에서 다시 몸의 왼쪽이 크게 확장하면서 파워를 낸다. 백스윙 때 강력한 임팩트를 내기 위하여 힘을 모아야 하는 것은 올바르나 그러기 위하여 자세가 낮아지는 동작은 견고한 임팩트를 방해하고 스윙의 변화를 가져온다.

셋업과 비교하여 포워드스윙에서 몸의 자세가 낮아지면 그에 따른 보상동작으로 팔의 확장을 줄이며 그것은 보다 작은 스윙아크를 유발할 수 있다. 한편 유연성이 많이 부족한 골퍼의 유형 중 백스윙 때 스윙 중심이 많이 위로 올라가 몸이 들리는 골퍼가 있은데 이들은 다운스윙 시 다시 내려와야 한다. 이처럼 스윙의 중심이 위나 아래로 많이 변화되면서 스윙하는 것은 일관성을 떨어뜨리며 탑핑이나 뒷땅의 근본적인 원인이 되기도 하고 특히 트러블 라이에서 샷을 할 경우 더욱 힘들어지게 된다.

스윙의 위-아래 중심의 움직임은 특히 상체의 유연성과 관련이 깊다. 하체를 고정하고 상체를 최대한 꼬아야 하는 골프에서 유연성은 절대적이다. 유연성이 떨어지면 불필요한 몸의 움직임으로 스윙이 들쑥날쑥할 수밖에 없다. 회전을 하기 위하여 백스윙 시 더 올라가거나 또는 웅크리게 될 경우 올바른 임팩트를 방해받는다. 포워드스윙에서도 마찬가지다. 다행히 볼이 잘 맞았다고 하더라도 몸의 위-아래 움직임을 위한 보상동작이 필요했을 것이며 이는

효율을 빼앗기는 원인이 되고 몸의 무리를 줄 수밖에 없는 스윙이 된다.

스윙분석 장비를 이용하여 스윙할 때 몸의 높낮이나 움직임을 파악해야 한다. 그리고 자신의 스윙을 진단하여 그것에 맞는 드릴을 하여야 한다. 스윙 시 몸이 일어나거나 더 숙여지는 골퍼는 스윙의 크기를 줄이며 몸의 움직임을 최소화하고 손과 팔의 스윙 연습을 많이 하면 도움이 된다. 특히 셋업 시에 가슴과 볼과의 거리를 가늠하고 백스윙과 임팩트에도 이 거리를 유지하면서 스윙한다는 이미지도 도움이 된다.

셋째는 앞-뒤의 중심이다.

요즘은 스윙분석 프로그램을 통하여 보다 과학화된 스윙분석이 이루어지고 있다. 골퍼의 스윙을 옆모습으로 분석할 때 어드레스에서 골퍼의 힙 위치를 표시하고 스윙하는 동안 내내 그 힙의 위치가 변하는가를 세심히 관찰할 때가 있다. 만일 앞-뒤의 스윙 중심이 흔들리는

스윙 시 힙의 위치와 척추각

골퍼라면 스윙하는 동안 힙의 위치는 셋업 때의 위치에서 변화가 생길 것이다.

포워드스윙에서 앞으로 쏠리거나 임팩트 시 흔히 하는 배치기 스윙이 이에 해당한다. 이러한 스윙은 올바른 스윙플레인을 방해하여 임팩트 시 헤드가 스윗스팟을 벗어나 토우나 힐쪽으로 타격이 이루어질 확률이 높아지며 심한 경우에는 생크 같은 악성 샷을 유발하기도 한다. 또한 올바른 체중이동을 할 수 없어 비거리에도 나쁜 영향을 미친다. 스윙 중심을 표현할 때 이 앞–뒤의 움직임은 눈으로 쉽게 확인하기는 어려우면서도 가장 중요한 스윙의 중심으로 다루어지고 있다.

유명한 선수들의 임팩트 자세를 분석해 보면 앞–뒤의 중심이 흐트러지는 선수는 단 한 명도 없다. 셋업에서의 힙의 위치와 척추각이 전혀 변하지 않고 임팩트까지 그대로 유지되면서 회전한다. 이런 동작은 스윙플레인를 좋게 할 수밖에 없으며 이는 견고한 볼의 컨택으로 이어진다.

앞–뒤 스윙 중심을 잘 잡기 위해서는 발과 다리 그리고 허리의 역할이 올바르게 이루어져야 하며 척추의 각을 잘 유지하는 연습이 필요하다. 풀스윙이 아닌 스리쿼터 스윙을 하면서 셋업 때의 척추각을 유지하며 백스윙과 팔로스루를 연습하는 것이 필요하다. 스윙 중심은 골퍼의 유연성과 관련이 깊어 유연성 체조나 스트레칭에 도움이 된다.

6 동적인 균형

어렸을 때 개울에서 납작한 돌을 찾아 물수제비를 뜨는 놀이를 다 한번쯤은 해 봤을 것이다. 그때 돌을 들고 던지기 전 몸은 약간 아래로 숙이고 체중은 뒷발로 옮겨지는 자세가 취해지면서 다시 앞으로 체중이 전달되며 돌을 던질 것이다. 이 단순한 돌 던지기 자세로 골프의 동적인 균형을 설명하는데 전혀 부족함이 없어 보인다. 이 돌 던지기 자세에는 올바른 체중이동과 측면이동 그리고 던지고 난 후 넘어지지 않도록 어떻게 균형을 유지하는지가 다 들어 있다.

균형은 어떤 스포츠든 간에 가장 중요하고도 힘의 결정적인 요소라 할 수 있다. 김연아의 피겨스케이팅이 균형의 결정체이라면 박찬호의 투구 폼은 그 속에 더 이상 균형이라는 단어를 언급할 필요조차 없을 정도로 완벽하다. 마이클 조던의 환상적인 드리블이나 타이슨의 핵주먹 펀치도 역시 힘 이외의 균형을 갖춘 몸의 동작에서 기인함을 볼 수 있다.

골프스윙은 매우 정밀하고 제어된 동작을 요하는 운동이므로 균형이 깨진다면 스윙동작이 보기에도 자연스럽지 않을뿐더러 안정되고 규칙적인 샷이 나오기는 어렵다. 골프의 동작에서도 개울가 돌 던지기 놀이처럼 백스윙에서는 목표의 반대방향으로 체중이 실려 있다가 다운스윙 때 목표 쪽으로 이동하는 순서를 따라 스윙이 이루어진다.

이처럼 골프스윙에서 올바르게 체중이동을 하면 스윙궤도에도 영향을 미쳐 정확한 볼의 가격을 돕고 볼에게 힘을 전달하여 거리를 나게 한다. 균형은 보통 하체의 동작에서 시작한다. 골프에서 하체는 발의 역할과 다리의 역할로 나눌 수 있다.

1) 발의 역할

요즘은 골프화의 밑에 부착된 징도 과학적으로 기능성이 가미되어 다양해졌다. 보다 더 지지력이 뛰어나고 안정된 스윙을 돕는다고 브랜드별로 목소리를 높이고 있다. 만일 골프화에 징이 없다면 라운드 도중에 스윙을 하고 넘어지는 사람이 여기저기서 보이지 않을까 싶다.

많은 골퍼들이 의외로 골프스윙에서 발의 역할과 중요성을 잘 이해하지 못한다. 발은 골퍼의 상체 힘을 지탱해 주며 균형을 조절하여 스윙의 완성도를 높여준다. 어드레스 때부터 발바닥의 어디에 압력을 주느냐에 따라 스윙의 모양도 달라지고 균형도 달라진다.

보통 많은 티칭 프로들이 셋업 때 발 뒤에 체중을 놓고 스윙을 시작하라고 조언한다. 하지만 발 뒤쪽에 체중을 치중하여 놓고 스윙을 시작하면 스윙을 빠르게 가져가기가 어려우며 균형을 잃기 쉽고 완벽한 몸의 회전을 방해하므로 이 방법은 좋지 않다. 물론 트러블샷에선 다를 수 있다. 예를 들어 발보다 볼이 낮은 지역에서는 발뒤꿈치 쪽으로 체중을 놓고 스윙을 시작하는 것이 유리하다.

정상적인 셋업에서는 발바닥 전체에 체중을 놓는 방법이 가장 이상적이다. 이 방법은 양발의 체중이 백스윙과 다운스윙에서 어떻게 다르게 변화하는지를 가장 잘 알 수 있고 이러한 느낌을 알게 되면서 올바른 체중이동을 터득하게 되는 것이다. **백스윙에서는 전체적으로 오른발 쪽으로 체중이 실리면서 오른발은 바깥쪽과 발 뒤쪽에 압력이 느껴지고 왼발은 안쪽과 앞쪽으로 압력이 옮겨지게 되어야 올바른 발의 체중이동이라 할 수 있다.**

왼발에 대한 이러한 모양을 극명하게 보여준 선수가 바로 잭 니클라우스일 것이다. 그는 왼발의 뒤꿈치를 약간 떼면서 강한 임팩트를 위한 완전한 백스윙의 자세를 이루려 하였다. 하지만 요즘 들어서는 이러한 힐업이 하체의 필요 없는 회전을 유발하여 샷의 정확성을 떨어뜨리고 타이밍에 문제를 준다고 하여 힐업을 자제하는 추세가 되었지만 올바른 발의 체중이동이 되지 않는 골퍼라면 이 힐업의 연습법이 도움이 될 수 있다.

다운스윙에서의 발의 모양은 백스윙과 반대되는 모습이다. 오른발은 안쪽과 앞쪽으로 체중이 옮겨지면서 서서히 회전되고 왼발은 바깥쪽과 뒤꿈치 쪽으로 체중이 실리기 시작한다. 특히 다운스윙에서는 오른발의 모양과 오른 무릎의 역할이 매우 중요하다. 오른발이 바깥

쪽부터 떨어지면서 오른 무릎이 자연스럽게 왼 무릎 쪽으로 붙는 듯이 회전하는 것이 이상적인 모양이 된다. 만일 오른발이 뒤꿈치부터 먼저 떨어지고 오른 무릎이 앞으로 튀어나오면 올바른 측면이동이 되질 않아 다운스윙의 궤도와 볼의 가격에 나쁜 영향을 미친다.

셋업 시 발의 모양은 오른발은 목표에 직각으로 놓지만 왼발은 몸 바깥쪽으로 살짝 열어두는 것이 좋다. 이는 다운스윙 시 자연스러운 몸의 회전을 돕고 발목에 무리를 주지 않으며 피니시를 용이하게 가져가는데 도움을 준다. 양발을 모으고 볼을 때리는 연습을 해보면 발이 얼마나 스윙의 균형에 영향을 주는지 알 수 있다. 이처럼 발은 손, 팔과 조화롭게 협응되어야 스윙하는 동안 스피드를 높여주고 균형을 유지하며 리듬을 조절한다. 발이 리듬과 균형의 근원지임을 명심해야 할 것이다.

2) 다리의 역할

다리는 스윙을 하는 동안 힘을 지지해주며 스윙의 속도를 내는 역할을 한다. 이에 골퍼에게 튼튼한 다리는 분명 축복일 것이다. 골프에서 올바른 체중이동은 보통 회전운동과 측면이동으로 이루어지는데 이 두 가지 운동을 관장하는 부분이 바로 다리인 것이다. 골프에서 보통 이 회전운동과 측면이동은 허리나 엉덩이가 주관이 되어 이루어지는 것으로 알고 있으나 사실은 올바른 스윙이 되려면 다리의 움직임이 중심이 되어 이 두 가지가 이루어져야 된다. 투어 프로들의 연속스윙을 보면 백스윙 탑에서 다운스윙 전환 시 다리의 움직임이 빠르게 좌측으로 옮겨지면서 회전과 이동이 일어나고 이러한 동작이 상체의 동작들을 리드한다. 특히 이러한 다리의 움직임에서도 무릎은 하체의 움직임의 근원이 된다.

좌측 무릎이 왼쪽으로 리드하면서 꼬였던 허리가 좌측으로 회전이 되고 전체적인 체중이 오른쪽에서 왼쪽으로 이동하기 시작한다. 하지만 이러한 동작은 아주 빠른 순간에 이루어지기 때문에 보통 주말 골퍼들이 이 동작을 올바르게 수행하였는지를 감지하기는 쉽지 않다.

어떤 이들은 너무 몸의 회전만으로 또 어떤 이들은 회전이 무시된 채 측면이동만으로 또 어떤 이들은 이 둘 다를 무시한 채 팔만으로 스윙을 한다. 하지만 분명히 말하지만 올바른 체중이동을 하려면 다리가 리드하는 하체의 움직임으로 회전과 이동이 적당하게 그리고 적절한 타이밍에서 이루어져야 한다는 것이다.

이러한 하체의 체중이동은 상체와도 미묘한 타이밍이 적용되는데 어떤 골퍼들은 다운스윙 시 너무 이르거나 느린 체중이동으로 막상 임팩트 시에는 힘없이 팔로만 치는 스윙을 하는 경우가 있다. **다운스윙 시 손이 허리쯤 전에 내려올 때 하체의 모양은 왼 무릎과 오른 무릎 사이가 충분히 벌어져서 체중이 양다리에 균등하게 있어야 하는 동작이 이루어져야 한다.** 어떤 티칭프로들은 이를 스키자세라고도 한다. 이러한 스키자세는 장타자들의 공통된 임팩트 전의 자세이다. 이 동작은 다운스윙 전환 시 손과 팔의 스윙이 하체와 얼마나 조화롭게 시간차를 이루며 스윙이 이루어지는지를 나타내는 개념이다. 이러한 스키자세가 있어야 임팩트 시 온전한 체중이동을 바탕으로 강력한 임팩트를 만들어 낼 수 있는 것이다.

잭 니클라우스의 스승으로 유명한 잭 그라우트는 "골프는 왼발 안쪽과 오른발 안쪽 사이에서 이루어지는 경기"라고 말하며 골프에서 체중이동과 균형이 얼마나 중요한지를 강조하였다. 필드에서 골프를 하는 플레이어들을 보면 프로를 제외하고 균형 잡힌 피니시를 잡으며 볼을 목표로 보내는 골퍼를 보기는 쉽지 않다. 대부분 균형을 잃거나 상체와 하체가 분리된 것 같은 자세의 흐트러짐을 보인다. 이는 목표에 볼을 보내기에 급급한 나머지 스윙보다는 볼을 치는 것에 초점이 맞춰져 있기 때문이다.

체중이동과 균형을 연습하는 방법 중의 하나는 연습장에서 볼을 칠 때 임팩트가 잘 된 샷은 물론 잘 되지 않은 샷도 균형 잡힌 피니시를 오랫동안 취하는 연습이다. 또 연습장의 샷에서도 항상 목표를 정하고 연습하는 것이 중요하다. 이는 우리의 몸동작이 먼저 볼을 치고 그 결과를 보는 과정이 코스에서는 목표가 먼저 정해지고 그 다음에 우리의 동작이 수행되는 순서가 연습장과 코스가 다르게 형성되기 때문이다. 이것은 매우 중요한 사항으로 동작이 먼저냐, 아니면 목표가 먼저이냐의 문제로서 항상 목표가 먼저인 연습이 필요한 것이다. 이러한 연습을 통해서만이 올바른 체중이동이나 균형 잡힌 자세로 볼을 칠 수 있으며 이러한 연습은 에임이나 정렬에도 도움을 준다.

플레이어의 스타일을 히터와 스윙거로 나눈다면 히터는 볼을 가격하는 능력이 뛰어나지만 균형이나 타이밍에서 문제를 일으키는 경향이 크다. 따라서 리듬 있는 스윙을 통하여 균형에 초점을 더 맞추는 연습이 필요하다. 볼을 치는 히터는 볼을 가격하는 것 이외에 역시 스윙이라는 공식이 그 안에 항상 포함되어 있으며 좋은 스윙에 필요한 원리들을 함께 생각해야 한다. 반면 스윙거에게는 여러 가지 스윙의 원리들을 이해하며 우아하게 스윙을 하려고 노력하지만 볼을 가격하는 능력은 히터에 못 미치는 경우가 많다. 따라서 볼을 히팅하는 특별한 연습이 필요하다.

하체의 움직임을 잘 느끼게 해주는 드릴로는 KLPGA 김혜윤 선수가 드라이버 샷을 할 때처럼 셋업을 정상적으로 하였다가 왼발을 당겨 양발을 모으고 또 다시 왼발이 목표 쪽으

임팩트 전, 후의 하체이동

로 한 발자국 나가면서 스윙하는 방법이다. 이는 하체를 올바르게 이동시키는 느낌을 알게 하여 체중이동을 도와준다.

또 다른 방법은 양발을 모은 상태에서 볼을 치거나 스윙하는 것이다. 이 드릴은 상체가 클럽을 휘두르는데 하체가 어떻게 쓰여지는지 알게 해주는 좋은 드릴이다. 이 드릴은 스윙을 하는 동안 체중이 목표 쪽으로 이동하지 않으면 오히려 어려움을 알게 하여 균형이라는 것을 잘 느끼게 해주는 좋은 연습법이다.

이밖에도 왼발을 극단적으로 안쪽으로 빼거나 반대로 오른발을 안쪽으로 빼서 셋업한 후 샷을 해보면 하체의 움직임이나 균형이 어떻게 이루어지는지 알 수 있는 연습법도 있다. 아무튼 균형이라는 단어는 골프뿐만 아니라 모든 스포츠나 우리가 사는 생활 속에서도 중요한 것임에 틀림없다.

7 레버시스템(코킹)

만약 코킹을 하지 않고 멀리 칠 수 있다면 골프는 그리 어려운 운동이 아닐 것이다. 대부분의 골퍼들이 골프에서 가장 어려워하는 부분 중의 하나가 바로 코킹에 관한 것이다. 우리의 신체를 하나의 기계로 본다면 여러 가지 레버들로 이루어져 있다. 이러한 여러 가지 레버들은 서로 유기적으로 움직이며 특히 왼팔과 샤프트가 이루는 레버는 스피드와 타이밍에 지대한 영향을 미친다.

실에다 구슬을 매달고 돌릴 때처럼 골프스윙도 하나의 구심점을 바탕으로 바깥쪽에서 원을 그리며 휘둘러진다. 스피드는 몸통의 회전적인 가속과 올바른 체중이동, 그리고 신체의 각 레버들의 연결성이 영향을 미침으로써 점진적으로 증가한다. 코킹이 전혀 이루어지지 않아 힘을 낼 수 없는 원 레버 스윙과 왼팔이 구부러지며 손목이 코킹된 상태에서 또 다시 꺾이는 동작으로 타이밍을 잡기 어려운 쓰리레버 스윙 모두는 힘과 정확성을 낼 수 없는 모양이다.

코킹을 언제 해야 하고 또 언제 풀어야 하는지의 문제가 골퍼들을 어렵게 한다. 백스윙에서의 코킹은 골퍼들이 어느 정도 조절할 수 있지만 다운스윙 때의 코킹을 푸는 동작은 아주

코킹이 너무 안 된 상태

과도한 코킹 상태

올바른 코킹 상태

다운스윙에서의 코킹

짧은 순간에 일어나기 때문에 보통 골퍼들의 감에 치중할 수밖에 없다. 중요한 것은 코킹이라는 것이 의식적으로 손을 꺾어서 헤드를 위로 올린다기보다는 헤드에 의해서 손이 자연스럽게 꺾인다는 이미지가 좋다. 다시 말해 손에 의한 헤드의 움직임이 아니라 헤드에 의한 손의 움직임이 더 적절하다. 하수는 코킹을 어떻게 하고 언제 할 것인지에 대해 고민하지만 고수는 클럽의 느낌을 찾으려 한다.

백스윙에서 코킹을 하는 시점도 세월이 흘러감에 따라 변천하는 것 같다. 잭 니클라우스가 전성기였을 때의 골프는 늦은 코킹이 유행하였다. 코킹 없이 손과 클럽 헤드를 허리높이까지 들어 올림으로써 커다란 스윙아크를 촉진하였다. 하지만 이러한 동작은 늦은 코킹 때문에 양손이 종종 리바운드되어 임팩트 타이밍을 놓치기가 쉬웠다.

올바른 코킹

코킹 안됨

코킹 너무 많이 됨

올바른 코킹

코킹 안됨

코킹 너무 많이 됨

최근의 경향은 허리높이에서 코킹이 이루어지는 빠른 코킹이 주를 이룬다. 이 코킹 동작은 빠른 백스윙의 완성과 함께 일관된 손목의 느낌으로 임팩트의 타이밍을 좋게 해주는 이점이 있으나 보다 작은 스윙아크를 유발하거나 임팩트 시 헤드의 접근각이 가파르게 될 위험성이 있다.

또한 헤드와 양손 그리고 어깨회전을 동시에 이루는 원피스 스윙이 주를 이룬다. 이 스윙은 골프에 필요한 근육을 발달시키는 골프 피트니스 프로그램의 개발로 인한 기본적인 하드웨어 발달의 산물일 수 있다. 스윙의 느낌은 롱아이언의 플레이에서도 웨지샷 형태의 모습이 숨어있는 듯 일체감이 뛰어나다. 이 스윙은 일관된 타이밍을 찾기 쉽고 견고한 스윙의 느낌이 있다. 하지만 뛰어난 체력을 바탕으로 기본적인 스피드를 갖춘 골퍼에게 어울린다.

올바른 코킹을 위한 추가적 관찰

① 올바른 코킹을 위해서는 스윙하는 동안 오른 손목의 모양이 중요하다. 어드레스에서 안쪽으로 약간 꺾인 모양은 백스윙 탑에서도 같은 모양새를 띠며 임팩트와 피니시의 모양에서도 동일한 모양의 느낌이 되게 하여야 한다.

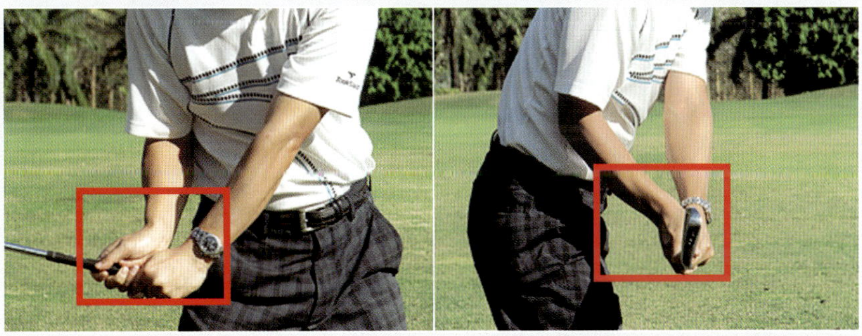

② 백스윙 탑에서 과도하게 코킹하지 않는다. 이를 체크하기 위하여 왼손에 클럽과 새끼손가락 사이에 나무티를 끼워 넣고 스윙을 해본다.

③ 코킹이 잘 되지 않는 골퍼는 셋업에서 미리 손목을 코킹한 상태로 만들어 놓고 어깨회전을 통하여 백스윙 연습을 하면 도움이 된다.

④ 백스윙에서의 왼팔과 샤프트가 이루는 각도가 다운스윙 시 더 각이 작아져서 내려오면 헤드의 접근각이 가파르게 되어 깊은 디봇을 유발한다. 좋은 스윙은 각 클럽에 알맞은 스윙크기와 전체적으로 얇은 드봇을 내는 스윙이 훌륭한 것이다.

⑤ 코킹이 올바르게 풀리면 임팩트의 모습이 샤프트와 왼팔이 일직선이 되며 양손이 왼쪽 허벅지 쪽에 위치한다.

⑥ 코킹을 올바르게 풀려면 임팩트 이후에서 스윙소리가 가장 크게 나도록 연습한다. 클럽을 거꾸로 잡고 스윙 연습을 하면 이 느낌을 쉽게 알 수 있다.

⑦ 백스윙 탑에서 하체로 리드하며 다운스윙을 시작해야 코킹을 유지한 상태로 끌어내리는 것이 가능하다.

⑧ 그립을 잡은 상태에서 양팔을 앞으로 어깨높이까지 올리고 샤프트를 왼팔과 직각이 되도록 한 다음 왼쪽 어깨를 회전하여 백스윙을 완성하여 보고 코킹의 느낌을 갖는다.

⑨ 전체적인 코킹동작을 몸의 움직임과 연결시키는 것이 중요하다.

8 릴리스

클럽을 몇 번 잡아보지 않은 초보자가 볼을 치면 보통 오른쪽으로 열려 맞는 경우를 많이 본다. 이러한 현상의 주된 이유는 클럽 페이스를 목표에 직각으로 가져오는 릴리스 능력이 부족하기 때문이다. **릴리스는 양팔과 몸통 그리고 클럽의 헤드가 어드레스의 상태에서와 유사한 포지션으로 복귀하는 것이라고 말할 수 있다.**

이제까지 릴리스의 의미가 임팩트 이후에 클럽이 회전되면서 손이 교차되는 모양으로 많이 표현되어 왔다. 하지만 사실 릴리스의 가장 쉬운 의미는 백스윙 때 바뀐 헤드와 손, 그리고 몸의 동작이 포워드스윙을 통하여 임팩트에 접근하는 동안 스퀘어하게 되돌아오는 것을 말한다. 이처럼 릴리스의 진정한 의미는 손이나 헤드에 의해서만 이루어지는 것이 아니라 온몸에 걸쳐 자연스럽게 이루어지는 우리가 행하는 모든 몸동작을 포함하고 있다.

적절한 몸통의 회전, 코킹된 양 손목의 풀림과 하체의 올바른 리드와 같은 것들로 이루어진다. 하지만 백스윙 때 손과 팔 그리고 몸통의 이동과 회전이 포워드스윙을 통하여 제자리를 찾아 올바르게 들어오는 것은 사실 쉬운 동작은 아니다. 올바른 릴리스는 하체의 올바른 리드를 통하여 전환되는 몸통의 동작과 손과 팔의 올바른 복귀 동작을 통하여 이루어진다. 빠른 스피드를 견디며 목표에 헤드를 직각으로 맞추는 동작이므로 많은 훈련과 감각을 요구한다.

올바른 릴리스 동작을 살펴보기 위하여 신체 부위별로 동작을 살펴보자.

릴리스 자세

1) 머리

스윙 중에 머리의 위치는 여러 가지로 중요한 의미를 갖는다. 견고한 임팩트를 결정하고 탄도에 영향을 주며 상체의 회전하는 모양과 길이를 바꾸게 한다. 이러한 이유로 머리는 그동안 많은 이들로 하여금 매우 중요한 위치로 여겨지며 스윙의 중심으로 유지되어 왔다. 좋은 스윙의 조건은 분명히 머리를 많이 움직이지 않고 효율을 내는 스윙일 것이다. 하지만 이것은 매우 어려운 동작이며 많은 유연성을 필요로 한다. 좋은 성적을 내는 투어프로들 중에서도 머리의 위치가 스윙하는 과정에서 어느 정도 움직이는 선수는 많다. 중요한 것은 포워드스윙을 거쳐 임팩트에서 올바른 위치로 복귀하는 것이다.

많은 이들이 임팩트 위치에서 오랫동안 시선을 볼에 두는 것을 강조했다. 또한 "헤드업을 하지 말아라"라는 조언은 우리가 볼을 치면서 수도 없이 들었을 것이다. 하지만 애니카 소렌스탐이나 데이비드 듀발 같이 포워드스윙에서부터 시선이 볼에 있지 않고 목표 방향 쪽으로 향하는 스윙을 하면서도 훌륭한 플레이를 한 선수가 있다. 분명 볼을 오랫동안 보면서 플레이하는 것은 커다란 장점일 수 있다. 하지만 임팩트 이후에도 머리를 너무 오랫동안 잡아두면 상체의 올바른 회전이 되질 않아 스윙이 구겨지거나 불완전해질 수 있다.

머리 위치는 턱의 방향으로 많이 표현할 수 있다. 턱의 위치가 셋업 때 수직에서 약간 좌측으로 향하게 하고 이러한 모양이 백스윙 탑에서도 유지된다면 올바른 상체의 회전과 스윙의 길이를 일관되게 취할 가능성이 높다. 만약 턱의 방향이 셋업 때보다 오른쪽으로 치우쳤다면 상체가 좀 더 수직으로 회전할 가능성이 있어 역 피봇의 위험성이 있고 또한 스윙의 길이가 필요 이상으로 길어질 수 있다.

포워드스윙에서도 머리(턱)의 위치는 그대로 있는 것이 유리하며 임팩트 이후에는 자연스

럽게 목표 방향 쪽으로 회전하는 것이 좋다. 이것이 상체의 올바른 릴리스를 유도한다. 혹 머리를 빨리 돌리지 말라는 팁을 의식하여 임팩트 이후에도 머리의 위치를 너무 볼이 있던 위치에 고정시켜 놓으면 자연스러운 상체의 릴리스 동작을 방해할 수 있다. 백스윙 탑 위치에서 포워드스윙으로 전환되는 과정에서 여유 있게 볼을 보았다면 그것으로 충분히 볼을 보고 친 것이며 임팩트 이후에는 볼을 따라 자연스럽게 머리도 목표방향을 따라 회전하는 것이 좋다. 이것이 올바른 머리의 릴리스이다.

2) 손

손은 그 동작에 따라 클럽을 조절하는 중요한 기관이다. 백스윙을 거쳐 포워드스윙과 임팩트를 하는 동안 손의 미묘한 동작으로도 볼은 전혀 다른 방향으로 향할 수 있다. 또한 손목의 작은 동작으로도 볼의 터치를 다르게 할 수 있으며 손의 동작에 따라 거리도 다르게 나타난다. 이처럼 완벽한 백스윙을 함에도 불구하고 임팩트를 위한 올바른 손동작의 전환이 없다면 볼을 원하는 곳으로 보내기 어려울 것이다.

그립의 모양은 릴리스에 변화를 주는 가장 중요한 변수이다. 약한 위크 그립을 취한 플레이어는 임팩트 시점에서 몸의 회전을 제한하며 양손의 릴리스를 강조하듯이 플레이해야 한다. 이것은 임팩트 지점에서 클럽 페이스가 열리는 것을 방지하는 일정의 보상동작 같은 것으로서 볼을 목표로 보내기 위한 경험적인 동작이다. 반면 강한 훅 그립을 한 골퍼는 손의 움직임을 자제하면서 몸의 회전과 이동을 강조해야 똑바른 볼을 칠 수 있다.

이러한 움직임은 의식적이든 무의식적이든 볼을 목표로 보내기 위한 자연스러운 복귀동작이다. 어떤 그립을 선택하느냐에 따라 임팩트를 향한 손과 몸의 움직임은 확연히 차이를 보이며 보다 경험적인 플레이어는 이것을 감각적으로 이루어 낸다. 하지만 초보자인 경우에는 이러한 능력이 떨어져 볼을 원하는 곳으로 보내는 확률이 적어진다.

보다 많은 힘과 스피드를 요구하는 골퍼는 테이크백 시 클럽을 자연스럽게 열며 임팩트 시점에서 직각으로 만들고 팔로스루 동작에서 클럽을 닫는 것 같은 형태의 손동작이 많은 스윙을 구사한다. 하지만 웨지 샷을 치듯 손의 움직임을 자제하며 몸의 회전을 이용한 스윙을 구사하는 골퍼도 릴리스의 위치와 모양은 조금씩 다르게 나타난다. 체력적 조건을 바탕으로 파워를 추구하는 현대 골프에서는 후자의 스윙을 더 선호하는 경향이 있다.

올바른 손동작의 복귀를 위한 드릴은 포워드스윙에서 손이 허리쯤에 내려왔을 때 양손과 헤드의 위치를 확인하고 특히 헤드의 모양이 어떠한 형태로 이루어졌는지를 확인하는 것이다. 이 위치에서의 손과 헤드의 포지션은 매우 중요하며 헤드의 모양과 함께 볼의 방향을 결정하는 핵심적인 요소로서 꼭 챙겨야 할 부분이다.

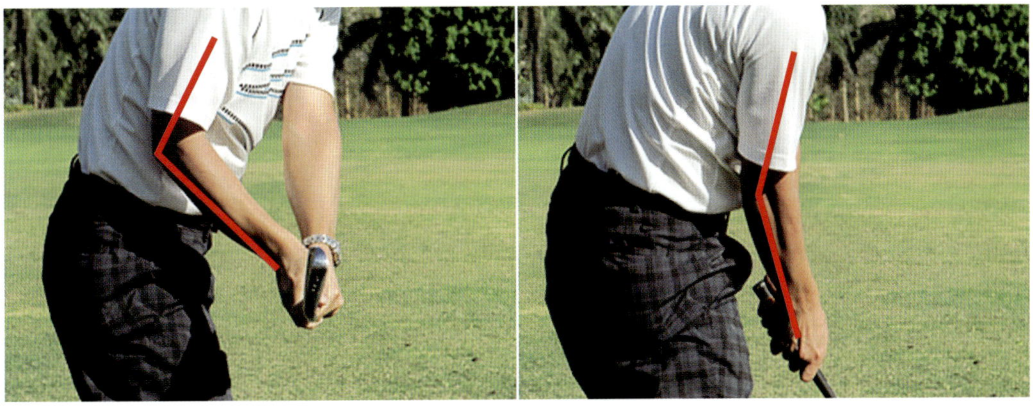

릴리스와 임팩트 자세에서의 오른팔 동작

각 클럽에 따라서도 손의 릴리스는 조금씩 다르게 나타난다. 웨지와 드라이버를 비교하였을 때 웨지의 경우에는 임팩트 이후에 손과 헤드가 같이 빠져나가는 듯 하며 손이 매우 늦게 릴리스된다. 마치 임팩트 이후에도 양손의 교차가 전혀 없는 듯이 손과 헤드가 빠져나가며 팔로스루가 이루어진다. 이는 웨지의 구조상 헤드와 샤프트의 옵셋이 가장 닫힌 클럽의 자연스러운 반영이라 할 수 있으며 손의 릴리스보다는 몸의 릴리스가 더 많이 이루어지는 형태이다. 그러나 드라이버의 경우에는 스윙의 크기가 커지면서 스피드가 증가하고 임팩트 이후에 빠르게 헤드가 빠져나가면서 손의 릴리스도 빠르게 이루어진다.

드라이버 샷 손의 릴리스

아이언 샷 손의 릴리스

프로들의 스윙 사진들 속에서 임팩트 이후 양팔이 펴졌을 때 양손이 교차되어 있는 모습을 여러분들은 많이 보았을 것이다. 이처럼 드라이버와 웨지의 릴리스에서 손의 모양이 다르게 형성됨을 알아야 하며 또 같은 스윙을 하였을 때 클럽의 옵셋에 따라서도 릴리스가 다르게 나타난다는 것을 염두에 두어야 할 것이다.

드로우 샷은 페이드에 비하여 더욱 빠른 양손의 릴리스를 요구한다. 몸통의 회전을 억제하며 양손의 빠른 로테이트 동작은 분명 드로우 샷의 기본이다. 이러한 동작은 클럽 페이스를 빨리 닫는 결과를 만들고 스윙궤도를 인에서 아웃으로 만드는 동작과 결합하여 볼을 훅하는 효과를 낸다. 그립을 스트롱 그립으로 바꾸며 드로우를 구사하는 골퍼도 있지만 보다 감각이 좋은 골퍼는 양손의 릴리스 타이밍을 빠르게 가져가면서 드로우를 구사하는 골퍼도 많다.

이처럼 양손의 동작은 스윙을 하는 동안에 클럽 헤드를 컨트롤하는데 매우 중요한 역할을 한다. 또한 그립의 형태나 몸동작에 따라 양손의 역할은 조금씩 다르게 나타나며 그립과 양손의 동작을 통한 릴리스의 연관성을 이해하는 것이 볼을 목표로 보낼 수 있는 기본이다.

드로우 임팩트

페이드 임팩트

3) 팔

클럽 페이스를 목표에 직각으로 가져오는 능력이 골프실력의 절반이라면 이러한 능력에 가장 역할을 많이 하는 부분은 아마도 손과 팔이 될 것이다. 손은 그립부분에서도 많이 표현하였지만 클럽 페이스를 열고 닫는 중요한 기능을 한다. 하지만 이러한 클럽의 열고 닫음은 손의 역할 못지않게 팔의 역할도 중요하게 작용한다. 어쩌면 손보다도 팔의 역할이 더 중요하게 작용할 수도 있다. 사실 숙련된 로우 핸디 캡퍼들은 손보다 팔동작으로 클럽 페이스를 조절하는 것이 더 안전하고 일관된다는 것을 알고 있다.

손은 팔보다 빠르기는 하나 일관성 면에서 뒤떨어진다. 숙련의 정도에 따라 차이는 있겠지만 그립모양에 따라 헤드를 열고 닫는 정도를 깨달을 정도라면 팔의 올바른 회전을 통하여 클럽 페이스를 목표에 직각으로 가져가는 방법이 가장 이상적인 방법이라는 것을 알 수 있을 것이다. 아마도 이러한 것이 골프채를 처음 잡는 초보자들한테 많은 강사들이 손을 쓰는 법보다는 팔을 쓰는 법을 먼저 가르치는 이유일 것이다.

드로우 팔로스루

페이드 팔로스루

왼팔의 모양은 올바른 릴리스를 가져가는데 중요한 역할을 한다. 왼 팔꿈치를 스윙하는 동안 내내 지면 방향으로 유지하는 방법을 활용하면 도움이 된다. 셋업에서부터 테이크 백 그리고 백스윙 탑을 거쳐 임팩트의 위치에서도 왼 팔꿈치를 지면 방향으로 유지하고 특히 팔로스루에서 왼쪽 겨드랑이가 살짝 붙는 듯이 왼팔이 회전을 통하여 왼 팔꿈치가 지면 방향을 향하도록 릴리스하면 좋은 팔의 릴리스가 될 수 있다. 이러한 왼팔동작은 클럽 페이스를 직각으로 유지하는데 도움을 줄 뿐 아니라 왼팔의 확장을 통해 올바른 타격이나 좋은 피니시를 유도한다.

올바른 팔동작을 익히기 위한 좋은 드릴로는 L자 스윙 연습법이다. 이것은 백스윙을 왼팔이 9시 방향을 향하게 하고 오른팔은 겨드랑이에 살짝 접히게 하여 왼팔과 샤프트가 L모양이 되게 한다. 이 모양을 임팩트까지 유지하여 왼팔이 샤프트와 일직선이 되게 하고 오른팔을 계속 오른 겨드랑이에 붙는 듯 접히게 하는 임팩트 모양을 만든다.

팔로스루에서는 오른팔이 3시를 향하게 하여 또 다시 샤프트와 L자 모양이 되게 하며 왼팔이 자연스럽게 접히게 하는 스윙 연습법이다. 이 연습법은 왼팔과 오른팔을 언제 펴고 언제 구부려야 하는지를 알게 하며 올바른 팔의 회전 시점을 느끼게 하여 팔동작을 좋게 한다. 또한 닭날개짓 같은 나쁜 동작을 보완하여 이상적인 팔로스루를 형성한다.

L자 스윙 연습

4) 무릎

케니 페리라는 미국의 프로 골퍼는 40세를 훌쩍 넘긴 나이에도 불구하고 300야드를 쉽게 치는 장타자였다. 그는 타고난 힘과 유연성을 바탕으로 임팩트에서 양발을 지면에 붙인 채 상체의 회전을 이용하여 드로우 볼을 구사한다. 사실 한국선수들 중에서도 김대현을 비롯하여 박남신, 양수진 같은 훌륭한 선수들 중에서도 임팩트 때 오른발을 지면에 붙인 채 볼을 가격하는 선수들이 있다. 하지만 이러한 동작은 골반이나 하체의 유연성이 뛰어나야 하며 상체의 회전력이 밑받침되어야 하는 어려운 동작이다. 이러한 이유로 일반 골퍼가 임팩트 때 오른발을 지면에 붙인 채 강력한 파워나 스피드를 내기는 쉽지 않은 것이다.

백스윙 이후 포워드스윙의 시작은 왼 무릎의 방향전환이 시작이라면 그것을 뒷받침해주며 스윙의 효율을 높여주는 것은 오른 무릎이나 오른발이 될 것이다. 오른 무릎의 왼쪽으로 향한 킥은 보다 빠른 허리 회전을 돕고 많은 체중이동을 왼쪽으로 유도한다. 타고난 힘

이 부족하거나 유연성이 떨어지는 골퍼는 이러한 동작으로 보다 많은 스피드를 확보할 수 있다. 이러한 포워드스윙에서의 오른 무릎의 사용은 짧은 클럽에서는 제한된 동작을 요하지만 보다 많은 스피드를 요하는 긴 클럽을 사용하는 스윙에서는 스피드의 원천이 될 수 있다.

하지만 이러한 하체의 움직임도 손과 팔의 움직임과 조화를 이루어야 효율이 극대화된다. 보다 빠르고 많은 하체의 이동은 올바른 위치에서의 릴리스를 어렵게 하기도 한다. 많은 릴리스의 실패 원인이 너무 빠른 하체의 이동이나 양손과 양팔의 경직으로 몸의 회전이나 이동에 비하여 손과 팔의 민첩성을 떨어뜨리며 일어나기 때문이다. 손과 팔로 어느 정도의 스피드를 확보한 골퍼들은 하체의 올바른 릴리스를 통하여 숨겨진 스피드를 늘리고 일관성을 찾아야 한다. 결국 좋은 릴리스는 일정한 손동작이 아니라 헤드를 목표 방향에 직각으로 맞추며 볼을 원하는 곳으로 보내는 자연스러운 헤드의 움직임을 따르는 손과 몸의 조화로운 움직임이라 할 수 있다.

5) 허리(골반)

백스윙에서 임팩트를 위한 포워드스윙에서 허리의 움직임은 보통 왼쪽 무릎이나 왼쪽 골반의 리드를 통하여 이루어진다. 무릎의 리드이든 골반의 리드이든 허리는 체중이동과 함께 회전이 일어난다. 셋업에서 목표에 평행하게 위치한 허리는 포워드스윙에서 왼쪽으로 이동과 뒤쪽으로 회전을 동시에 한다. 스윙 스타일에 따라 회전과 이동의 차이는 있지만 이러한 동작은 임팩트 때에 오른 팔꿈치를 더욱 오른 겨드랑이 쪽으로 붙는 결과를 만들어 내며 제대로 된 임팩트를 자세를 이끌어 낸다.

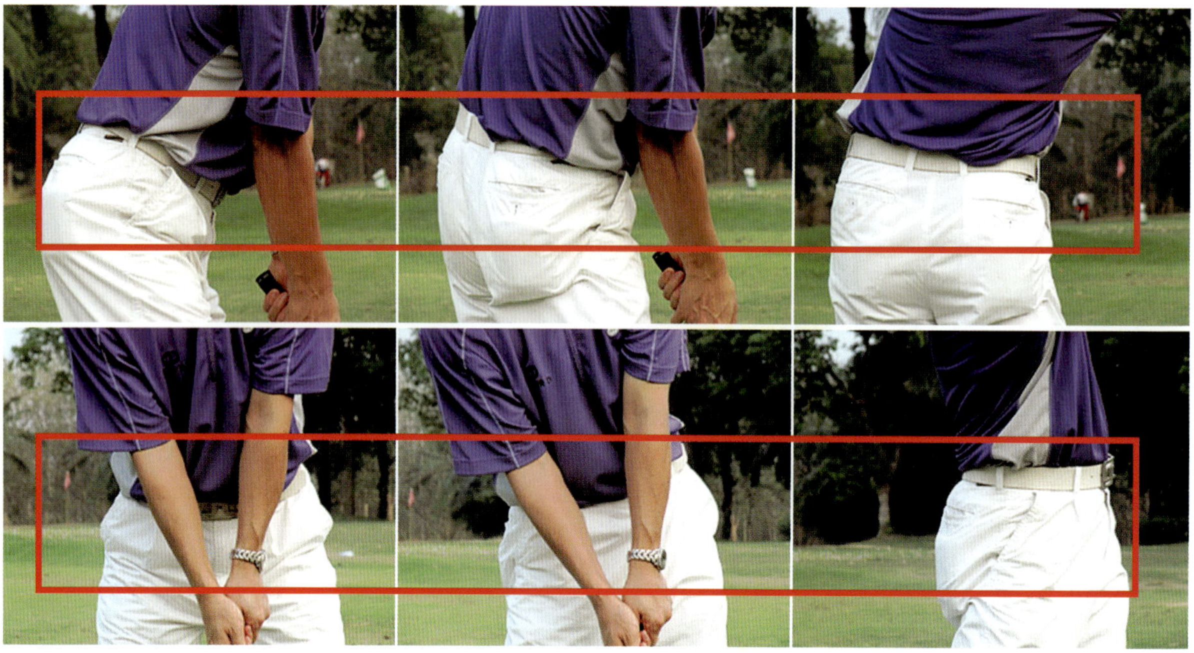

셋업, 임팩트, 팔로스루 때의 허리 움직임

백스윙에서는 셋업에서의 자세를 최대한 유지하여 버티고 포워드스윙에서는 확실한 이동과 회전을 통한 임팩트를 가지는 것이다. 허리는 임팩트 이후에 양팔이 피니시를 향하여 움직이는 것과 알맞게 완전히 회전하여 벨트 버클이 목표를 향할 정도로 회전한다.

보다 클래식한 스윙에서는 허리를 많이 집어넣는 스윙을 하였으나 현대에 와서는 허리의 부상과 체력을 고려하여 피니시에서도 역C자에서 I자 피니시로 스윙의 스타일이 바뀌었다. 스윙에서 제대로 된 허리의 릴리스는 힘과 균형의 원천이다. 허리의 움직임이 어떠하냐에 따라 볼 위치도 달라지고 양손의 릴리스 포인트도 달라진다. 특히 의도적인 드로우나 페이드를 구사할 때는 더욱 그렇다.

척추각도를 유지하면서 이동과 회전을 빠르게 하고 힘을 내려면 골반의 유연성과 함께 허리의 근력은 필수이다. 요즘 허리와 골반에 대한 골프 피트니스가 무조건 필요한 이유이다. 어쨌거나 자신에게 맞는 허리의 회전과 이동을 다른 원리들과 부합하여 찾아내야 한다.

9 타이밍

PGA 투어에서 활약하는 프로들의 스윙은 매우 부드러워 보이지만 강하게 느껴진다. 스윙이 빠른 선수가 있는가 하면 스윙이 매우 느려 보이는 선수도 있는데 그들의 스윙을 보면 어드레스에서 백스윙을 거쳐 임팩트까지 보통 1초 전후로 이루어지고 있다. 스윙의 템포는 스윙의 속도를 표현하는 개념으로 다분히 개인적인 의미이다.

말을 하거나 행동을 할 때 사람에 따라 급한 사람이 있고 느린 사람이 있듯이 스윙의 템포도 사람에 따라 형성된 성격이나 스타일에 따라서 빠르거나 느리게 된다. 닉 프라이스나 아놀드 파머 같은 선수는 0.9초 후반에 임팩트를 가져가는 스윙의 템포가 매우 빠른 선수이다. 하지만 어니 엘스나 래리 마이즈 같이 스윙이 느린 편에 속하는 선수는 임팩트까지 걸리는 시간이 1.3초 정도 걸린다. 0.4~0.5초의 차이를 가지고 빠르고, 느림을 표현하기는 부적절할 수도 있겠지만 번개같이 빠르고 강한 스윙과 부드럽고 우아한 스윙은 분명히 다르게 구별된다.

이러한 스윙의 템포 차이는 볼을 강하게 쳐내는 히터와 스윙으로 볼을 보내는 스윙기로 나누는 데도 영향을 준다. 보통 히터의 경우 스윙의 속도가 매우 빠르고 간단하고도 프리한 백스윙을 취하며 강력하게 볼을 쳐내면서 플레이한다. 하지만 스윙거들은 커다랗고 우아한 백스윙을 구사하며 여유로운 리듬으로 스윙하며 볼을 쳐낸다는 인상보다는 멋지게 스윙한다는 이미지가 더 크다. 이 역시 골퍼들의 성격이나 스타일이 다르면서 구별되는 점이다. 이처럼 스윙의 템포는 골퍼마다 다르게 나타난다.

스윙에서 템포는 다분히 개인적인 것이지만 중요한 것은 리듬이다. 스윙의 리듬은 박자라고 할 수 있는데 백스윙과 포워드스윙 속도의 조절 능력이다. 백스윙의 적당한 속도를 알고

어프로치의 셋업에서 피니시 동작

그 백스윙을 이용하는 적절한 포워드스윙을 유도하는 속도의 조절이야 말로 골프에서는 꼭 필요하다. 그래서 스윙의 템포는 개성이지만 스윙의 리듬은 기계적이어야 한다.

백스윙의 템포를 조언할 때 보통 천천히 백스윙하라고 하지만 스윙이 너무 빠르거나 또는 너무 느린 것은 좋지 않다. 좋은 리듬은 백스윙과 포워드스윙의 속도 차이가 크게 나지 않는 템포로 스윙하는 것이다. 상대적으로 백스윙을 너무 느리게 하면 포워드스윙이 빨라지게 되며 몸의 각 부분의 연결성이 떨어지고 균형을 잃기가 쉽다. 반면 백스윙을 너무 빨리 하면 오히려 포워드스윙에서 가속을 내기가 어려워 스윙의 리듬을 망친다. 그러므로 백스윙과 포워드스윙의 속도차이를 이해하며 자신에게 맞는 리듬을 찾아야 한다.

백스윙과 포워드스윙 간의 리듬은 스윙의 각 구간의 스피드 조절로 가능하다. 백스윙을 시작할 때 스피드를 탄력 있고 빠른 듯 빼며 백스윙 탑에서는 약간 느린 속도를 가지며 다시 포워드스윙에서 스피드를 최대화하는 것이 좋은 방법이다. 많은 아마추어들은 백스윙을 시작할 때 느리게 시작하고 백스윙이 완성될 시점에서 점점 빨라지며 오히려 포워드스윙에서 스피드를 잃는 형태를 띤다. 이러한 스윙은 정확한 임팩트와 장타를 놓치는 효율적이지 못한 스윙이라 할 수 있다. 스윙리듬이 좋은 골퍼는 부드러운 백스윙으로 강한 임팩트를 만들어 내며 전체적으로 스윙에 무리가 없어 보인다.

좋은 리듬을 만드는 드릴 하나를 소개하면 스윙을 하면서 그 스윙에 맞게 구성을 내는 연습이다. 하나--둘이나 하나-둘—셋 같은 리듬을 직접 입으로 내면서 볼을 쳐 보는 것이다. 좋지 않은 리듬을 가진 골퍼라면 구성과 임팩트가 서로 맞지 않을 것이다. 또 다른 방법은 웨지와 드라이버 샷이 스윙하는 동안 걸리는 시간을 동일하게 연습하는 것이다. 스윙아크의 크기와 관계없이 스윙시간을 동일하게 하면 스윙아크가 큰 스윙이 그만큼 빠르게 스윙되어야 한다는 것을 깨달을 것이다. 이밖에도 프로들의 스윙을 보면서 프로들은 어떤 리듬으로 볼을 치는지 잘 기억하고 따라해 보는 것도 도움이 될 것이다. 어쨌든 스윙의 템포를

잘 조절하고 리듬 있는 스윙을 구사해야 안정되고 일관된 샷을 할 수 있음은 틀림없는 사실이다.

템포를 컨트롤하고 백스윙과 포워드스윙에서 속도를 조절하는 리듬이 있는 골퍼는 타이밍을 잘 맞추는 스윙을 구사한다고 할 수 있는데 타이밍은 템포와 리듬의 결과변수로서 몸과 클럽이 움직이는 순서라고 할 수 있다. 스윙의 템포와 리듬, 타이밍 중 가장 중요한 것은 타이밍이다. 타이밍이 엉키면 좋은 동작을 가지고 있어도 모든 것이 엉망이 되어버린다. 마치 좋은 멜로디를 갖고 있어도 리듬이 맞지 않아 음악이 우왕좌왕하는 것과 흡사하다.

좋은 플레이어는 스타일이나 릴리스와 관계없이 스윙을 올바른 타이밍에 근거하여 플레이한다. 훌륭한 레버들과 적당한 릴리스, 그리고 타이밍이라는 연결시스템이 가장 능률적으로 작동하였을 때 우리는 힘들이지 않고 솔리드한 샷을 쳐낼 수 있는 것이다. 구력이 오래된 골퍼가 스윙동작은 조금 부실한 것 같아도 일관되게 볼을 쳐내는 것은 좋은 리듬을 바탕으로 일관된 타이밍이 있어서 가능한 것이다.

올바르게 코일링된 백스윙의 위치에서 양발과 무릎을 통한 체중이동은 허리와 몸통의 회전을 돕고 상체와 어깨 그리고 양팔과 양손이 뒤따르는 일련의 순차적인 스윙 동작은 골프가 생겨나고 변하지 않는 좋은 타이밍을 설명하는 순서가 되었다. 하지만 이러한 일련의 순서들은 동작의 하나하나로 인위적이게 만들어지는 것이 아니다. 아주 짧은 순식간에 일어나는 동작이라 느낌으로 일아차려야 하며 각 동작들은 연결성의 일체감이 이루어져야 한다.

이를 위해서는 각 동작들을 나누어 연습하는 것이 필요하며 박자의 의미가 있는 리듬을 바탕으로 많은 연습의 시간이 필요하다. 이처럼 오랜 세월동안 스윙의 스타일은 많이도 변하였으나 포워드스윙에 있어서 동작의 순서는 예나 지금이나 결코 변함이 있을 수 없다. 보다 효율적이고 일관된 스윙을 위해서는 타이밍을 알아야 할 것이다.

10 임팩트

"스윙은 지문과 같다"는 말이 있다. TV에 나오는 훌륭한 플레이어들조차도 스윙이 모두 다르며 추구하는 스윙 스타일도 다양하다. 많은 골퍼들은 다양한 스윙기법에도 불구하고 모든 것들을 임팩트 때 올바르게 하기 위해 여러 가지 동작들을 선택한다. 하지만 이러한 다양한 스타일에도 스윙의 목표는 원하는 곳에 볼을 보내는 것으로 일치할 것이다. 사실 볼은 스윙의 스타일을 모른다. 다만 임팩트 때 일어나는 동작들에 의해 반응할 뿐이다.

임팩트를 표현하는 방식은 상당히 이중적이다. 하나는 스윙하는 동안 적절치 않은 동작들도 목표에 볼을 보내는 동작에 부합되는 임팩트를 가진다면 볼은 목표로 향해 갈 것이다. 요체는 임팩트 순간 자체만이 가장 중요하다고 보는 관점이다. 또 하나는 셋업에서 백스윙을 거쳐 피니시까지 이르는 동작들을 훌륭하게 해낸다면 좋은 임팩트는 자동적으로 산출된다는 것이다. 이러한 관점은 임팩트에 대한 특별한 강습이나 집중이 필요 없는 시각이다.

좋은 임팩트를 만들기 위하여 선행조건들을 갖추려는 노력이든 아니면 임팩트의 선행조건을 무시하며 임팩트에만 초점이 맞추어진 시각이든 간에 볼의 결과를 놓고 본다면 임팩트는 골프에서 가장 중요한 원리일 수밖에 없다. 골프의 원리들이 수없이 많지만 이러한 모든 것들이 다 올바른 임팩트를 위한 조건들이라 하여도 그리 틀린 말은 아닐 것이다. 다양한 스윙 스타일에도 불구하고 훌륭한 플레이어의 특징은 임팩트에서 볼을 목표로 보내기 위하여 가능한 불필요한 보상동작을 최대한 줄이려고 노력하는데 있다. 따라서 좋은 임팩트 자세의 요소들은 분명히 존재하며 이러한 것들을 이해하는데 필요한 것들을 열거해보면 다음과 같다.

1) 손

손의 역할은 그립부분에서도 강조되었지만 임팩트에서도 매우 중요하게 작용한다. 임팩트에서의 손의 모양은 보통 클럽 페이스의 방향과 로프트를 결정한다. 오른손바닥과 왼 손등은 클럽 페이스를 열고 닫는 척도가 될 수 있다. 오른손바닥의 방향이 하늘을 보면 클럽 페이스도 열리고 손바닥 방향이 목표 방향을 보면 클럽 페이스도 직각을 유지할 수 있다. 또 왼 손등의 방향을 목표 방향으로 유지하면서 클럽 페이스 방향을 조절하는 골퍼도 있다. 물론 손의 모양은 팔동작에 영향을 받지만 그립이 어떤 위치에 있는지, 어떤 손 동작을 하는지에 따라 클럽 페이스는 매우 다르게 나타남이 분명하다.

한편 왼 손목의 각도는 클럽의 로프트를 눕히고 세운다. 셋업 때보다 임팩트 때에 왼 손목의 각도는 조금 세워지게 되는데 이는 몸의 회전으로 자연스럽게 생기는 동작이다. 이 세워지는 각도에 따라 클럽의 로프트는 달라지며 이는 탄도에 영향을 준다. 왼 손목의 세워짐 역시 올바른 체중이동과 몸의 회전이 형성되면 자연스럽게 생기는 동작으로 이것을 느끼지 못하는 골퍼라면 샤프트가 이루는 라이각을 의도적으로 세우거나 눕히는 동작으로 손목의 각도가 달라짐을 알 수 있다.

임팩트 때의 양손의 위치는 올바른 임팩트를 가늠하는 중요한 기준이 된다. 보통 7번 아이언으로 정상적인 셋업에서 양손이 왼쪽 허벅지 쪽에 위치한다면 임팩트에서는 최소한 셋업 때와 비슷한 위치에 있거나 아니면 조금 더 앞쪽으로 위치하여야 한다. 만약 임팩트에서 양손의 위치가 너무 뒤쪽에 머무른다면 올바른 임팩트라고 할 수 없다. 이것은 손목이 빨리 풀리는 동작의 결과로서 스윙 스피드를 떨어뜨리고 비거리나 올바른 볼의 가격을 방해하는 동작이다. 따라서 임팩트 위치에서 양손이 왼쪽 허벅지쯤에 위치하여 왼팔과 샤프트가 일직선

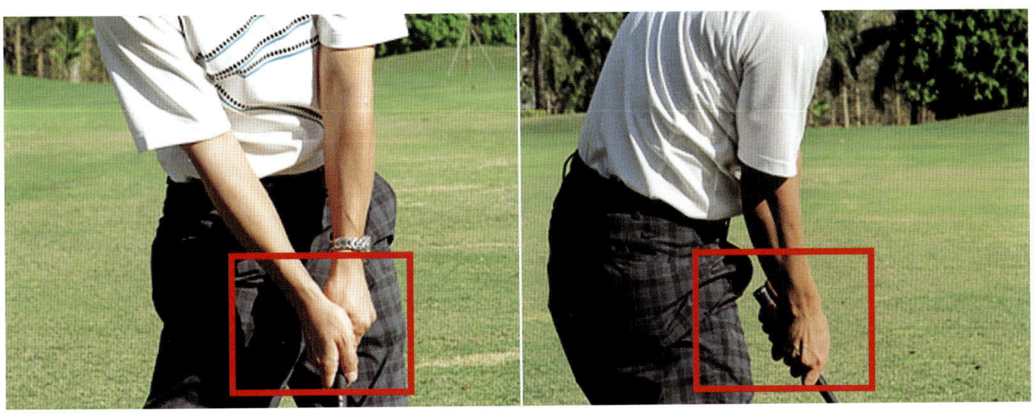

이 되는 동작이 좋은 임팩트의 조건이라고 할 수 있다. 스윙 중에 임팩트 이후 앞쪽에서 소리가 가장 크게 나는 연습스윙을 많이 해보면 손의 동작이나 위치를 잘 느끼게 하여 올바른 임팩트를 찾는데 도움을 줄 것이다.

2) 팔

학생들을 지도하다 보면 임팩트 때 양팔이 둘 다 쫙 펴져야 적절한 동작이냐고 질문을 많이 받곤 한다. 하지만 결론부터 얘기하면 임팩트 순간에 양팔이 둘 다 펴지는 동작은 바람직하지 못하다. 양발을 모으고 몸 회전을 하지 않고 팔로만 스윙하여도 올바른 팔동작을 가진 골퍼라면 100야드 이상을 날릴 수 있다. 특별한 몸동작의 도움 없이도 올바르게 휘두르는 팔동작은 스피드를 내게 하며 볼을 칠 수 있다. 이처럼 양팔의 동작은 사실 골프 스윙에서 그립 다음으로 중요한 움직임이다.

양팔의 동작을 잘 알 수 있는 드릴이 있다. 셋업에서 왼팔을 늘어뜨리고 오른손으로 왼

백스윙에서 왼 손목잡기, 팔로스루에서 오른 손목잡기 연습

손목을 잡고서 백스윙과 임팩트까지 해보면 양팔의 동작을 어떻게 해야 하는지 알 수 있을 것이다. 이 동작은 왼팔의 확장과 오른팔의 접힘을 유도하여 왼팔은 펴지고 오른팔은 자연스럽게 접히는 것을 알게 한다. 이러한 동작은 백스윙뿐만 아니라 포워드스윙을 거쳐 임팩트에까지 연장되는데 셋업 때처럼 왼팔은 확장되어 쫙 펴져 있고 오른팔은 팔꿈치가 겨드랑이에 살짝 붙듯이 접혀 있게 된다. 이러한 팔의 모양은 임팩트에서 손보다 헤드가 먼저 빠져나가는 것을 방지하며 왼팔과 샤프트가 일직선이 되게 하여 올바른 임팩트를 느끼게 해 준다. 따라서 결론적으로 임팩트에서의 좋은 동작은 왼팔만 펴지고 오른팔은 자연스럽게 접힌 상태가 되어야 한다.

임팩트 이후에는 반대로 왼손으로 오른 손목을 잡고 팔로스루하면 올바른 팔로스루의 동작을 느낄 수 있다. 임팩트 이후에 아주 잠깐 왼팔과 오른팔이 같이 펴지는 동작이 형성되었다가 바로 왼팔이 왼쪽 겨드랑이 쪽으로 접히면서 자연스럽게 회전하게 된다. 오른팔은 그대로 던져지듯이 펴지면서 왼팔과 오른팔이 백스윙 때처럼 삼각형 구도를 이루면서 팔로스루된다.

이러한 팔동작은 팔로스루에서 필요 이상으로 양팔을 크게 내미는 동작을 없애주고 닭날개짓 같은 왼팔의 나쁜 동작을 교정해 준다. 간단하게 보면 백스윙에서와 팔로스루의 동작이 대칭인 느낌이 된다. 백스윙에서는 왼팔이, 팔로스루에서는 오른팔만이 펴짐을 명심해야 하며 팔동작에 고민이 있는 플레이어는 이러한 손목잡기 드릴을 통하여 올바르게 팔동작을 갖추어야 한다.

스윙하는 동안 양팔의 회전은 클럽을 들어 올리거나 릴리스하는 데 중요한 역할을 한다. 백스윙에서는 오른팔이 접히면서 자연스럽게 회전하여야 올바른 백스윙이 완성된다. 임팩트

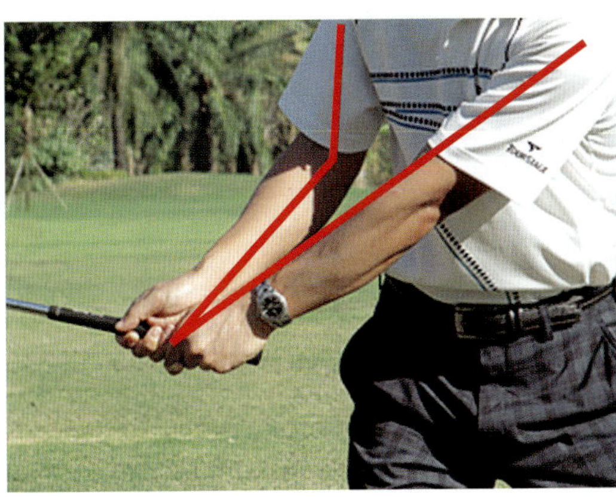

이후에는 왼팔의 팔꿈치가 스윙하는 동안 내내 지면을 보듯이 회전되어야 올바른 팔로스루를 가질 수 있다. 특히 임팩트 이후에 왼팔이 회전되지 않으면 왼팔이 닭날개짓 같은 나쁜 동작을 만들 수 있고 클럽이 블로킹되어 볼이 방향성을 잃기 쉽다.

결론적으로 스윙에서 손과 팔의 동작은 볼의 방향성이나 거리를 내는데 매우 중요한 뿌리가 되며 스윙을 표현하는데 전체적인 그림의 밑바탕이 된다. 어떤 이들은 골프가 손과 팔 동작만으로 모든 것이 해결되는 것은 아니라고 주장한다. 이 말을 부정하는 것은 아니지만 올바른 손과 팔동작이 없다면 아무리 훌륭한 몸의 움직임도 소용이 없을 것이다. 중요한 것은 어느 쪽으로도 너무 치우치지 않는 균형이며 손과 팔의 올바른 동작을 통한 몸동작의 균형 있는 조화만이 스윙의 완성도를 높여 나가는 것임을 알아야 할 것이다.

3) 몸통

"가슴으로 볼을 안고 쳐라"라는 말은 임팩트를 표현할 때 몸통 동작을 가장 잘 표현한 말일 것이다. 셋업과 임팩트의 동작이 일치하는 부분은 여러 가지가 있겠지만 그 중에서도

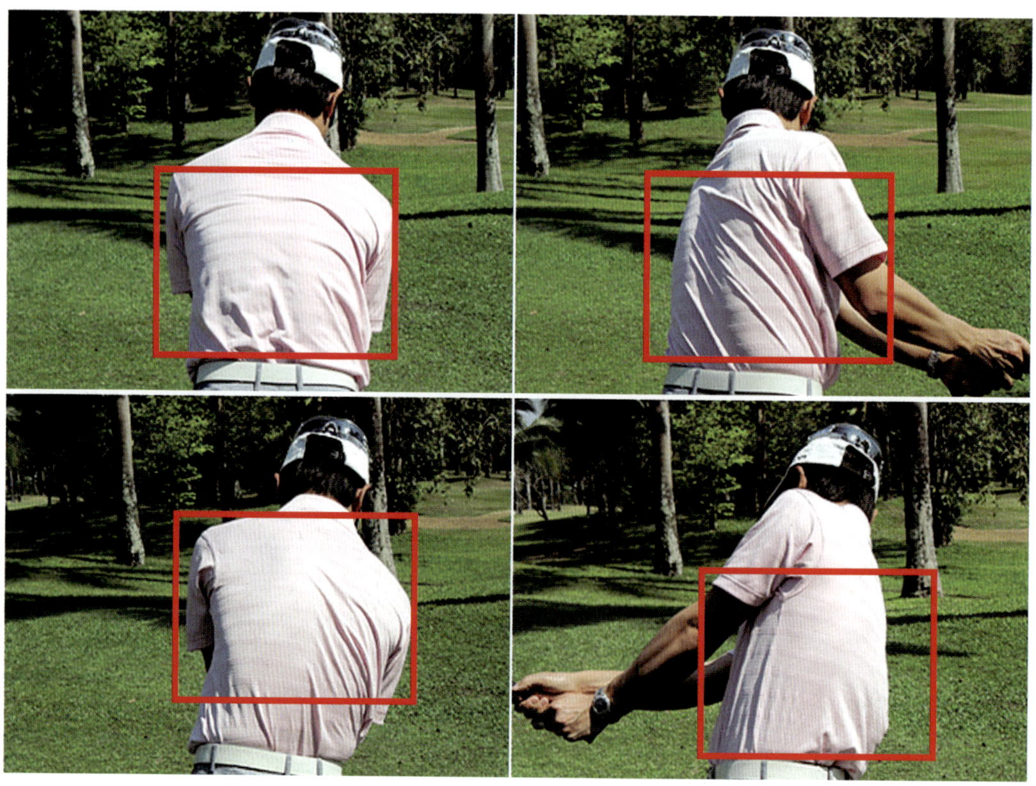

가장 중요한 것이 머리의 위치와 가슴의 방향일 것이다. 임팩트에서 허리의 회전이나 하체의 이동은 스윙의 스타일에 따라 조금씩 다르게 나타나지만 머리의 위치나 가슴의 방향은 셋업 시 모양과 같은 방향을 유지해야 한다.

많은 이들이 임팩트에서 체중이동이나 스피드를 더 하려다 상체의 모양이 깨지는 것을 많이 보게 된다. 백스윙에서 부족한 몸의 회전이나 올바르지 못한 몸의 동작은 임팩트까지 연결되어 몸통의 위치나 방향을 틀어 놓는다. 또한 체중이동에 관한 잘못된 이해나 동작도 상체의 모양이나 위치에 영향을 준다. 포워드스윙에서 체중이동은 하체에 의해서만 이루어져야 한다. 만일 상체까지 왼쪽으로 움직이거나 회전된다면 볼은 원하는 곳으로 가지 않을 것이다.

상체가 왼쪽으로 슬라이드되는 동작은 볼이 밀리거나 포워드스윙을 너무 가파르게 접근시켜 볼의 탄도를 너무 낮게 하고 거리의 손실을 가져온다. 또한 포워드스윙에서 상체의 과도한 회전은 스윙 궤도를 튀어나오게 하여 볼의 방향에 영향을 준다.

따라서 좋은 임팩트의 몸통 동작은 셋업 때 만들어진 모양이나 위치를 유지해야 하며 이러한 동작만이 올바른 손과 클럽의 위치를 유도하며 결국 볼의 견고한 임팩트나 탄도를 결정하는 중요한 요소가 되는 것이다.

4) 다리

임팩트에서 다리의 모양은 스윙의 스타일이나 골퍼의 유연성에 따라 다르게 나타난다. 앤서니 김이나 타이거 우즈 같은 경우에는 임팩트 시 왼 다리가 일직선으로 쫙 펴져 있으나 짐 퓨릭이나 필 미켈슨 같은 선수는 왼 다리가 약간 구부러져 있다. 두 동작 중 어느 것이 더 좋다고 말할 수는 없다.

왼 다리를 일직선으로 펴는 스타일은 유연성을 바탕으로 파워를 내려는 젊은 선수들에게 인기가 있다. 보다 큰 아크를 만들어내며 임팩트 순간에 스피드를 높이는 장점이 있지만 무릎과 골반의 부상이 많이 나오며 상대적으로 유연성이 떨어지는 시니어들에겐 불리한 동작이다. 왼 다리가 구부러지는 동작은 상체의 힘이나 회전을 더 많이 이용하는 골퍼에게 유리하고 체중을 무릎이나 골반의 어떤 특정한 부분으로 받아 넘기지 않고 자연스럽게 연결하여 몸의 부하를 줄여 준다. 그렇기 때문에 부상의 위험은 적으나 상체의 강력한 힘이 뒷받침되어야 거리를 확보할 수 있다.

임팩트 시점에서 왼쪽 다리가 단단한 버팀목이 된다면 오른쪽 다리는 스피드나 힘을 내는 데 도움을 주는 견인차 역할을 한다. 플레이어의 스타일에 따라 오른발을 지면에 유지하면서 임팩트하거나 아니면 오른 무릎이 왼쪽으로 향하며 오른발이 지면에서 떠 있는 임팩트를 하든지간에 오른 다리의 위치는 분명 스윙에 영향을 주는 것은 사실이다.

잭 니클라우스처럼 하체를 역동적으로 사용하며 스윙을 하든지 아니면 하체의 움직임을 자제하며 상체의 회전을 더 이용하는 스윙이든지간에 하체의 움직임은 스윙의 축 개념과 효율을 이끌어 내는 원천이라는 두 가지 의미를 함께 내포하고 있다.

다양한 임팩트와 팔로스루의 사진들

11 포지션

골프에서 클럽과 몸의 각 부분의 위치는 정말 중요하다. 셋업에서 클럽별로 이상적인 위치가 있듯이 테이크 백을 거쳐 백스윙이나 포워드스윙을 통과하여 임팩트에 이르기까지 손과 팔, 그리고 클럽이 어느 곳에 위치하는지는 방향을 결정하는 중요한 원리가 된다. 만약 이러한 스윙 각각의 동작에서 손과 팔, 그리고 클럽이 올바른 위치에서 벗어난다면 스윙을 이루는 궤도나 클럽의 면이 이상적이지 못하여 방향에 문제를 가져오게 된다.

골프에서 좋은 포지션이란 테이크백과 백스윙 탑, 그리고 포워드스윙에서 양손의 위치와 클럽의 위치가 좋다는 뜻으로 해석할 수 있다. 특히 클럽의 위치와 모양을 결정하는 손목의 모양과 각도를 중요하게 살펴보아야 한다. 보통 손등과 왼 팔등, 그리고 클럽의 면은 항상 같은 방향으로 향하는 것이 이상적이지만 이것은 그립을 취한 형태에 따라서 조금씩 다르게

셋업 포지션

테이크백 포지션

백스윙 포지션

임팩트 포지션

나타날 수 있다. 그립부분에서도 다루었듯이 백스윙 동작에서 왼쪽 손목의 모양은 평평하거나 바깥쪽 또는 안쪽으로 꺾일 수 있다. 중요한 것은 어떤 동작으로도 좋은 플레이를 할 수는 있고 중요한 것은 클럽의 면이 스퀘어에서 너무 벗어나지 않으면 된다.

더욱 감각적인 플레이어는 백스윙에서 클럽이 열리거나 닫혀도 임팩트에서 일관되게 스퀘어로 볼을 가격하지만 그렇지 못한 골퍼들은 백스윙에서 이루어지는 위치의 문제가 임팩트까지 이어질 수 있다. 백스윙이나 임팩트를 모두 스퀘어로 가져가든 아니면 백스윙과 무관하게 임팩트만을 중요시 여기든 이것은 선택의 몫이며 스타일일 수밖에 없다.

어떤 스타일이든지간에 우리는 보다 쉽고 일관되게 하는 방법을 알아야 하며 또 그것을 추구해볼 필요가 있다. 왜냐하면 보상동작이 크고 매번 스윙을 할 때마다 다른 동작을 취한다면 분명 골프는 어려운 운동이 될 것이며 보다 쉽게 스윙을 느낄 수 있고 더 일관된 동작을 할 수만 있다면 노력에 대한 보상은 충분하기 때문이다. 따라서 훌륭한 플레이를 하는 선수들이 선택하는 좋은 위치는 항상 있게 마련이며 우리는 그것들을 따라하거나 최소한 시도해 볼 필요가 있는 것이다.

셋업에서 샤프트와 손목이 이루는 각도는 플레이어에 따라 모두 다르지만 이것을 유지하면서 테이크백하는 것은 좋은 플레이를 위하여 매우 중요하다. 만약 손목의 각도가 펴져서 백스윙된다면 헤드가 그리는 궤도가 인으로 빠질 확률이 있으며 헤

스퀘어 테이크백

아웃/인 테이크백

드의 로프트가 작아지고 닫힐 위험성이 있다. 반대로 손목의 각도가 더 꺾이면 헤드는 낮게 빠지지 못하고 가파르게 올라가며 손이 상대적으로 낮아져 상체의 올바른 회전을 방해할 수 있다. 또한 궤도가 바깥쪽으로 올라가며 원 플레인 스윙을 추구하는 골퍼에게는 나쁜 영향을 끼칠 수 있다. 따라서 올바른 헤드의 궤도나 방향을 위해서는 셋업 때 이루어진 각을 최대한 유지하면서 테이크백 하는 것이 좋다.

테이크 백에서는 헤드가 어떤 방향으로 빠지는지도 중요하지만 손이 위치도 매우 중요하다. 보통 손이 테이크백 할 때에는 올바른 위치로 빠지거나 아니면 바깥쪽으로 빠지는 두 가지 경우가 가장 많이 나타난다. 손이 올바른 방향으로 똑바로 빠지는 경우에는 헤드의 방향만을 체크하면 되지만 손이 바깥쪽으로 빠지는 경우에는 손의 위치와 헤드의 위치를 같이 살펴야 한다.

테이크백이나 백스윙뿐만 아니라 포워드스윙에서 손이 허리 높이 정도로 내려왔을 경우에도 살펴야 하는 매우 중요한 사항이다. 만약 테이크백에서 손이 바깥쪽으로 빠진다면 대부분의 골퍼는 헤드의 방향이 인으로 빠지는 경우가 많다. 이것은 손이 튀어나가는 것을 헤드의 위치로 만회하기 위한 일련의 보상동작이라고 볼 수 있다. 만약 손과 헤드가 전부 바깥쪽으로 향한다면 임팩트에서 볼이 헤드의 안쪽에 맞는 등 올바른 가격이 되지 않거나 궤도가 너무 아웃-인 될 확률이 높아져 볼을 칠 수 없기 때문이다.

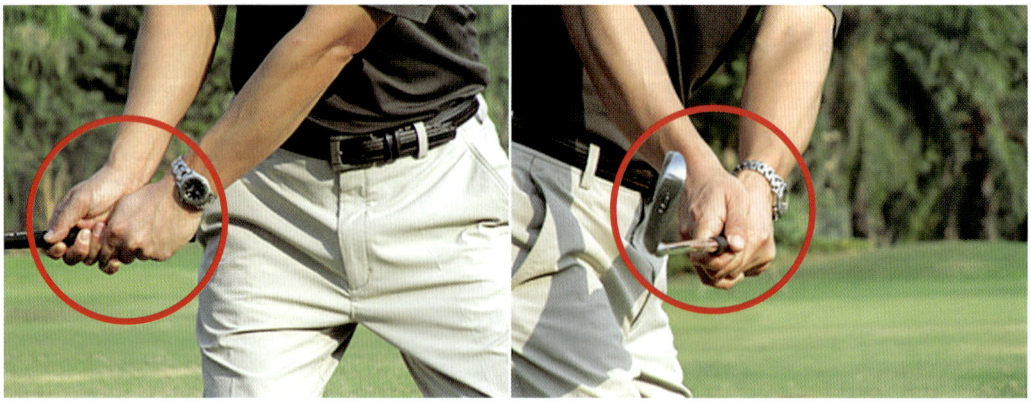

손이 바깥쪽으로 빠지는 골퍼가 손의 위치를 계속해서 무시하고 헤드의 방향만을 중시하며 플레이한다면 언젠가는 생크와 같은 커다란 미스 샷이나 원하는 구질을 갖기 힘들게 될 수 있다. 따라서 손이 바깥쪽으로 빠지는 골퍼는 헤드의 방향보다 손의 위치를 바로 잡는

작업이 우선되어야 한다. 먼저 셋업에서 손이 빠지는 방향이 약간 안쪽으로 빠진다는 느낌으로 테이크백 하며 손이 허리쯤에서 몸통과 멀리 떨어지거나 바깥쪽에 위치하지 않도록 연습하여야 한다. 손의 움직이는 위치가 좋아진다면 헤드가 좋은 궤도로 스윙될 확률이 높아지며 때로는 헤드의 좋은 방향은 저절로 이루어지기도 한다.

스윙을 체크할 때 가장 중요한 위치는 백스윙이나 임팩트가 될 수도 있지만 손이 허리쯤의 높이에서 손과 헤드의 위치를 체크하는 것은 좋은 궤도를 갖추거나 클럽의 면을 올바르게 가져가는데 좋은 방법이 된다. 특히 포워드스윙에서 손과 헤드의 위치는 볼이 날아가는데 결정적인 역할을 하는 중요한 위치이다. 어프로치에서 7시 30분 스윙의 위치가 이곳일 수 있는데 이곳에서 손과 헤드의 방향을 느낄 수 있다면 당신이 치는 볼은 통제가 가능할 것이며 이미 고수일 것이다. 헤드 스피드가 빠른 포워드스윙에서 이곳을 느끼기는 쉬운 것이 아니며 부분 동작으로 많은 연습을 하여야만 이 부분이 좋은 모습으로 갖추어질 것이다.

백스윙에서는 양손의 높이에 따라 업라이트 스윙과 플랫한 스윙으로 나뉜다. 어떤 스윙이든 올바른 회전을 통한 좋은 포워드스윙을 가졌다면 문제될 것이 없지만 너무 높은 스윙은 몸의 회전을 부족하게 만들어 팔로만 내려치는 스윙이 되기 쉽고 너무 낮은 스윙은 올바른 팔동작을 어렵게 하여 방향과 타격에 문제를 가져올 수 있다.

적당한 높이의 스윙은 옆모습으로 스윙을 하였을 때 거울에 비친 모습에서 양손이 자신의 어깨 모서리를 가리는 정도라고 생각하면 된다. 이런 높이라면 스윙이 완전히 되었을 때 양손의 높이가 어깨 모서리보다 약간 더 높은 위치에 자리 잡게 될 것이다. 또한 헤드의 위치는 스윙의 길이에 따라 다르지만 샤프트가 지면과 수평에 가깝게 되었을 때 타깃 쪽으로 향하면 이상적인 방향이 된다.

요즘은 스윙의 길이를 짧게 하는 추세라서 9번 아이언의 경우 샤프트가 대각선 방향으로 하늘을 향하여 위치하는 것이 좋다. 백스윙에서 헤드의 위치가 좋지 않은 경우는 너무 몸 쪽으로 치우치거나 아니면 너무 뒤쪽으로 쳐져있는 경우이다. 스윙의 길이가 긴 골퍼들은 헤드의 위치가 몸 쪽으로 치우치는 경우가 있으나 이것보다 더 좋지 않은 경우는 백스윙에서 바깥쪽으로 쳐져 있는 경우다. 이러한 헤드의 위치는 손과 헤드가 자연스럽게 떨어지면서 포워드스윙이 된다면 너무 인-아웃 스윙이 유발되고 헤드가 먼저 튀어나오는 스윙을 하게 된다면 아웃-인 스윙으로 좋지 않은 포워드스윙을 할 수밖에 없다.

특히 백스윙에서 포워드스윙으로 전환되는 지점에서 헤드의 위치가 좌우로 흔들리며 불안한 궤도를 가진 골퍼들은 항상 방향의 문제를 가지며 플레이할 수밖에 없다. 따라서 백스윙에서도 올바른 포워드스윙을 할 수 있는 좋은 위치의 손과 헤드를 만들어야 하며 이는 볼만 치는 연습만으로는 갖추기 힘들다. 무거운 기구나 클럽을 가지고 거울 앞에서 계속되는 모션 연습을 하는 것이나 백스윙에서 멈추었다가 히팅하는 연습을 하거나 눈을 감고 백스윙을 느끼는 연습 등은 이곳의 위치를 좋은 모습으로 가져갈 수 있는 좋은 연습법이다.

백스윙 포지션

임팩트 포지션

골프 스윙은 절제된 몸동작에서 빠른 스피드를 내야 하는 매우 어려운 움직임이다. 특히 백스윙에서 포워드스윙으로 전환되는 동작은 일관성을 갖기에도, 또 우리 몸이 느끼기에도 매우 어려운 동작임이 분명하다. 하지만 이 전환 부분이 깔끔하지 않으면 좋은 스윙이라고 평가받기 어렵고 결과 역시 좋게 나타나지는 않을 것이다.

따라서 스윙을 시작하는 부분에만 치중하지 말고 백스윙에서 포워드스윙으로 전환되는 부분에 신경을 쓰며 어떤 느낌이나 어떤 위치로 전환되는지를 충분한 연습을 통하여 알아야 한다. 강조하지만 백스윙이나 포워드스윙에서의 손과 팔, 그리고 클럽이 스윙을 하는데 필요한 적절한 위치를 갖게 된다면 이것은 기술과 결합하여 힘을 효과적으로 활용할 수 있게 해주고 스윙의 느낌과 속도를 높여 골프스윙을 한층 더 완성도 있게 해줄 것이다.

12 커넥션

좋은 스윙의 조건은 수없이 많다. 스윙을 하는 동안 클럽과 몸의 각 부위가 연결되면서 물 흐르듯이 자연스럽게 움직이는 스윙을 골퍼라면 누구나 꿈꿀 것이다. 백스윙을 시작하여 임팩트를 거쳐 피니시에 이르는 스윙의 동작이 서로 따로 놀지 않고 매끄럽게 휘둘러지는 깔끔한 연결성이야 말로 좋은 스윙의 빼놓을 수 없는 조건이다. 만약 이러한 연결성이 좋지 않다면 아무리 스윙의 각 동작들이 이상적으로 만들어졌다 하여도 그 스윙의 효율성은 매우 떨어질 것이며 매번 혼란에 빠지는 일관성 없는 결과로 괴로워 할 것이다.

골프에서 커넥션이란 스윙을 하는 동안 몸의 각 부위들이 전체적으로 잘 연결되어지는 연결성과 또 그렇게 움직이는 몸동작과 클럽의 연결성으로 설명할 수 있다. 스윙을 할 때 우리의 몸은 각 부위가 하는 역할이 있다.

손은 클럽을 잡고 올바른 방향으로 클럽을 컨트롤해야 하며 팔은 경직되지 않고 스윙을 리드하며 클럽을 휘두른다. 몸통은 중심을 지키면서 올바른 방향으로 회전해야 하고 다리는 버티면서 스윙의 파워를 가속시킨다. 또한 머리는 중심을 잡고 골반은 올바로 꼬아져야 하며, 무릎은 스윙을 리드하는 등 몸의 여러 가지 부위들이 해야 할 역할은 참으로 다양하다.

이러한 몸의 각 부위의 역할이 올바르게 이루어지면서도 그 역할들이 서로 따로 놀지 않고 연결되는 것은 좋은 스윙에 있어서 꼭 필요한 사항이다. 스윙은 구분동작이 아니다. 좋은 모양이든 아니든 간에 동작들이 전체적으로 매끄럽게 연결되어져야만 좋은 결과를 기대할 수 있다. 이러한 연결성은 스윙이 간결하거나 리듬이 좋은 노련한 골퍼일수록 뛰어나다.

대체로 스윙의 연결성이 좋지 않은 이유는 여러 가지가 있겠지만 리듬감이나 순발력, 그리고 좋은 동작만을 취하려는 잘못된 의식에서 비롯된다. 스윙에서 좋은 리듬감은 타이밍을 찾는데 빼놓을 수 없는 조건이다. 리듬감이 좋으면 몸을 움직이는 순서나 연결성이 좋아진다. 스윙의 박자가 백스윙과 포워드스윙에서 적절하게 이루어진다면 올바른 임팩트 타이밍을 챙길 수 있으며 올바른 연결을 통한 일관성과 파워를 가질 것이다. 그러므로 좋은 연결성을 위한 선결과제는 무엇보다도 리듬감에 있다.

순발력이 선천적으로 좋거나 조금 부족한 골퍼가 있다. 기본적인 순발력 테스트를 통해서 이것은 충분히 알 수 있지만 골프는 상당한 순발력을 요하는 운동이다. 백스윙에서 임팩트까지 내려오는 그 짧은 순간에 여러 가지 몸동작이나 클럽의 위치가 순서대로 배열되며 제대로 들어온다는 것은 동물적인 감각이나 순발력이 상당히 필요한 것이다. 이러한 순발력은 스윙의 연결성을 결정한다.

또한 많은 골퍼들이 올바른 연결성을 갖지 못하는 이유가 이상적인 동작에 너무 치우쳐 생각하기 때문이다. 스윙의 동작을 가지고 연결성을 살펴보면 두 가지 상반된 주장이 나올 수 있다. 간결하면서도 깔끔한 스윙은 연결성을 갖게 하는데 너무나도 필요한 조건이라는 주장이다. 골프스윙은 매번 같은 동작을 반복하는 운동이기 때문에 간단하면서 일관성 있는 스윙이 좋다는 것은 누구나 다 아는 사실이다. 스윙이 간결하다는 것은 몸의 움직임에서 불필요한 동작이 없다는 의미이다. 불필요한 몸의 움직임이 없다면 그에 따른 보상동작도 줄어들며 스윙은 간단해질 수밖에 없다. 이러한 간단한 스윙은 매번 반복하기가 쉽고 결과 또한 일관되게 나오기 마련이다.

또 너무 이상적인 골프스윙 동작에만 생각이 지나쳐 각 동작들에 대한 연결성이 떨어진다는 주장이다. 간결하고 좋은 동작이 연결성을 좋게 하지만 연결성을 떨어뜨리면서까지 좋은 동작을 억지로 만들 필요는 없다. 닭이 먼저냐 계란이 먼저냐의 문제 같지만 이 역시 골퍼들의 스타일에 달려 있으며 선택의 문제이다. 어쨌든 스윙의 동작은 연결성과 매우 밀접한 관계가 있는 것은 사실이다.

이밖에도 신체 각 부위의 힘을 어떻게 안배하느냐에 따라서도 스윙의 연결성은 많이 달라진다. 백스윙에서 너무 많은 힘이 들어간다든지 아니면 샷을 하고 나서 피니시 동작에서도 힘이 많이 들어가 경직된 동작이 나오면 신체 각 부위의 연결성은 떨어질 수밖에 없다. 대체로 클럽이 위쪽으로 향한 상태 즉 백스윙과 피니시의 동작에서는 손이나 팔, 그리고 상체에 들어간 힘은 매우 부드럽게 유지되어야 한다. 이처럼 스윙을 하는 동안에 몸에 들어가는 힘의 안배는 스윙의 각 동작들을 연결시키는데 영향을 준다.

스윙의 연결성은 크게 클럽과 몸의 관계, 손·팔과 몸통의 관계, 하체와 상체의 관계, 왼쪽과 오른쪽의 관계 등으로 살펴볼 수 있다. 먼저 클럽과 몸의 연결을 살펴보자. 스윙에는 여러 가지 동작들이 있지만 클럽이나 몸의 각 부위가 그에 따른 좋은 위치를 가지고 있어야 한다. 어드레스나 백스윙, 그리고 임팩트를 거쳐 피니시에 이르는 동작들에는 그에 따른 이상적인 위치들이 있다.

클럽 헤드의 위치, 손의 위치, 왼 어깨의 위치를 예로 들어 보면 어드레스에서 백스윙을 시작하면 이 세 곳의 위치가 오른쪽으로 옮겨진다. 헤드는 오른쪽을 통해 오른 어깨 뒤편으로 움직이고 손은 오른 허리 쪽을 통과하여 오른 어깨 쪽으로 움직인다. 왼 어깨는 턱 쪽으로 회전하여 몸통을 꼬게 된다. 이 세 곳의 위치변화는 서로 정도의 차이는 있지만 같은 시간 내에 일관되게 움직여야 한다.

손과 어깨의 움직임이 멈추어 백스윙 탑을 완성했는데 헤드만 계속해서 움직이고 있다면 클럽과 몸의 연결성은 떨어진 것이다. 또한 어깨의 움직임은 멈추었는데도 손과 헤드만 따로

백스윙의 어깨, 손, 헤드의 연결성

포워드스윙의 어깨, 손, 헤드의 연결성

움직이고 있어도 이 또한 좋은 연결이라고 할 수 없다. 이처럼 백스윙에서 클럽이나 몸의 연결성이 떨어지면 포워드스윙에서 임팩트를 올바르게 찾아 들어오기가 매우 어렵게 된다. 포워드스윙에서도 마찬가지다. 임팩트를 향해 내려오면서 왼쪽 어깨는 충분히 회전을 하여 제 위치를 찾았는데 손이나 헤드의 위치가 너무 늦거나 쳐진다면 이 역시 파워나 정확성에서 문제가 생길 것이다.

백스윙이나 포워드스윙에서 클럽과 몸의 연결성이 좋지 않은 스윙은 커다란 스윙뿐만 아니라 숏게임을 위한 스윙에서도 그 약점이 두드러지게 나타난다. 스윙의 크기나 스피드의 조절이 필요한 중, 장거리 숏게임은 클럽과 몸의 연결성이 무엇보다도 중요하다. 조그마한 연결의 불일치는 매우 정확성을 요구하는 숏게임에서 치명적이다. 그러므로 클럽이나 몸의 여러 가지 부위가 스윙의 각 동작에 맞는 위치를 찾아내고 그 여러 가지 위치들이 서로 엉키거나 따로 놀지 않도록 연결에 힘써야 한다.

스윙은 몸 스윙과 손·팔 스윙이 있다. 여러 번 강조했듯이 어느 한편으로 너무 치우치는 스윙은 좋지 않다고 할 수 있다. 손과 팔의 역할은 제대로 이루어지지 않고 몸의 커다란 동작만으로는 좋은 볼을 칠 수 없듯이 몸의 적절한 도움 없이 손이나 팔로만 스윙을 해서도 좋은 스윙이라고 할 수 없다. 좋은 스윙이란 이러한 손과 팔의 스윙과 몸의 스윙이 적절하게 잘 조화된 파워 있고 일관성 있는 스윙일 것이다. 초보자들이 골프를 손이나 팔로 쳐야 하는지 아니면 몸으로 쳐야 하는지에 대한 질문을 많이 하곤 한다. 사실 어떤 것도 정답일 수는 없다. 다만 골프채를 휘두르는 기본적인 몸의 기관은 손과 팔이다. 손과 팔이 올바른 동작으로 클럽을 휘두르며 그에 따른 몸동작이 올바르게 협응된다면 그것이 이상적인 스윙이 아닐까 싶다.

스윙은 사람에 따라 모두 다르다. 손이나 팔에 의지하는 스윙이 있고 또 몸동작에 치우치는 스윙이 있다. 이것은 스타일이다. 또한 그 스타일에 따라 강점과 약점이 있다. 다만 어느 쪽으로도 너무 치우치지 않는 균형이 중요한 것이다. 손과 팔의 동작, 그리고 몸동작이 조화를 이루어 연결성이 좋은 스윙이 최고인 것이다.

숏게임 백스윙의 손과 어깨의 연결성

숏게임 포워드스윙의 손과 어깨의 연결성

상체와 하체의 연결성은 포워드스윙을 통하여 설명할 수 있다. 좋은 포워드스윙은 대체로 하체의 올바른 리드를 통하여 이루어진다. 왼 무릎이나 왼쪽 다리가 회전하며 스윙을 리드하면 골반이 따라가고 상체가 회전하며 클럽이 떨어지게 되어 있다. 이러한 자연스러운 순서에 입각해 포워드스윙은 임팩트를 만들어 낸다. 하지만 하체가 리드하기도 전에 손이나 팔이 클럽을 내려치거나 반대로 하체의 리드가 상체의 회전에 비하여 빠르게 나타나면 스윙에 문제가 생기게 된다. 백스윙 탑에서 포워드스윙을 하는 동안에 아주 짧은 타이밍의 문제이지만 이 역시 조화의 문제이다. 그래서 좋은 리듬감과 올바른 위치의 백스윙이 필요하며 발을 모으고 스윙하는 연습 같은 연결성 훈련이 필요하다. 올바른 하체리드와 상체의 조화로운 움직임은 좋은 포워드스윙의 기본이다.

스윙에는 왼쪽과 오른쪽의 연결성도 중요하다. 백스윙에서는 몸의 왼쪽이 오른쪽으로 꼬아지게 된다. 포워드스윙에서는 반대로 꼬아진 왼쪽 몸은 왼편으로 회전하게 되고 오른쪽 몸이 왼쪽을 따라 회전하게 된다. 이러한 스윙을 하는 동안에도 왼쪽과 오른쪽의 연결성은 매우 중요하게 작용한다. 하체를 예로 들면 포워드스윙에서 왼쪽 무릎이나 다리가 스윙을 리드하는 동안 오른쪽 다리가 작용을 하지 않고 가만히 있다든가 아니면 너무 튀어나온다면 이 역시 연결성은 떨어지는 것이다. 올바른 스윙의 연결이라면 적당하게 왼쪽 리드를 받쳐주면서 왼쪽으로 이동과 회전이 이루어져야 한다.

골프는 균형의 게임이다. 상체와 하체가 균형이 있어야 되고 왼쪽과 오른쪽이 균형이 있어야 되며 앞과 뒤도 균형이 필요하다. 스윙의 연결성을 설명할 때 이러한 균형은 왼쪽과 오른쪽을 설명할 때 더욱 두드러진다. 백스윙에서는 보통 모든 움직임이나 힘이 오른쪽으로 이동하게 된다. 클럽도 오른쪽으로 움직이고 몸도 오른쪽으로 회전하며 무게중심도 약간이지만 오른쪽에 있다. 하지만 포워드스윙에서는 모든 것이 반대로 일어난다. 클럽이 목표를 향해 휘둘러지고 이에 따른 몸동작도 왼쪽으로 빠르게 회전하며 무게중심도 왼쪽으로 이동하게 된다. 이러한 움직임에서 신체 각 부위는 자연스러운 힘의 원리에 따라 이동하고 배열되어야 한다.

예를 들어 백스윙에서 손과 팔은 클럽을 오른쪽으로 이동시켜 백스윙 탑을 완성하려 하는데 왼쪽 어깨 또는 몸통이 전혀 회전하지 않고 팔로만 백스윙을 한다면 이것은 좋은 연결성이라고 할 수 없다. 마찬가지로 포워드스윙에서 손과 팔은 클럽을 타깃 쪽으로 빠르게 휘두르고 있는데 몸의 오른쪽 부위, 즉 오른쪽 허리, 오른 무릎, 오른쪽 발 등이 적절한 회전을 하지 못한다면 팔로만 치는 힘없는 스윙이 되어 버릴 것이다. 이처럼 연결성이 좋은 스윙을 하려면 오른쪽과 왼쪽의 적절한 균형이 매우 중요하다.

13 스윙의 길이

스윙의 길이는 거리와 임팩트 타이밍을 맞추는데 중요한 요소이다. 플레이어의 스타일에 따라 스윙의 길이는 다양하지만 보통 힘이 부족한데 비하여 유연성이 뛰어난 플레이어들에게 스윙의 길이가 긴 경우가 많다. 스윙의 길이가 긴 경우 포워드스윙에서 가속을 붙일 수 있는 구간이 길어지므로 스피드를 내는데 조금 유리한 경우가 있지만 결국 중요한 것은 일관성과 타이밍이다. 요즘은 스윙의 길이를 짧게 가져가는 추세다. 이는 역시 스피드를 내는 구간의 확보보다 일관된 타이밍을 더 중시하는 경향에서 비롯된다.

스윙의 길이를 결정하는데 영향을 주는 몇 가지를 살펴보면 다음과 같다. **먼저 어드레스 때의 척추나 머리 그리고 골반 등의 신체 각 부위의 자세가 백스윙에서 얼마나 유지되느냐에 따라 스윙의 길이는 많이 달라진다.** 필요 이상으로 백스윙의 길이가 길게 나타나는 이유는 보통 상체의 척추각도가 바뀌거나 오른쪽 몸이 펴질 때 발생하는 경우가 많다. 이럴 경우 오른쪽 몸이 들리면서 스윙의 길이는 길어지지만 실질적으로 올바른 몸의 꼬임은 이루어지지 않아 매우 좋지 않은 백스윙 모양을 갖게 된다. 몸의 회전이 부족하여 거리와 일관된 방향을 보장 받지 못한다. 또한 스윙의 길이가 매번 달라지면서 타이밍을 찾는데도 불리할 수밖에 없다. 셋업 때의 척추각도나 턱의 위치가 유지되는 것은 스윙센터를 유지함과 동시에 올바른 백스윙의 길이를 결정하는 매우 중요한 열쇠이다.

스윙의 길이를 결정하는데 또 중요하게 작용하는 것은 손목의 코킹이다. 코킹은 골프에서 스피드를 내거나 올바른 임팩트를 가져가는데 빼놓을 수 없는 원리이다. 그러나 이러한 코킹은 하는 시점과 코킹의 모양에 따라 스윙의 길이가 달라진다. 보통 빠른 코킹은 백스윙을 빨리 완성시키며 짧은 백스윙의 길이를 만든다. 하지만 느린 코킹은 백스윙의 완성을 늦게 만들며 스윙의 길이를 길게 나타낸다. 따라서 스윙의 스타일에 따라 다르지만 코킹의 시점과 스윙의 길이는 매우 밀접한 관계에 있다고 할 수 있다.

또한 **백스윙의 탑 모양에서 손목의 꺾는 양에 따라 스윙의 길이도 달라진다.** 코킹의 양은 포워드스윙에서 올바른 모양으로 임팩트되는데 매우 중요한 요소이다. 숏게임에서는 거리나 스핀의 양에 따라 코킹의 양이 샷별로 조절되지만 풀스윙에서는 항상 일관된 코킹의 양과 모양이 필수적이다. 따라서 일관된 코킹의 양은 매우 중요하며 이러한 양에 따라 스윙의 길이가 달라진다. 보통 코킹의 양이 많으면 스윙의 길이가 길어지고 코킹의 양이 적으면 스윙의 길이가 짧아지는 것이 대부분이다. 백스윙 탑에서 코킹의 조절은 타이밍뿐만 아니라 스윙의 길이에도 중요하게 작용한다.

스윙의 길이에 영향을 주는 또 다른 요소는 왼팔의 모양이다. 백스윙에서 왼 팔꿈치가 구부러지거나 펴지는 것에 따라 스윙의 길이는 매우 다르게 나타난다. 골프에서 너무 지나친 것은 못함만 못하다는 말이 있는 것처럼 너무 뻣뻣하게 왼팔을 펴는 것과 또 왼 팔꿈치가 너무 구부러지는 모양 모두 이상적이지는 않다. 백스윙에서 커다란 아크를 위하여 왼팔을 너무 경직되게 펴다보면 왼팔의 긴장을 가져오고 클럽의 느낌을 잃기 쉬우며 스피드를 잃을 수 있다. 또한 왼팔이 너무 구부러지면 부드러움은 있을지 몰라도 적은 아크를 통하여 거리를 잃기 쉽고 일관성을 찾기가 어렵다. 왼팔이 너무 많이 구부러지게 백스윙하는 플레이어들은 보통 스윙의 길이가 길게 되는데 이것 역시 포워드스윙에서 타이밍에 문제를 줄 수 있다. 왼팔의 확장은 분명 커다란 아크를 만들어내며 일관성을 가져오지만 어디까지나 경직되지 않는 범위에서 왼팔을 펴야 한다.

숏게임에서는 스윙길이에 따라 스피드도 달라지며 이것은 거리를 조절하는데 매우 중요한 요소이다. 드라이버나 아이언샷의 경우도 분명 스윙길이에 따라 거리가 다르게 나타난다. 그렇지만 무조건 스윙길이가 길다고 좋은 것은 아니다. 신체적으로 마르거나 키가 큰 사람이라면 키가 작고 가슴이 두꺼운 사람보다는 스윙길이가 길어질 가능성이 크다. 풀스윙의 경우 스타일이나 신체적인 특성에 따라 스윙의 길이는 모두 다르게 나타나지만 중요한 것은 일관된 길이로 일관된 타이밍의 샷을 할 수 있어야 한다.

발끝 내리막이나 오르막 같이 심한 경사의 트러블 샷에서는 당연히 풀스윙이 불가능하다. 하체를 고정하고 상체만의 하프스윙이나 쓰리쿼터 스윙이 정확한 콘텍트를 위한 정답이다. 이 경우 분명히 스윙길이는 줄어들고 당연히 거리도 풀스윙 때보다는 적게 나간다. 중요한 것은 풀스윙과 컨트롤 스윙의 길이를 자신이 조절할 수 있어야 하며 이에 대한 거리의 편차를 알고 이에 대한 구사 능력이 있어야 한다.

골프에서는 이것은 되고 저것은 틀렸다는 고정관념은 버려야 한다. 스윙이 짧은 사람도

셋업, 임팩트, 피니시

있고 긴 사람도 있는 것처럼 이런 스윙도 있고 저런 스윙도 있는 것이다. 스윙의 다양성에 대한 인정과 함께 자신이 더 잘 할 수 있고 일관되게 결과가 좋다면 그것이 정답이다. 스윙의 길이가 길고 짧음은 선택의 몫이다. 하지만 요즘 추세는 짧고 간결한 스윙이 대세다.

14 스윙의 크기

스윙의 크기는 플레이어의 신체적 조건과 관련이 깊다. 대부분 백스윙에서는 왼팔의 길이로, 팔로스루에서는 오른팔의 길이로 스윙의 크기를 나타낸다. 물론 몸동작도 약간 영향을 주기는 한다. 포워드스윙에서 몸동작이 구겨지거나 무릎의 높이를 낮추는 것도 스윙의 크기를 다르게 한다. 따라서 같은 동작을 취하였을 때 신장이 큰 선수가 작은 선수보다 스윙의 크기가 크며 팔의 길이가 긴 선수들이 스윙 크기가 크기 마련이다. 커다란 스윙아크는 작은 아크에 비해 거리에 대한 이점이 있지만 아크만으로 골프의 모든 것이 해결되는 것은 아니기 때문에 커다란 아크는 어디까지나 좋은 스윙에 필요한 하나의 조건인 셈이다.

좋은 스윙인 경우 보통 백스윙의 아크보다 임팩트 전의 포워드스윙에서의 아크가 더 작아지는데 그 이유는 코킹에 대한 영향과 몸통의 측면이동과 관련이 있다. 먼저 코킹에 대한 부분은 백스윙 때 늦은 코킹을 하는 플레이어의 스타일이 백스윙과 포워드스윙에서 스윙 크기가 다르게 나타나는 경우가 많다. 낮고 긴 테이크백을 통한 늦은 코킹의 백스윙 스타일은 스윙의 길이도 길어지지만 아크 역시 백스윙 모양에서 매우 크게 형성된다. 이러한 과정을 거친 백스윙 탑 동작에서 포워드스윙으로 전환될 때 코킹이 풀리지 않고 그대로 유지되거나 또는 코킹의 각도가 오히려 적어지면서 내려오게 되는데 이 과정에서 스윙의 크기가 백스윙 때와 포워드스윙에서 다르게 형성된다.

이러한 스윙의 메커니즘은 매우 자연스러운 현상으로 백스윙으로 올라갈 때보다 포워드스윙에서 스윙의 크기가 작게 만들어지는 것이다. 이러한 현상은 다운블로로 심하게 눌러 칠 때 더욱 두드러지는데 볼을 향하여 들어오는 헤드의 접근각도가 너무 가파르게 형성되는 특징을 가지고 있다. 또한 포워드스윙에서 스피드를 늘리기 위하여 왼팔의 길이나 손목의 각도를 의도적으로 처지게 하는 플레이어들은 이러한 특징이 두드러지는데 올바른 동작이라고는 볼 수 없다. 따라서 **포워드스윙에서 자연스러운 스피드에 의한 손목의 각도가 유지되는 것과**

왼팔의 길이가 일정하게 유지되면서 자연스러운 스윙의 크기변화를 가져오는 것이 훨씬 안정되고 일관성이 있다고 할 수 있다.

백스윙과 포워드스윙의 크기가 다르게 형성되는 또 다른 이유는 포워드스윙에서의 몸통의 측면이동이다. 백스윙 탑에서 다운스윙으로 전환될 때 왼 무릎이나 골반과 같은 하체가 스윙을 리드하는데 이때 회전운동과 측면운동이 함께 나타난다. 이 중 측면이동은 백스윙보다 포워드스윙에서의 크기를 더 작게 만들며 임팩트 이후 팔로스루 쪽에서의 스윙크기를 크게 만든다. 이처럼 스윙 구간마다 크기가 다르게 형성되는 것은 코킹동작이 어떻게 형성되고 유지되는가와 체중이동이 언제 어떤 모양으로 이루어지는지에 따른 결과라고 할 수 있다.

한편 팔로스루에서 스윙크기를 크게 하기 위하여 어떤 플레이어는 양팔이 곧장 펴지게 하여 스윙을 하는 경우가 있는데 이것은 매우 좋지 않은 동작이라고 할 수 있다. 백스윙에서 왼팔이 펴지고 오른팔은 자연스럽게 구부러지는 모양이 만들어진다면 반대로 팔로스루에서는 백스윙과 대칭되는 모양으로 오른팔은 펴지고 왼팔은 자연스럽게 회전하면서 팔꿈치가 구부러져야 한다. 만약 팔로스루에서 양팔이 다 펴졌다면 스윙의 크기는 조금 커졌을지 몰라도 올바르게 휘둘러지는 모양이 아니고 내밀어버리는 동작에 가깝게 되어 올바른 스윙의 자세라고 보기 어렵다. 이처럼 스윙의 크기는 양팔의 모양이 어떻게 만들어지느냐에 따라 달라진다.

앞에서 언급했듯이 스윙의 크기는 스피드와 함께 거리를 조절하는데 매우 중요한 요소이다. 특히 숏게임에서는 절대적이다. 웨지보다는 7번 아이언의 스윙크기가 당연히 크다. 하지만 웨지 샷의 스피드가 7번 아이언 샷의 스피드보다 더 빠르다면 거리차이는 없거나 오히려 스윙크기가 큰 7번 아이언의 거리가 적게 나갈 수도 있다.

중요한 것은 스윙크기가 스피드와 타이밍과 연결되어 얼마나 효율을 내는가에 있다. 자신의 신체적인 특성이나 능력에 맞는 스윙크기를 만들고 이에 따른 연결성을 좋게 하는 것이 좋은 임팩트와 일관성을 갖는 비결이다.

셋업, 백스윙, 피니시

참고문헌

- 보브 토스키 외, 아침나라, 본능적 감각으로 익히는 골프스윙, 2000
- 닉 브래들리, 샘터, 온몸으로 느끼는 골프스윙의 정석, 2005
- 릭 마티노 외, 한국경제신문, PGA골프 클리닉, 2005
- 랄프맨 외, how golf, Dr. golf Mann, 2000
- 데이브 펠츠, 학원사, 퍼팅 바이블, 2001
- 데이브 펠츠, 학원사, 숏게임 바이블, 2002
- 잭 니클러스 외, 팩컴북스, Golf My Way, 2010
- 조셉페런트, 한문화, 젠골프, 2003
- 피아닐손, 루비박스, 모든 샷에 집중하라, 2007

"골프에서의 승리는 체력보단 정신력과 강인한 인격에 있다."

– 아놀드 파머

제 3 장

선호도

스윙을 높게 할까, 아니면 낮게 할까? 스탠스를 넓게 취해야 하나, 좁게 취해야 하나? 어깨를 닫고 셋업을 취할까, 아니면 스퀘어, 또는 열고 셋업할까? 어드레스에서 체중을 왼쪽으로 놓을까, 오른쪽으로 놓을까? 볼은 왼쪽에 놓고 칠까, 오른쪽에 놓고 칠까? 백스윙에서 왼팔은 구부릴까, 아니면 쫙 펼까? 무릎을 많이 구부릴까, 많이 펼까? 임팩트에서 허리를 많이 열까 아니면 닫고 칠까? 포워드스윙을 어디로 시작할까? 허리로, 팔로, 무릎으로, 왼손으로 등등….

골퍼들마다 스윙의 스타일은 너무도 다양하다. 이것은 신체적 특성이 다른 이유도 있지만 본인들이 가지고 있는 성격, 능력, 선호도 등 여러 가지 이유들이 있을 것이다. 스윙에서 법칙은 볼이 날아가는 것에 영향을 주는 절대적인 현상이다. 원리는 이러한 법칙에 영향을 주는 매우 우선권이 있는 기본일 것이다. 하지만 이것만으로 스윙의 모든 것을 설명할 수는 없다. 수많은 스타일이란 수많은 선택들이 있다는 뜻이다. 이처럼 스윙은 법칙, 원리와 함께 수많은 선택사항이나 선호도들로 이루어져 있다.

하지만 이러한 선택사항들은 나름대로 원리와 부합해서 볼이 날아가는 법칙에 영향을 준다. 가장 중요한 것은 이러한 원리에 어긋나지 않고 서로 조화를 이루어내야 한다는 것이다. 예를 들어 훅 그립을 취한 골퍼가 임팩트에서 닫힌 허리 회전을 선호하거나 빠른 손의 릴리스를 선택한다면 심각한 훅을 야기할 가능성이 높기 때문에 적절치 않다. 우리는 어떤 것을 선택할 때 이것을 알아야 한다.

패션을 얘기할 때도 어떤 옷은 어떤 것과 어울리며 또 어떤 것과 어울리지 않듯이 스윙에도 서로 어울려 올바른 볼의 구질을 뽑아 낼 수 있는 선택들이 있는 것이다. 이것이 선호도의 호환성이다. 선택도 자신이 하지만 결과 역시 본인이 받아들일 수밖에 없다. 따라서 스윙의 원리와 부합하는 서로 어울리는 것들을 선택하는 것이 중요하다.

구력이 어느 정도 되는 골퍼들은 나름대로 목표지점으로 볼을 보내는 능력이 있다. 많은 연습이나 경험을 통하여 이것들은 이루어지지만 사실 어떤 원리나 선택들로 이러한 결과가 나오는지에 대한 가능성은 너무나도 많다. 골퍼들이 감각적으로 또는 경험적으로 이루어냈던 자신이 알든 모르든 이러한 스윙 속에도 원리와 선택들은 존재하며 서로 관계를 형성하는 것이다. 원리와 선호도에 다양한 이해야말로 좋은 샷을 위한 필요조건이다.

TIPS 효율적인 골프연습

골프를 잘 치려면 아니 최소한 지금보다 더 나은 골프를 하려면 자신의 골프게임을 이해하고 어떻게 하면 점수를 줄일 수 있는지 고민해야 할 것이다. 사람들마다 골프에서 곤란을 겪는 부분은 모두 다를 것이다. 어떤 이는 티샷이 안 되어 골프를 어렵게 생각하는 이도 있고 어떤 이는 숏게임에 어려움을 느끼기도 하고 또 어떤 이는 퍼팅 때문에 괴로움을 토로하는 경우도 있을 것이다. 하지만 불행하게도 골프를 잘하기 위해서는 이러한 여러 가지 게임 부분 중 어느 것 하나도 중요하지 않은 것이 없다.

우선 티샷이 잘 되어야만 기분도 좋아지며 그 다음 찬스가 있다. 하지만 이것이 전부는 아니다. 그린을 공략하는 어프로치가 좋아야 하며 또한 그린을 미스하였을 때 요구되는 리커버리 샷도 골프에서는 중요하다. 퍼팅은 어떠한가. 퍼팅은 스코어에 결정적이다. 아무리 좋은 그린 공략도 홀인하지 못하면 소용이 없기 때문이다. 퍼팅으로 울고 웃는 것은 아마추어뿐만 아니라 프로의 세계에서도 마찬가지이다.

심리적인 면도 빼놓을 수 없다. 자신의 마음가짐을 어떻게 하느냐에 따라서 매우 달라지기 때문이다. 그래서 골프는 멘탈게임이라고 하지 않는가. 게임운영 능력도 스코어를 내는데 간과해서는 안 되는 매우 중요한 부분이다. 코스를 어떻게 공략하고 어떤 것을 선택할지는 많은 경험과 학습이 필요하며 이것은 게임 전체를 좌우하는 중요한 요소이다.

이처럼 골프를 잘하기 위해서는 여러 가지 게임을 컨트롤하는 능력이 골고루 갖춰져 있어야 한다. 이것은 마치 우리가 건강한 삶을 위하여 식사를 편식하지 않고 여러 가지 음식을 골고루 섭취하는 일과 같을 것이다. 이렇게 여러 가지 게임을 골고루 잘 갖추려면 연습과 훈련은 필수적이다. 개인마다 모두 다르겠지만 자신에게 가장 필요한 것들을 찾아내고 보다 효율적으로 연습하고 훈련한다면 분명 그에 대한 보상은 따라올 것이다. 여기에서 보다 효율적인 연습법 몇 가지를 소개한다.

1) 연습 계획과 방법을 짜는 법

어떤 것을 연습할지 계획하고 이 계획에 따른 효율적인 방법으로 연습하는 것은 골프 향상에 있어 매우 중요하다. **연습 계획을 설정할 때 다음 세 가지를 항상 염두에 두어야 한다. 바로 구축, 강화, 교정으로 자신의 스윙분석과 상황을 고려하여 이에 대한 연습계획을 짜야 한다. 훈련 차트를 만들어 연습 계획에 대한 패턴과 시간을 조율하고 드릴을 포함시켜 자신에게 맞는 연습을 해야 한다.**

① 구축

좋은 스윙 동작과 기본기를 구축하는데 시간과 노력이 투자되어야 한다. 볼을 치는 연습뿐 아니라 거울 앞에서 클럽이나 스윙도구를 가지고 연습 스윙과 동작연습을 한다. 스윙플레인과 균형, 축 등을 신경 쓰며 좋은 원리들을 몸에 입력시키는 단계이다. 리듬을 익히며 모션과 스피드 구축하는 좋은 기본기를 다지는 것은 정확하고 힘 있는 볼의 콘택트를 위하여 매우 중요하다. 이렇게 잘 만들어진 기본기는 구력이 붙을 경우 향상도가 매우 높기 때문에 기본기 구축이 어떻게 되었냐가 골프의 미래를 결정한다.

히팅에 대한 구축도 필요하다. 퍼팅에서부터 드라이버에 이르기까지 많은 히팅 연습은 볼을 치는 능력을 길러준다. 골프는 볼을 치는 게임이다. 아무리 좋은 스윙을 가졌어도 볼을 칠 줄 모르면 소용이 없다. 그렇기 때문에 볼을 많이 치며 콘택트 감각을 익혀야 한다. 그렇다면 이 단계에서 스윙구축이 먼저냐, 히팅이 먼저냐 질문할 수 있는데 답은 골퍼에 따라 다를 수 있다. 히팅은 목표이고 스윙은 이를 위한 과정이기 때문에 연습 비율을 정해야 한다. 다만 컨디션이 안 좋거나 감각이 떨어진 날에는 스윙 구축이 더 효과적이다.

② 강화

어느 정도 구력이 있는 골퍼는 스윙이 만들어지고 나름대로의 스타일이 생길 것이다. **강화는 자신의 스윙에서 잘 되는 것을 추려서 더욱 끌어올리는 훈련이다.** 자신의 일관된 구질을 만들면서 약간의 변화를 주어 다른 구질을 연습한다. 다양한 방법으로 탄도를 만들고 스핀량에 변화를 주면서 탄도와 거리감을 익힌다. 같은 클럽으로 여러 가지 다른 샷을 치면서 다양한 트러블 상황을 연습한다. **일관된 자신의 스윙을 굳히는 것이 이 연습의 가장 큰 목표이지만 아울러 여러 가지 샷 메이킹 능력을 만들고 샷에 대한 아이템을 늘리는 연습이다.**

골프 피트니스나 스트레칭 등 골프 체력을 기르는 연습법도 이에 해당한다. 신체적으로 볼을 칠 수 있는 완벽한 몸이 되지 않으면 기술은 한계를 가질 수밖에 없다. 따라서 좋은 골퍼가 되기 위해서는 하드웨어를 강하게 하고 기술이 들어갈 수 있는 체력훈련을 끊임없이 해야 한다.

③ 교정

스윙이 완벽한 사람은 없다. 잠시 완벽했다고 느낄지라도 계속해서 우리 몸은 미세하게 변화하고 매번 같은 상황을 유지하지는 못한다. 그렇기 때문에 스윙에 대한 교정은 꼭 필요하다. **빨리 손 봐야 하는 것과 시간을 두고 꾸준히 교정해야 하는 것을 정하여 교정을 한다. 원리에 입각하여 효과적인 드릴을 찾아내어 연습한다.** 드릴은 과장되게 연습하는 것이 효과적인데 예를 들어 슬라이스가 많이 나는 사람은 과장된 훅을 치는 법을 연습하면 된다. 한번에 너무 많은 것을 고치려 하지 말고 하나의 프리스윙, 하나의 인스윙 정도를 교정하는 것이 좋다.

훈련차트 작성(예시)

		연습내용	드릴	일일 연습시간	장소
구축	스윙	1. 좋은 백스윙 탑 만들기(4주)	1. 동작훈련, 스윙배트 연습스윙	30분(100회)	타석
		2. 팔로스루 스윙플레인 낮추기(2주)	2. 팔로스루 구분 동작 훈련	30분(50회)	타석
	퍼팅	1. 스윙크기와 스피드 공식 만들기	스윙크기 6개 연습 스피드 감각 만들기	20분	거실
		2. 리듬 만들기	구성(하나-둘) 연습	10분	거실
	숏게임	1. 56도 웨지 70m 샷 만들기	8시 30분 스윙 만들기		인도어
		2. 벙커샷 높은 팔로스루 만들기	선 긋고 모래 때리며 팔로우 연습	20분	벙커
강화	스윙	1. 하이 페이드 연습	구질, 탄도연습	20분(30개)	타석
		2. 로우 드로우 연습	구질, 탄도연습	20분(30개)	타석
		3. 비거리 늘리기	Tee up 훈련	볼 20개	타석
	퍼팅	1. 훅/슬라이스 라인 퍼팅	라인 연습	10분	그린
		2. 내리막/ 오르막 퍼팅	라인 연습	10분	그린
		3. 숏퍼팅	홀인 연습	10분	그린
	숏게임	1. 굴리는 샷 거리감과 터치 연습	콘택트 연습	10분	숏게임장
		2. 띄우는 샷 거리감	훌라후프 이용	10분	숏게임장
교정	스윙	1. 하체 정렬과 셋업 체크	에임, 정렬 교정	상시 연습	타석
		2. 다운스윙 때 아래로 쳐져 인 투 아웃 궤도 수정	동작 연습	20분	타석
	퍼팅	1. 피니시 간결하게	연습스윙	10분	거실, 방
		2. 임팩트 존에서 스트로크 매끄럽게	스트로크 연습	20분	그린
		3. 오른쪽 에임 교정	에임스틱과 정렬 체크	상시 연습	거실, 그린
	숏게임	1. 피치샷 거리감 실수	스윙크기와 스피드 조절	20분	숏게임장
		2. 견고한 터치 안 됨	어드레스 체크	20분	숏게임장

2) 수준에 따른 연습법

① 초보자

골프를 시작한지 얼마 안 되는 초보자들은 일단 연습의 양이 필요한 단계이다. 스윙을 만들고 직접 샷을 하면서 경험적인 훈련에 치중해야 한다. 스윙이 몸에 아직 굳어지지 않은 초보자들은 좋은 스윙 만들기와 반복적인 샷의 연습이 필요하다. 각 클럽별로 나가는 거리를 만들고 방향을 컨트롤하는 연습을 하며 클럽과 볼의 대한 감각을 익혀야 한다. 경험이 부족한 초보 단계이므로 동작 만들기, 기본기 다지기, 콘택트 만들기, 거리내기 등 기본적인 골프기술에 힘써야 한다.

프로들의 스윙이나 플레이를 많이 보고 이미지를 머릿속에 그리면서 좋은 기본기를 갖추는 단계이다. 숏게임과 퍼팅에서도 마찬가지다. 루틴이나, 그립, 셋업에 신경 쓰고 반복적인 동작을 연습해야 한다. 코스에서 OB를 내지 않는 방법이나 거리를 내는 법을 터득하고 터무니없는 어프로치나 3퍼팅을 줄이면 점수를 낮출 수 있다.

② 고수

구력이 어느 정도 있고 스윙이 나름대로 굳어진 골퍼라면 실질적으로 볼을 많이 치는 것보다는 점수를 내는데 필요한 특화된 훈련이나 숏게임, 퍼팅, 벙커샷 등에 치중하는 것이 유리하다. 스윙은 자신의 장·단점을 파악해 고칠 수 있는 것과 가져갈 것을 구별하고 완성도를 높이는 훈련을 한다. 게임별로 디테일한 것들을 챙기면서 점수를 잃지 않는 방법을 터득해야 한다. 벙커샷의 세이브를 늘리고 그린 미스 시 파를 해야 하는 기술들에 대하여 연마해야 한다. 자신보다 더 수준급에 있는 선수들과 플레이를 해 보며 운영에 대한 묘를 배우고 심리 등 골프 기술 외적인 부분까지 챙겨야 한다. 기술을 끌어 올릴 수 있는 체력훈련이나 이미지 트레이닝 멘탈 훈련, 매니지먼트 등이 필요할 것이다.

3) 비거리 연습법

선천적으로 비거리를 많이 내는 골퍼가 있지만 대부분은 훈련과 연습을 통하여 거리를 늘린다. 스윙의 기술 중에 거리와 관련 있는 것들은 스피드, 스윙아크, 정확한 콘택트 등이 있다. 스윙아크는 동작연습을 통하여 스윙의 기본기에서 챙기고, 정확한 콘택트는 여러 가지 스윙 원리들이 적절할 때 나온다.

중요한 것은 스피드인데 이것을 늘리는 연습법을 소개한다. 수준에 따라 연습 비율을 정해 놓고 무조건 스피드를 최대화하여 볼을 치는 것이다. 예를 들어 100개의 볼을 풀스윙으로 연습한다면 10~20개 정도를 최대한 세게 치는 것이다. 볼의 콘택트나 방향, 동작 등을 무시하고 무조건 최대로 치는 연습이다. 평소 자신의 평균 비거리보다 조금이라도 더 칠 수 있도록 한다. 이를 위하여 힙업을 해도 좋고 스윙길이를 길게 해도 좋다. 다양한 클럽으로 할 수 있지만 연습 개수를 정해 놓고 미들 아이언이나 롱 아이언을 가지고 티에 올려놓고 하는 것이 안전하고 효과적이다.

이 연습은 처음에는 몸이 불편하거나 힘들어도 개수를 통제하며 일정 기간이 지나면 몸이 점점 세게 치는 것에 익숙해지고 스피드를 내는 방법을 점차로 알게 된다. 시간이 지나면 자신도 모르게 스피드가 늘어 있음을 느낄 것이다. 이 연습은 인내와 노력이 필요하다. 그렇다고 모든 볼을 최대한의 스피드로 칠 필요는 없다. 부상의 염려와 함께 비효율적인 연습이 될 수 있으므로 개수를 정하여 하는 것이 좋다.

4) 다양한 스윙 연습법

스윙을 연습하는데 일률적인 연습은 효율적이지 않다. 연습장 매트 생긴 대로, 볼 위치도 일정하게, 스윙의 동작과 방향을 외워서 연습한다면 비효율적인 연습이 될 수 있다. 대부분 연습도 자신만의 루틴을 따르기 마련인데 자신에게 필요한 연습을 하는지, 목표에 맞는 연습인지를 고민해 봐야 한다.

연습 조건과 시간에 따라 주제를 정해놓고 연습하는 것이 좋다. 자신의 스윙 중에 단기간에 이룰 것과 꾸준히 향상시킬 것을 구별하여 우선순위를 정해 놓고 연습 계획을 짜야 한다. 수준에 따라 에임연습, 동작연습, 구질연습, 탄도연습 등 다양하고 실전에 필요한 연습을 추가시켜야 한다.

코스에 나가면 풀스윙이 불가능한 상황이 생기고 구질이 필요한 경우도 생긴다. 트러블에도 갈 수 있고 바람이 불 때도 있다. **다양한 상황에 적절한 샷 메이킹 능력은 경기력에 절대적이며 단순히 스윙 메커니즘이 좋은 것과는 별개의 문제이다. 그렇기 때문에 자신의 수준과 능력에 맞는 효율적인 연습루틴은 매우 중요하다.**

효율적인 연습이란 자신의 게임을 올바르게 분석하고 성찰하여 자신에게 보다 필요한 것들을 차곡차곡 채우는 것이다. 골프에서 지름길이란 없다. 보다 효율적인 연습을 통해서만이 우리가 기대하는 샷을 더 많이 칠 것이며 좋은 점수를 얻을 것이다.

참고문헌

- 릭 마티노 외, 한국경제신문, PGA골프 클리닉, 2005

제 2 부

PROFESSIONAL SHORT GAME

– 숏게임, 벙커샷, 퍼팅, 트러블 샷

"숏게임을 잘하는 골퍼는 롱게임을 잘하는 골퍼를 이기는 법이다."

– 바비 존스

제 1 장

숏게임

세계에서 볼을 치는 능력이 가장 뛰어나다고 할 수 있는 PGA투어나 유러피언투어 선수들도 라운드 당 평균 12~13개의 레귤레이션온만을 기록한다. 이는 라운드 당 5~6개의 샷은 그린을 놓쳐 그린 주변에서 치핑이나 피칭, 벙커 등의 플레이로 세이브를 한다는 의미이다. 이렇게 5~6개 정도의 그린을 놓치면서도 언더파 스코어를 유지하는 비결은 아마도 숏게임에 있을 것이다.

데이브 펠츠는 그린을 미스했을 때 파를 세이브하는 능력과 100야드 이내의 게임이 투어프로들의 상금랭킹을 결정한다고 하였다. 그는 퍼팅의 변곡선을 제시하며 퍼팅을 어떻게 하는 것보다는 어디서 하느냐가 더 중요하다고 하여 숏게임의 중요성을 누구보다도 강조했다. 볼 스트라이킹 능력이 아무리 뛰어나도 100야드 이내나 그린 주변의 다양한 어프로치, 그리고 벙커 플레이와 같은 숏게임이 뒷받침되지 않으면 좋은 스코어를 내지 못한다. 결국 그린을 많이 놓치는 주말골퍼나 상금으로 생활하는 투어프로에게나 그린 근처의 샷에서 추가적인 기술을 연마하는 것은 현저히 낮은 스코어를 내는데 틀림이 없는 사실이다. 그렇다면 어떻게 하는 것이 숏게임을 잘 할 수 있는 것일까? 숏게임을 잘 할 수 있는 비결을 한마디로 표현하기는 어렵지만 올바른 기본기를 갖추고 그에 따른 많은 경험과 올바른 연습만이 숏게임을 잘 할 수 있는 방법이 아닐까 한다.

먼저 그린 주변의 어프로치를 성공적으로 하기 위해서는 두 가지 원칙을 알아야 한다. 이 원칙은 Pre-Swing 원칙과 In-Swing 원칙 두 가지로 나누어 설명할 수 있다. 먼저 프리스윙 원칙은 그립, 에임, 셋업을 포함하여 샷을 하기 전에 고려해야 할 여러 가지 조건들을 파악하고 결정하는 과정으로 샷의 성공여부를 결정짓는 매우 중요한 원칙이다. 볼이 처한 사향을 제대로 파악하고 그것에 맞는 가장 성공확률이 높은 샷을 선택하며 그러한 샷을 위한 올바른 세팅은 샷을 하기 이전의 매우 중요한 부분일 수밖에 없다.

인스윙 원칙은 실제적으로 스윙을 하는 과정에서 나타나는 행위적인 요소로서 볼이 얼마나 날아가고 굴러가는지에 직접적인 영향을 주는 원칙이다. 볼의 탄도와 런, 그리고 스핀량 등의 정확한 이해는 세련된 숏게임에 필수적인 부분이다. 아무리 멋진 상상력을 발휘하여 좋은 이미지를 그려도 본인이 의도한 샷을 해낼 수 없다면 아무 소용이 없을 것이다.

누군가 숏게임은 농구에서 리바운드라고 하였다. 슛을 하고 실패하였을 때 리바운드를 따내는 능력은 점수에 지대한 영향을 미친다. 골프 역시 점수내기 게임이다. 멋진 숏게임을 통하여 점수를 낮추는 일은 누구에게나 소망일 것이다. 멋지게 준비하고 세팅하는 프리스윙의 원칙과 세련되게 샷을 처리해내는 인스윙의 원칙을 제대로만 행한다면 누구나 숏게임의 강자가 될 수 있을 것이다.

1 숏게임 handy tips

1) Pre - Swing 원칙

프리스윙 원칙이란 스윙을 하기 전에 먼저 고려해야 할 내용으로 꼭 지켜야 할 사항이다. 숏게임은 볼이 놓여진 다양한 상황과 여러 가지 조건이 펼쳐지며 그에 따른 알맞는 스윙이 필요하다. 그러므로 구사하려고 하는 샷과 프리스윙의 조합은 그야말로 샷의 성공여부에 아주 중요하게 작용한다.

프리스윙은 그립, 에임, 셋업으로 보통 골프의 기본원리로 설명되지만, 숏게임에서 중요하게 생각하는 볼의 라이 파악, 이미지 그리기, 클럽 선택, 그리고 올바른 셋업으로 구성했으며 그립은 여러 가지 샷 소개 부분에서 다루며 에임은 셋업에 포함시켜 살펴보도록 하겠다.

① 볼의 라이와 볼이 있는 경사도를 파악하여 샷을 선택한다

투어프로들은 볼의 라이를 가장 중요하게 생각한다. 이는 볼의 라이에 따라 하려는 샷의 대부분이 결정되기 때문이다. 볼이 잔디에 얼마나 떠 있는지 아니면 가라앉아 있는지, 잔디의 역결에 놓여 있는지 아니면 순결에 있는지, 볼이 잔디에 가지런히 잘 놓여 있는지 아니면 깊이 묻혀 있는지에 따라 샷의 형태가 모두 다르게 나타나기 때문이다.

클럽선택을 하고 볼의 위치를 정하며 셋업을 어떻게 할 것이지 이런 모든 결정의 최우선이 볼의 라이다. 볼의 라이가 중요한 이유는 볼이 콘택트되는 것에 따라 탄도와 볼이 굴러가는 런에 중요한 영향을 미치기 때문이다. 결과적으로 거리를 맞추는 중요한 요소가 된다.

타이트한 라이에서의 샷은 볼이 가지런하게 잔디에 놓여 있는 라이보다 탄도가 낮기 마련이다. 예를 들어 봄철 잔디가 죽은 타이트한 라이에서는 볼의 컨택이 어려울 뿐만 아니라 탄도도 매우 낮게 나간다. 따라서 멋진 플럽샷의 시도는 좋은 선택이 될 수 없고 때로는 무모하기까지 하다. 따라서 볼의 라이가 좋을 때는 어떤 샷도 가능하지만 라이가 안좋을 때는 샷의 선택이 줄어든다는 것을 알아야 한다. 때문에 볼이 어떤 라이에 놓여 있는지 세심한 라이 체크는 숏게임에서 매우 중요한 사항이다.

어떤 샷을 칠 것인지를 선택할 때 한 가지 좋은 방법은 가장 안전한 샷과 자신이 가장 잘 할 수 있는 익숙한 샷을 선택하는 것이다. 미스를 하여도 그것을 최소화할 수 있고 보다 간단한 방법으로 쉽게 구사할 수 있는 선택이 좋은 방법이다. 이런 선택을 함에 있어 볼이 어떠한 라이에 놓여 있는지를 파악하는 것은 매우 중요한 과제이다. 많은 하이 핸디 캡퍼들이 프로들보다 세련된 어프로치를 못하는 이유 중에 하나는 바로 이러한 볼의 라이를 별로 대수롭지 않게 생각하고 스윙에만 신경을 몰두하는데 있다.

② 샷이 선택되면 얼마큼 띄울 것인지 얼마큼 굴릴 것인지를 상상한다

성공적인 숏게임을 위해서는 여러 가지가 고려되어야 하지만 먼저 정확한 터치를 통한 캐리와 런의 비율을 잘 알고 이를 조절해야만 한다. 이런 캐리와 런의 조절은 볼이 나아갈 이미지를 통하여 그려진다. 모든 샷은 이미지의 산물이라고 해도 과언이 아닐 정도로 골프에서 이미지를 그리는 것은 매우 중요하다.

볼 뒤에서 볼이 어떤 탄도로 어디에 떨어지며 또 그 떨어진 볼이 홀을 향해 어떻게 굴러갈 것인지를 구체적으로 상상하며 이미지를 그리는 작업이 수반되지 않으면 성공적인 어프로치를 기대하긴 힘들다.

잭 니클라우스 선수는 전성기 시절에 하려는 샷의 이미지가 그려질 때까지는 절대로 샷을 하지 않았다고 한다. 아주 당연한 얘기 같지만 볼이 놓인 상황이나 자신의 숏게임 실력을 잘 적용하여 이미지를 제대로 그리는 작업은 의외로 쉽지 않다. 훨씬 더 쉽고 안전한 어프로치를 뒤로 하고 어렵고 자기가 익숙한 샷의 이미지만을 그리는 골퍼가 주위에는 의외로 많다. 라운드를 나가서 캐디에게 "나는 그린 주변에서는 무조건 샌드웨지를 주면 돼!"라고 외치는 골퍼의 핸디캡은 아마도 그리 낮지는 않을 것이다.

이미지를 복잡하게 그릴 필요는 없다. 이미지를 단순하게 그리는 방법을 하나 소개하면 다음과 같다. 우선 볼과 핀의 위치 사이에서 중간지점이 어디인지 알아보고 그 지점에 볼을 떨어뜨리는 연습을 해본다. 이것은 캐리와 런의 비율을 1 : 1로 생각하며 하기 쉬운 가장 단

순하고 편한 방법이다.

52도 웨지를 사용하여 볼을 스탠스 가운데 놓던지 56도를 가지고 볼을 오른발에 놓던지 볼의 라이에 따라 약간 다르게 하여 1 : 1 어프로치를 해보면 자기만의 캐리와 런의 기준법이 생긴다. 다만 오르막이나 내리막에서는 그 비율을 조정해야 한다. 같은 클럽으로 같은 형태의 샷을 하여도 오르막과 내리막에 따라 이 비율은 다르게 나타나기 때문이다. 이러한 방법은 나름대로 상황에 따라 캐리와 런의 비율을 계산하는데 매우 효과적이다.

이미지를 상황에 맞게 그리는 것은 샷을 하기 이전에 꼭 수반되어야 한다. 위대한 선수일수록 상상력이 풍부하며 그 상황에 가장 잘 맞는 이미지를 구체적으로 그리는 능력이 탁월하고 그 이미지대로 샷을 구사한다. 많은 사람들이 모두 필 미켈슨 선수가 구사하는 마술 같은 숏게임을 부러워한다. 아마도 그의 환상적인 숏게임의 비결은 어쩌면 훌륭한 이미지를 그리는 풍부한 상상력에 있는지 모른다.

③ 상상한 이미지에 맞게 칠 클럽을 선택한다

골퍼에 따라 갭 웨지나 샌드웨지 아니면 피칭웨지 등으로 상황에 맞게 다양한 클럽 선택을 하는 경우도 있지만 클럽 선택의 대부분은 위의 기술한 볼의 라이 파악과 이미지를 그리는 것이 중요한 결정의 요인이 된다. 어떠한 클럽을 선택하느냐에 따라 샷의 형태나 성공률이 달라짐은 명백하다.

볼의 라이나 상황에 맞는 이미지에 부합되는 샷을 하기 위해서는 클럽 선택이 매우 중요하며 이는 오랜 경험이나 프로의 지도로 빠르게 습득할 수 있다. 하지만 다양한 웨지를 상황에 맞게 적절히 사용하는 능력은 사실 쉽게 얻어지는 것은 아니다. 또한 각각의 클럽이 가지고 있는 특성을 제대로 파악하여 거리를 조절하는 것 역시 오랜 경험과 연습이 필요하다.

한 클럽을 가지고 다양한 거리를 처리하는 것과 상황에 따라 여러 개의 클럽을 다양하게 사용하는 것은 항상 선택의 몫일 것이다. 클럽 선택을 하는데 있어 자신만의 몇 가지 원칙을 정해 놓으면 클럽 선택이 쉬워진다.

첫째, 웨지 선택에서 가장 먼저 고려되어야 할 것이 로프트이다. 로프트에 따라 볼의 탄도는 달라진다. 당연한 얘기 같지만 볼이 많이 뜨면 덜 굴러가고 낮게 가면 더 굴러가기 마련이다. 이 단순한 진리를 올바르게 이해한다면 클럽 선택이 조금은 쉬울 것이다. 로프트가 중요한 이유는 스윙의 인위적인 조절을 통하여 탄도를 조절하는 것보다 클럽이 가지고 있는 고유의 로프트를 이용하여 탄도를 조절하는 것이 더 쉽기 때문이다.

둘째, 라이각을 이해해야 한다. 같은 골퍼라도 라이각에 따라 볼의 방향이 조금씩 달라진다. 또한 스틸 샤프트인 경우의 웨지는 라이각을 주기적으로 점검받아야 한다. 52도 갭 웨지는 방향성이 좋은데 56도 샌드웨지는 잘 맞지도 않고 방향이 엉망이면 라이각을 체크해 보아야 한다. 샤프트를 세워 라이각을 크게 할 때와 샤프트를 눕혀 라이각을 작게 하여 치는 샷은 분명히 다르게 나타난다.

샷의 형태에 따라 라이각을 취하는 어드레스가 달라진다. 예를 들면 굴리는 어프로치를 할 경우에는 라이각을 많이 세워서 어드레스를 취하는 것이 좋은 방법이다. 보다 볼에 가깝게 서며 라이각을 세워서 헤드의 힐 부분이 들릴 것 같은 이미지의 어드레스가 더 스윙을 쉽게 하며 볼을 굴리기가 유리한 어드레스이다. 이처럼 라이각에 대한 올바른 이해와 적용이 중요하다.

셋째, 바운스를 알아야 한다. 바운스는 샌드웨지뿐 아니라 갭 웨지에도 있다. 맨땅에서의 샷이나 플럽샷 같은 경우에 바운스의 영향을 많이 받는다. 예를 들어 잔디가 타이트하거나 맨바닥인 라이에서의 샷을 처리할 경우 바운스가 큰 클럽의 선택은 화를 자초할 수 있다. 클럽의 페이스 면이 볼을 치기 전에 바운스가 먼저 지면에 닿아 클럽이 튕기게 되면 심한 탑핑 샷을 가져올 수 있기 때문이다.

웨지의 바운스를 선택할 때 모래에서 폭발적인 벙커샷은 바운스가 큰 클럽이 유리하고 어프로치를 많이 하는 클럽은 바운스가 적은 것이 유리하다. 어쨌든 선택의 몫이며 자신에게 유리한 클럽을 선택할 수밖에 없다.

자신이 사용하는 클럽의 로프트와 라이각, 바운스를 이해하고 상황에 맞게 클럽 선택을 한다면 훨씬 더 세련된 숏게임으로 가까운 거리에서 퍼팅을 하는 경우가 많아질 것이다.

④ 볼 위치와 스탠스 폭을 정한다

숏게임에서 볼 위치가 중요한 이유는 치려는 샷의 탄도나 구질이 볼 위치에 따라 달라지기 때문이다. 같은 클럽을 갖고도 볼 위치가 오른편에 위치하면 로프트가 상쇄되어 탄도가 낮아지며 반대로 볼 위치가 왼편에 위치하면 로프트가 커지면서 볼이 뜬다.

볼 위치는 탄도를 다르게 만들지만 특별한 상황을 제외하고는 같은 클럽을 가지고 볼 위치를 많이 변화시키는 것보다 볼 위치를 항상 같은 자리에 주며 클럽을 바꿔서 자연스러운 로프트를 이용하는 것이 더 수월한 방법이다. 하지만 이 역시 어떤 것을 선택할지는 자신이 잘 하는 것과 경험에 따라 달라질 수밖에 없다.

볼 위치를 항상 같은 자리에 두며 치는 방법은 초보자에게 특히 유리하며 볼의 견고한 콘택트를 할 수 있게 도와주고 각각의 클럽에 대한 로프트를 이해하는데 효과가 있다. 이러한 절차를 통하여 어느 정도 탄도와 거리감이 생기면 볼 위치와 로프트를 다르게 변화를 주며 응용 연습을 하는 것이 더 효과적인 방법이다.

프로들이 같은 상황에서도 볼을 뒤쪽에 놓고 뱀프 앤 런 샷을 칠 것인지 아니면 볼 위치를 앞쪽으로 놓고 피치샷을 칠 것인지를 고민하는 상황이 생긴다. 이럴 때 프로마다 선택은 달라지는데 볼의 라이와 홀의 상황을 종합하여 보다 확률이 높은 샷을 선택하게 된다.

볼을 목표 방향의 뒤편에 놓으면 클럽의 로프트는 작아져 볼이 낮게 가며 런이 많아지고 하체의 이동을 많이 하지 않아도 볼의 콘택트를 쉽게 해준다. 반면 볼을 앞쪽으로 놓으면 그만큼 로프트는 증가하여 볼이 뜨게 마련이며 보다 많은 하체의 리드를 요구하며 다운블로의 샷은 어려울 수밖에 없다. 이처럼 볼의 위치는 구질과 볼의 콘택트에 매우 중요한 요소이다.

굴리는 샷의 볼 위치와 헤드 모양

띄우는 샷의 볼 위치와 헤드 모양

스탠스 폭의 조절은 스윙의 크기와 하체의 연결성과 관련이 깊다. 처리할 거리가 멀다면 당연히 스윙의 크기는 커질 것이다. 이에 따라 스탠스 폭도 변화를 주어 넓이를 조절하면 자연스런 하체의 연결성을 높일 수 있다. 짧은 어프로치에서 스탠스 폭을 너무 넓게 하는 것은 딱딱한 상체 스윙을 야기하여 경직될 수 있고, 반대로 커다란 스윙이 필요한 경우 너무 좁은 스탠스 폭은 안정감을 떨어뜨리며 자연스러운 스윙을 방해한다.

작은 스윙은 하체를 고정하고 상체의 회전을 이용하여 처리하고 커다란 스윙은 자연스러운 하체의 리드와 이동을 통하여 스윙하는 것이 보기도 좋고 자연스러운 스윙이다. 결론적으로 스윙의 크기에 맞는 스탠스 폭의 조절은 자연스러운 스윙과 보다 좋은 결과를 위하여 꼭 고려해야 할 사항이다.

⑤ 시도하려는 샷에 알맞은 셋업을 취한다

골프의 모든 샷이 그렇겠지만 어프로치의 경우 셋업을 어떻게 하느냐에 따라 샷의 성패는 좌우된다. 치려고 하는 샷이나 지형에 맞게 셋업을 취하지 못하면 그 샷은 이미 치기도 전에 실패의 확률이 높아질 수밖에 없다.

셋업은 몸의 자세와 에임으로 설명된다. 먼저 **몸의 자세는 척추각도의 높이, 양 어깨의 모양, 손의 위치, 무릎의 위치, 발의 모양 등 샷을 하기 위해 취해지는 전체적인 몸의 자세라 할 수 있다.** 이러한 몸의 자세는 볼이 위치한 상황에 적절하고 또한 샷의 이미지에 맞는 몸의 자세를 뜻한다. 만약 굴리려는 샷을 시도하는데 오른 어깨를 많이 낮추고 손의 위치를 뒤로 한다면 이것은 의도한 샷에 맞는 셋업이라고 할 수 없다.

어프로치에서의 에임은 보통 오픈스탠스를 많이 취하는데 이는 볼이 가는 방향에 조금 더 몸의 자세가 자연스럽게 하기 위해서다. 좌측 발과 다리가 목표에 약간 오픈되면 스윙하는 동안 손이 자유롭게 움직일 수 있으며, 몸의 회전 역시 자연스럽게 팔로우와 피니시를 취할 수 있다. 하지만 이것도 어디까지나 정도의 문제이다.

굴리는 샷의 경우 발은 약간 오픈되지만 골반이나 어깨는 목표에 평행하게 취하는 것이 유리하다. 굴리는 샷에서 몸의 자세가 모두 오픈되면 볼이 깎이거나 불필요한 스핀이 걸릴 수 있기 때문이다. 이처럼 몸의 자세와 에임은 정확한 콘택트와 함께 상황에 따른 가장 중요한 고려사항이다.

샷을 실제로 하기 이전에 이러한 올바른 자세와 에임은 스윙 못지않게 중요한다. 셋업의 중요성 인식은 물론 셋업의 기본기가 얼마나 잘 갖추어져 있느냐는 프로와 아마추어의 차이를 가장 극명하게 보여주는 부분이라 할 수 있다. 프로의 셋업을 보면 뭔가 짜임새가 있

굴리는 샷

띄우는 샷

고 견고한 느낌이지만 하이 핸디캡을 가진 아마추어의 경우 허술하고 시도하려는 샷에 전혀 어울리지 않는 자세를 취하는 것을 많이 본다. 이러한 잘못된 자세는 설사 잘 된 샷이 나왔더라도 그 잘못된 자세를 만회하려는 보상동작의 결과로 밖에 볼 수 없는 샷이라 일관성을 보장받을 수 없게 된다.

성공적인 숏게임을 위해서는 치려는 샷에 따라 바르게 셋업하는 방법을 배워야 하며 이는 맨 처음 골프를 접하는 초보자부터 숙련된 프로에 이르기까지 계속해서 체크해야 할 사항이다.

샷을 하기 전에 상황을 파악하고 가장 적절한 것을 선택하며 올바른 샷의 준비 자세를 살피는 것이 실제로 샷을 하는 것 이상으로 중요하다. 이러한 준비는 꼼꼼하고 세심하게 이루어져야 하며 전문가의 도움을 받거나 거울을 통해서라도 만들어야 하며 자신만의 일정한 노하우나 루틴이 생길 때까지 연습하고 습관화되어야 한다.

2) In-Swing 원칙

이 원칙은 실제로 샷을 하는데 필요한 기술적인 원칙이다. 목표로 하는 샷을 성공하기 위하여 어떻게 스윙할 것인가에 대한 관찰로서 가장 고려해야 할 기술적인 원리이다. PROFESSIONAL SWING에서 제시한 인스윙에 관한 원리는 수없이 많지만 여기서는 스윙크기와 스피드, 헤드의 접근각도, 코킹과 스윙궤도, 그리고 리듬에 대한 내용을 다루려고 한다. 이러한 내용들은 실질적인 스윙에 필요한 기본적이면서도 매우 중요한 원칙일 수 있다.

① 스윙 크기와 스피드 조절

볼을 핀에 근접시키지 못하는 이유는 수도 없이 많겠지만 함축적으로 그 원인을 좁힌다면 거리와 방향의 문제일 것이다. 이 중에서도 100야드 이내의 숏게임을 잘하기 위해서는 방향보다 거리를 맞추는데 더 신경 써야 한다. 특히 그린 주변에서의 숏게임은 이러한 점이 더욱 두드러지게 나타나는데 대부분 실수를 했을 경우 방향보다 거리가 문제인 경우가 많다.

거리의 조절은 스윙의 크기나 스피드 조절에 가장 영향을 많이 받는다. 스윙의 크기가 커지고 스피드가 높아지면 당연히 거리는 멀리 나갈 것이다. 그러나 거리를 조절함에 있어서 스윙크기와 스피드 조절은 보통 반비례하게 구사된다. 같은 거리를 치려할 때 스윙크기가 크면 스윙스피드는 줄게 마련이고 스윙이 작으면 거리를 내기 위해 스피드를 빨리 하게 되기 때문이다.

짧은 거리를 처리함에도 너무 큰 스윙을 하여 다운스윙에서 가속을 내지 못하는 경우나 너무 작은 스윙으로 임팩트만을 너무 강하게 하여 볼을 통제하지 못하는 경우 모두 그리 바람직하지는 않다. 중요한 것은 이 두 가지를 적절하게 조절하는 것이다.

먼저 **자기에게 맞는 일관된 스윙크기를 만들고 거리에 따라 스피드를 점점 빠르게 만드는 것이다. 매 샷마다 스윙의 크기와 스피드를 달리하는 것만큼 어려운 것도 없지만 일관된 리듬을 위해서는 이것이 필수이다.** 가령 스윙크기는 다른데 스피드를 매번 같게 한다면 스윙크기에 따라 거리의 편차가 너무 적어 처리해야 할 거리 편차가 너무 많을 것이고 스윙크기에 맞는 효율이 떨어질 것이다.

따라서 퍼팅이나 숏게임은 특히 일관성 있는 리듬이 중요한데 이것이 선행되어야만 스윙크기에 따른 스피드에 변화를 주어 거리감을 잡을 수 있다. 적당한 스윙크기가 만들어지고 일정한 리듬의 스피드를 가진다면 거리감은 당연히 좋아질 것이다.

스피드는 스핀량에도 영향을 미치는데 천천히 부드럽게 친 샷보다는 강하게 스피드를 내어 친 샷이 훨씬 스핀이 많이 걸린다. 기술적으로 매우 뛰어난 투어프로들은 의도적으로 스피드를 달리하여 스핀량을 조절한다. 예를 들어 핀 위치가 그린의 앞쪽에 위치할 경우 의도적으로 짧은 백스윙에 빠른 다운스윙을 구사하여 볼에 스핀을 더해 런이 없는 샷을 친다. 하지만 초보자인 경우에는 스핀량을 조절하는 방법을 터득하기란 쉽지 않다. 먼저 스윙크기에 관계없이 일관된 리듬의 스피드 연습을 통하여 거리감을 터득하는 것이 우선이다. 기본적인 스윙크기와 스피드조절을 통한 거리감을 익히고 경험이 쌓인다면 볼을 다루는 능력은 저절로 향상될 것이다. 스윙크기와 스피드조절은 숏게임의 기본일 수밖에 없다.

다양한 스윙크기의 숏게임

② 헤드 접근각의 올바른 이해

스윙이 어떠한 각도를 만들어내며 볼을 맞추느냐에 따라 탄도와 스핀량은 달라진다. 각 웨지는 고유의 로프트가 있는데 어드레스 시 취했던 로프트가 임팩트에서도 그대로 유지되면서 볼을 맞추는 것이 중요하다. 그래야만 원하는 캐리와 런을 만들 수가 있다. 볼을 다루는 데 있어 가장 중요한 것은 아마도 탄도와 스핀량 조절일 것이다.

탄도와 스핀은 스윙크기와 결합하여 거리를 결정하는 중요한 열쇠가 된다. 가파른 각도에서 예각으로 눌러 치는 샷은 스핀이 많이 걸리고 탄도가 낮을 수밖에 없다. 반면에 완만한 각도에서 부드럽게 지나가는 샷은 로프트를 충분히 이용하여 탄도가 충분하고 스핀이 적어 런이 발생한다.

원하는 로프트대로 볼을 가격하려면 먼저 볼의 위치를 확인하고 볼을 향해 들어오는 헤드의 궤도를 이해해야 한다. 볼에 헤드가 접근하면서 만들어내는 각도를 헤드의 접근각이라 하는데 아무리 좋은 크기의 스윙을 하여도 헤드의 접근각이 달라지면 볼을 핀에 붙일 수가 없다. 헤드의 접근각은 볼이 맞은 이후 잔디의 디봇을 통하여 알 수 있다. 디봇이 깊으면 접근각이 가파르게 형성된 것이고 디봇이 얇으면 완만한 각도로 샷이 된 것이다. 헤드의 접근각을 달라지게 하는 원인은 대개 볼의 위치와 손의 위치나 손의 모양으로 결정된다.

볼의 위치가 보다 오른편에 있으면 그만큼 가파른 스윙이 유도되며 디봇이 많이 나고 스핀이 많이 걸리는 샷이 될 수밖에 없다. 반면 볼이 왼편에 위치하면 그만큼 다운스윙이 원만해지며 올려치는 형태가 되어 스핀량이 떨어진다.

손의 위치도 임팩트 때 왼쪽으로 많이 치우치면 로프트가 없어지고 가파른 스윙이 유도된다. 반면에 임팩트 때 양손이 위치가 오른편으로 치우치면 로프트가 커지고 둥그렇고 원만한 스윙이 되기 쉽다. 한편 양손의 모양도 볼 쪽으로 꺾여 있다면 로프트가 작아져 볼이 낮

기본적인 피칭 앤 런 샷

게 가며, 반대로 몸 쪽으로 꺾여 있으면 로프트는 커지는 효과가 있어 띄우는 샷을 칠 때 유리하다.

볼의 스핀에 영향을 주는 또 다른 요소는 클럽 페이스 모양이다. 임팩트 이후에 손동작에 따라 클럽 페이스 모양은 다르게 나타나는데 만약 페이스 면이 하늘을 향한다면 스핀을 많이 주거나 런을 자제한 샷이라 할 수 있다. 반면 헤드가 자연스럽게 회전하며 목표 쪽으로 닫힌 모양이 된다면 일반적인 칩샷과 같이 헤드의 로프트를 그대로 반영한 샷일 것이다. 손목 사용의 자제를 강조한 나머지 클럽 페이스가 하늘을 향한 피니시는 런이 없는 띄우는 샷의 기본 동작이다.

샷에 있어 스핀량은 헤드의 스피드나 가격 형태에 따라 다르게 나타난다. 또한 잔디에 따라서도 매우 불규칙하여 완벽하게 조절하기란 쉽지 않다. 그러므로 의도적인 스핀을 주는 샷보다 로프트만을 이용한 자연스런 스핀을 활용하는 어프로치를 먼저 터득하는 것이 더 현명한 방법이다.

③ 코킹의 이해

어프로치를 잘하기 위해서 코킹을 해야 하나, 아니면 하지 말아야 하나? 이 질문의 정답은 **코킹은 상황에 맞게 할 때와 하지 않아도 될 때를 잘 구별하는 것이 중요하다. 러프에서의 샷이나 플럽샷, 높이 띄우는 피치샷 같은 것은 손목 사용이 불가피하다. 하지만 짧은 거리의 기본적인 숏게임에서는 코킹을 자제하며 손과 헤드가 같이 움직이는 형태의 어프로치가 더 유리하고 구사하기가 쉽다.**

거리에 따라서도 코킹의 유무는 결정된다. 예를 들어 샌드웨지로 90야드를 치는데 코킹이 없다면 매우 힘들 것이다. 이처럼 성별이나 기량에 따라서 차이는 있는데 보통 30야드 이내의 샷에서는 코킹 없이도 처리가 되지만 그 이상의 거리가 되면 스윙이 커지면서 코킹은 꼭 필요하게 된다.

스윙의 형태도 코킹을 한 샷과 코킹이 없는 샷은 조금씩 다르게 나타난다. 보통 코킹을 한 샷은 임팩트 이후 절제된 팔로스루를 하며 예각으로 볼에 헤드가 접근된다. 따라서 스핀량이 많아지고 스피드가 가속된다. 반면 코킹이 자제된 샷은 헤드가 원만한 각도를 그리며 볼에 접근하고 목표를 향한 부드러운 팔로스루를 취한다. 따라서 볼이 부드럽게 나아가며 스핀량도 적다. 다만 코킹을 많이 하는 샷은 부드러운 손목 사용이 필요하며 스윙의 크기를

굴리는 샷의 삼각형 구도

띄우는 샷의 삼각형 구도

조절하기 어렵고 정확한 임팩트를 가져가기가 어려워 많은 경험과 연습이 필요하다.

코킹이 필요 없는 어프로치는 손과 헤드가 같이 움직이는 스윙의 형태를 띤다. 셋업 때 만들어진 양팔의 삼각형 구도와 왼 손목의 각도가 스윙하는 동안 내내 그대로 유지되어야 한다. 또한 왼팔과 샤프트가 이루는 일직선의 모양이 그대로 임팩트까지 이루어져야 좋은 샷을 기대할 수 있다. 헤드로 볼을 너무 찍어 치려거나 오른손으로 볼을 띄우려고 들어 올리는 동작은 좋지 않다. 이렇게 되면 정확한 임팩트가 되지 않고 되었다 하더라도 스핀량 조절이 되지 않아 거리를 조절하기가 어렵다.

④ 올바른 스윙 궤도

숏게임에서도 스윙의 궤도는 볼의 방향과 터치에 중요한 영향을 미친다. 스윙의 궤도는 보통 손과 팔의 움직임에 따라서 다르게 나타날 수 있다. 클럽을 기본적으로 움직이는 것은 손과 팔이다. 몸은 보조 역할이라 할 수 있다. 손과 팔의 동작이 헤드를 안으로 들 수도 있고 바깥쪽으로 들 수도 있으며 가파르게 들 수도 있고 내밀어 들 수도 있다. 이처럼 기본적인 스윙의 궤도 형성은 손과 팔동작이 좌우한다. 따라서 올바른 손과 팔의 동작을 익힌다면 좋은 궤도를 가질 수 있다. 하지만 이것이 전부는 아니다.

스윙을 몸으로 해야 하는가, 아니면 손이나 팔로 해야 하는가에 대한 논의는 오랫동안 계속해서 이루어지고 있다. 샷에 따라 다르겠지만 가장 좋은 대안은 어느 쪽으로도 치우치지 않는 몸과 손, 팔의 협응된 움직임이다. 숏게임에서는 클럽이 손과 팔에 견고하게 연결되어 있다면 손의 감각을 살리면서 팔을 이용하는 스윙이 좋다.

숏게임에서 너무 스윙을 몸으로만 하려고 한다면 손과 팔의 동작이 경직되거나 스윙이 부자연스러워 좋지 않다. 손과 팔을 자연스럽게 쓰며 손목이나 팔꿈치 같은 연결 고리가 견고하게 잡혀 있다면 감각이 좋은 손과 팔의 느낌을 최대한 살리는 동작이 좋은 것이다.

스윙의 궤도는 어드레스가 어떻게 세팅되느냐에 따라서도 다르게 나타난다. 볼과 너무 먼 셋업은 인 투 인의 원에 가까운 라운드 스윙을 하게 되어 방향성의 문제와 탑핑의 위험성이 있다. 또 너무 가까운 셋업은 아웃 투 인 스윙이나 가파른 궤도를 유발하여 너무 찍히거나 생크 샷을 유발한다. 보통 굴리는 샷이나 가까운 거리의 샷에서는 볼을 가까이 놓으며 퍼팅에 가까운 샷을 하고 띄우는 샷이나 거리가 먼 샷의 경우에는 볼을 좀 더 몸에서 멀리 놓는 것이 유리하다.

셋업 때 샤프트의 라이각 세팅이 어프로치에서는 중요한데 보다 굴리는 샷에서는 샤프트를 세워주는 셋업이 유리하며 띄우는 샷에서는 샤프트를 뉘어주는 셋업이 좋다. 샤프트를 세우게 되면 볼이 몸에 가깝게 되며 일직선의 스트로크가 쉬워지고 볼을 터치하기가 쉽다. 반면에 샤프트를 누이면 볼이 멀리 놓이며 스윙을 크게 하기가 유리하고 로프트를 크게 하여 띄우는 샷을 처리하기가 쉬워진다.

스윙의 궤도는 어떤 샷을 칠 것인지 또는 어떻게 셋업했는지에 따라 다르게 나타날 수밖에 없다. 셋업의 다양한 변화와 궤도의 연습은 정확한 볼 가격과 함께 숏게임의 재미를 가져다 줄 것이다.

굴리는 샷

띄우는 샷

⑤ 리듬

모든 운동에 있어 좋은 리듬은 필수일 것이다. 리듬은 오직 시간의 개념이다. 일관된 리듬이란 일정한 시간에 백스윙과 포워드스윙의 분배를 일정하게 하는 것이라고 할 수 있다.

만약 같은 웨지 샷의 경우 100야드와 50야드의 스윙의 크기는 차이가 있을 수밖에 없다. 그렇다면 100야드 샷과 50야드의 샷이 스윙크기가 달라 백스윙을 시작하여 볼이 맞는 순간까지 걸리는 시간이 다를까? 프로들이나 선수마다 모두 다른 대답을 할 수 있겠지만 일관된 리듬으로 두 샷을 설명한다면 시간은 같아야 한다. 그렇다면 스윙크기가 다른데 어떻게 시간이 같을 수 있는가라는 의문을 가질 수 있다.

결론부터 얘기한다면 답은 바로 스피드에 있는 것이다. 스윙크기가 다르다 하더라도 같은 시간 안에 볼을 쳐야 하기 때문에 스피드가 달라지는 것이다. 이것은 드라이버 샷과 웨지 샷의 리듬에도 똑같이 적용된다. **같은 리듬으로 친다는 것은 스윙 크기나 궤도에 상관없이 일정한 시간에 친다는 의미이므로 모든 샷의 걸리는 시간은 똑같은 것이다. 만약 스윙 크기나 궤도에 따라 시간이 달라지게 볼을 친다면 매번 스피드에 대한 고민과 함께 리듬이 뒤죽박죽되어 타이밍도 엉망이 될 것이다.**

숏게임을 잘하기 위해서는 거리감이 좋아야 하는데 거리감에 영향을 주는 요소는 스윙크기와 스피드, 그리고 정확한 임팩트이다. 임팩트는 여러 가지 연습을 통하여 좋아진다고 보았을 때 스윙크기와 스피드 조절은 매우 개인적이면서도 중요할 수밖에 없다. 스피드를 모두 같게 하면서 스윙크기만을 다르게 하면 거리마다 스윙크기가 달라져야 하고 비효율적이 될 것이다. 스윙크기가 커짐에 따라 스피드도 점진적으로 빠르게 스윙하는 것이 가장 바람직한데 이때 리듬이 매우 큰 작용을 한다. 개인적인 감각으로 스피드를 조절하지만 이 감각은 리듬에 기초하여 스피드를 조절해야 한다.

백스윙에서 걸리는 시간과 포워드스윙에서 걸리는 시간의 조절은 리듬을 결정하는 중요한 열쇠인데 스윙크기와 관계없이 이것을 일관되게 만들어야 한다. 리듬감을 좋게 하는 연습은 스윙의 원리에서 타이밍의 내용을 참고하면 좋을 것이다. 어쨌거나 일관된 리듬의 스피드를 가지고 스윙크기를 조절한다면 원하는 거리를 칠 수 있으며 타이밍이 좋아져 더 성공적인 숏게임을 할 것이다.

숏게임을 위한 드릴

1) 세 손가락 연습

클럽을 왼손으로 잡고 오른손은 엄지, 검지와 중지를 잡고 연습한다.
이 연습은 왼손 리드에 도움을 주며 오른 손목이 풀리는 것을 방지한다.

2) 에임 스틱 연습

왼손에 클럽과 함께 에임 스틱이나 빈 샤프트를 같이 잡고 샷을 한다. 불필요한 손목의 움직임을 자제시키고 양팔의 삼각형 구도를 유지시켜주는 연습이다.

3) 헤드커버 연습

볼 뒤쪽에 헤드커버나 막대기를 놓고 연습한다. 이 연습은 걷어 치는 샷을 방지하여 올바른 다운블로의 샷을 유도한다. 손으로 볼을 띄우려는 나쁜 동작을 없애 준다.

4) 뒷발 빼기 연습

셋업 때 왼발은 정상적으로 놓고 오른발을 뒤쪽으로 많이 빼어 왼발만으로 셋업한 후 연습한다. 이 연습은 체중을 왼발로 미리 실어 놓아 자연스러운 다운블로샷을 가능하게 해주며 불필요한 체중이동을 방지한다.

5) 디봇내기 연습

볼을 치면서 디봇의 두께를 다르게 내는 연습을 한다. 이 연습은 볼을 향해 들어오는 접근각도를 달리하여 볼의 탄도와 스핀량을 조절하는 능력을 키운다. 이 연습은 캐리와 런을 일정하게 하여 거리 조절에 도움을 준다.

2 피치 앤 런샷

1) 특징

- 가장 많이 하게 되는 어프로치이면서 비교적 쉽게 샷을 구사할 수 있다.
- 상황에 따라 캐리와 런의 비율을 계산하여 거리를 맞추기 쉽다
- 볼의 놓인 라이와 샷 형태에 따라 클럽 선택을 한다.
- 작은 스윙으로 긴 거리도 처리할 수 있어 샷의 위험성은 적지만 볼이 놓인 라이의 영향을 많이 받는다.

2) 샷의 요령

① 클럽은 보통 52°, 56° 웨지를 사용한다. 볼이 놓인 상황이나 볼이 떨어져 구르는 상황에 따라 클럽 선택은 달라진다.

② 볼의 위치는 오른발 안쪽에 놓는다. 이렇게 하면 자연스럽게 손의 위치가 왼쪽 허벅지 정도에 위치하여 다운블로의 샷이 쉬워진다. 하지만 이러한 핸드퍼스트 자세를 너무 과하게 하면 상체를 중심으로 양팔이 이루는 삼각형 구도가 너무 왼쪽으로 치우쳐 백스윙이나 임팩트에 안 좋은 영향을 끼칠 수 있어 정도껏 해야 한다.

③ 왼팔과 샤프트가 일직선이 되는 느낌으로 셋업하며 삼각형 구도가 상체의 몸 안쪽에 위치하도록 한다.

④ 하체의 체중은 왼쪽으로 더 두며 양쪽 무릎 방향이 왼편으로 비슷한 방향을 향하게 한다.

⑤ 스탠스는 왼발을 약간만 뒤로 빼서 오픈스탠스를 취하지만 골반이나 어깨의 방향은 상황에 따라 정도껏 오픈한다.

⑥ 상체의 모양은 오른쪽 어깨가 너무 낮지 않게 주의한다. 너무 낮게 셋업하면 볼을 걷어 치는 미스를 범하기 쉽고 좋은 임팩트를 가짐에도 원하는 런이 발생하지 않을 오류가 있는데 이를 막기 위함이다.

⑦ 오른 손목의 각도가 변하지 않게 샷을 한다. 30야드 이내의 짧은 숏게임은 손목의 움직임을 자제하여 일관된 임팩트를 가져가야 한다.

⑧ 어드레스 때의 양팔의 삼각형 구도를 유지하며 샷을 한다. 이 삼각형 구도를 유지하며 스윙하는 것은 미세하지만 손과 팔의 자연스러운 회전을 전제로 움직여져야 한다.

⑨ 백스윙보다 다운스윙 때에 부드럽게 가속한다. 거리에 맞는 스윙크기를 정하고 리듬에 맞추어 스피드를 조절한다. (하나--둘의 이미지를 활용한다.)

⑩ 너무 가파른 포워드스윙으로 박아서 치지 말고 자연스러운 스윙으로 다운블로 샷이 되게 한다. 만약 너무 눌러 치면 스핀량이 많아져 캐리가 같아도 런이 다르게 발생하여 거리를 조절하기 어렵다.

⑪ 백스윙보다는 팔로스루를 조금 더 크게 한다.

⑫ 헤드의 페이스 모양이 임팩트 이후 하늘을 향하지 않고 회전되도록 한다. 이렇게 해야 자연스러운 런이 발생한다.

⑬ 캐리와 런의 비율을 50 : 50으로 기준하여 구사하고 상황에 따라 비율을 다르게 계산하여 샷을 한다. 예를 들어 오르막일 때는 캐리의 비율을 더 늘려 60 : 40이나 70 : 30으로, 내리막일 때는 반대로 조절하는 것이다.

⑭ 목표보다는 어느 정도의 탄도에 어느 지점에 떨어뜨릴 것인가에 대한 랜딩지점에 집중하여 샷을 한다. 볼이 놓여진 라이에 따라 볼의 탄도와 랜딩지점을 결정한다.

3 런닝 어프로치샷

1) 특징

- 작은 스윙으로도 먼 거리를 처리할 수 있는 장점이 있다.

- 큰 미스 샷의 위험성이 적다.
- 볼이 놓여진 라이의 영향을 덜 받는다. (볼이 잠긴 러프지역은 제외)
- 퍼팅 스트로크와 비슷한 셋업과 스윙으로 샷이 가능하다.
- 클럽 선택을 상황에 따라 잘 선택해야 한다.
- 클럽 선택과 스윙의 크기에 따라 캐리와 런의 차이가 크므로 거리조절이 쉽지 않다.
- 클럽별 캐리와 런의 비율을 계산하여 거리를 맞추는 충분한 연습이 필요하다.

2) 샷의 요령

① 굴리는 샷을 칠 경우에는 스탠스를 많이 오픈할 필요가 없다. 스퀘어하게 해도 무방하다. 양발은 양손의 움직임을 원활하게 하기 위하여 약간 오픈하지만 골반이나 허리, 어깨 방향은 타깃과 스퀘어하게 에임하여도 무방하다. 오히려 오픈스탠스를 너무 심하게 취하면 스윙궤도가 아웃-인 궤도를 형성하여 볼이 깎이게 되고 이것은 충분한 런이 생기지 않게 된다.

② 클럽 선택은 상황에 따라 다르지만 피칭웨지, 9-8번 아이언을 사용하기도 한다.

③ 클럽의 선택에 따라 캐리와 런의 비율을 알아야 한다.

④ 볼의 위치는 오른발 쪽에 놓는다.

⑤ 손의 위치는 왼쪽 허벅지 앞에 위치시켜 자연스러운 핸드퍼스트 자세를 유지한다.

⑥ 오른쪽 어깨가 낮지 않게 셋업한다.

⑦ 왼팔과 샤프트의 일직선을 유지하면서 샷을 하고 오른 손목의 각도가 변하지 않게 한다.

⑧ 왼 손목을 세워서 잡고 왼 손등으로 볼을 치는 기분으로 치며 왼 손등이 항상 목표 쪽으로 향하며 모양이 변하지 않게 한다.

⑨ 임팩트 이후 헤드의 모양이 자연스럽게 회전하며 돌아가게 릴리스한다.

⑩ 거리에 따라 스윙의 크기를 조절하고 클럽도 다르게 선택하여 연습한다.

⑪ 볼을 비교적 몸에 가까이 위치시켜 샤프트를 세워주고 수직스윙을 유도한다. 때에 따라서는 헤드의 힐 쪽을 살짝 들어주며 연습하면 굴리는 샷의 느낌을 쉽게 찾을 수 있다.

⑫ 퍼팅의 이미지와 비슷한 스윙으로 구사한다. 웨지로 하는 퍼팅이라고 생각하면 된다.

4 피치샷

1) 특징

- 어프로치샷 중에서 가장 어려운 샷이다.
- 볼이 놓인 라이에 따라 샷의 유무가 결정된다.
- 볼이 맨바닥 같이 타이트한 라이에서는 피치샷이 어렵다.
- 스윙 스피드를 빠르게 해서 치므로 샷의 위험성이 크다.
- 거리에 비해 스윙크기가 크다.
- 볼이 뜨는 탄도와 스핀을 계산에 넣어야 한다.
- 클럽 페이스를 여는 정도에 따라 거리와 방향을 조절하기가 어렵다.
- 손목 코킹을 이용하는 경우가 많아 많은 연습이 필요하다.

2) 높게 띄우는 피치샷

- 클럽은 56~58° 웨지를 사용한다.
- 볼의 위치는 스탠스 중앙이나 왼발 쪽으로 놓는다.
- 체중은 왼발 쪽으로 둔다.
- 샷의 탄도에 따라 클럽의 페이스 면을 연다.
- 백스윙을 코킹하여 들고 다운스윙을 가속하여 친다.
- 피니시 자세를 높게 취한다.
- 스윙은 양팔이 이루는 삼각형 구도를 그대로 유지하면서 U자형의 이미지를 가진 스윙을 한다.
- 팔로우 자세에서는 가슴이 목표방향으로 회전하며 살짝 들리는 자세를 취한다.
- 손으로 볼을 띄우려 하지 말고 클럽 헤드를 이용한 스윙을 통하여 볼을 띄우는 과정을 익혀야 한다.

3) 낮게 날아가는 피치샷

- 클럽은 56~58° 웨지를 사용한다.
- 클럽 페이스를 오픈하지 않고 목표에 스퀘어하게 둔다.
- 볼의 위치를 가운데나 오른발 쪽으로 놓는다.
- 백스윙을 짧게 한다.
- 코킹은 자연스럽게 스윙의 크기에 따라 다르게 한다.
- 다운스윙을 가속하여 단단하게 눌러 쳐 스핀을 많이 준다.

- 낮은 피니시 자세를 취한다.
- 몸의 회전을 이용한다.

5 퍼팅 그립 어프로치

1) 특징

- 그린 주변의 볼이 떨어져 핀과 가까운 위치나 볼이 타이트한 라이에 놓여 있을 때 사용한다.
- 내리막이나 볼이 많이 나가지 않아야 하는 상황에서 주로 사용한다.
- 20~30야드의 짧은 샷에서 더욱 효과적이다.
- 손목이 꺾이는 것을 방지하여 견고한 임팩트가 가능하다.
- 쉽게 구사할 수 있으며 안전한 어프로치이다.

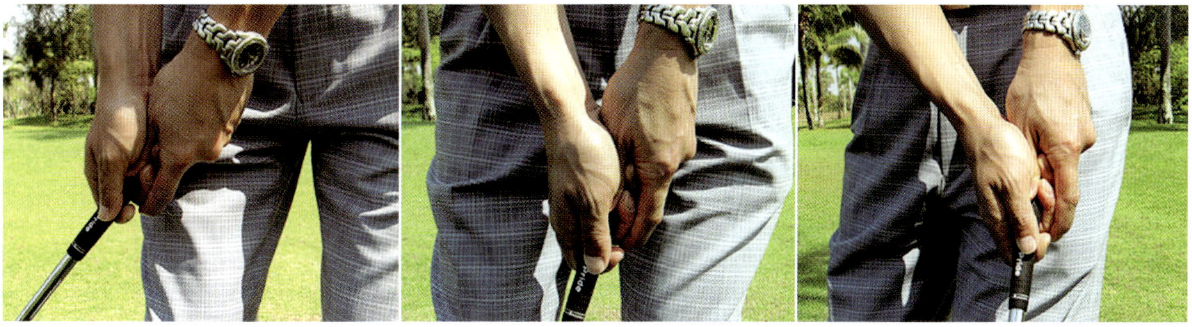

- 일반 어프로치에 비하여 스윙을 크게 하여도 거리가 적게 나간다.
- 볼을 오른쪽에 많이 놓아도 스핀이 많이 걸린다.

2) 샷의 요령

- 클럽 선택은 52~56° 모두 가능하다.
- 다운블로의 샷으로 하기 위하여 볼의 위치를 오른발 앞에 놓는다.
- 그립은 퍼팅그립으로 짧게 잡는다.
- 약간의 오픈스탠스를 취하고 체중을 왼발 쪽으로 많이 실어 놓는다.
- 손과 헤드가 같이 움직이는 이미지로 스윙하며 양팔의 삼각형 구도를 변형시키지 않는다.
- 양 손목의 각도가 변형되지 않게 스윙한다.
- 다운스윙에서 가속하여 견고하게 터치한다.
- 일반 어프로치에 비하여 스윙을 크게 하고 스피드를 가속한다.

6 플럽샷

1) 특징

- 핀과 그린의 여유가 없고 볼을 높이 띄워 바로 세우는 샷
- 볼이 바닥에 낮게 가라앉은 라이에서는 불가능하다.
- 스윙이 크지만 날아가는 캐리가 적어 거리조절이 쉽지 않다.
- 클럽 페이스를 많이 여는 정도에 따라 거리와 방향 조절이 달라진다.
- 벙커샷 같은 이미지로 치지만 볼을 먼저 치는 것이 다르다.
- 특별한 상황이 아니면 시도하지 않는 것이 유리하다. 왜냐하면 클럽 페이스를 여는 정도와 스윙크기, 스피드를 동시에 조절하기가 매우 어렵기 때문이다.

2) 샷의 요령

- 클럽은 56~58° 웨지를 사용한다.
- 클럽 페이스를 많이 오픈하고 스탠스도 오픈한다.
- 볼의 위치는 좌측으로 놓는다.
- 체중은 왼발에 실어 놓는다.
- 클럽의 바운스를 이용하여 친다.
- 클럽이 볼 밑을 착– 빠져 나가듯이 친다.
- 가속하여 임팩트한다.
- 백스윙에 비하여 크고 높은 피니시를 취한다.
- 릴리스 없이 손과 헤드가 같이 올라가는 팔로스루를 한다.

7 왼발 내리막 어프로치샷

1) 그립

- 내리막 경사로 생긴 로프트 때문에 56~58° 등 로프트가 높은 클럽을 선택한다.
- 그립을 짧게 잡아 클럽의 컨트롤 능력을 키운다.
- 부드럽게 잡아 헤드 무게를 느낀다.
- 상황에 따라서 퍼팅그립을 취할 경우도 있다.

2) 셋업

- 볼의 위치는 가운데나 오른발 쪽으로 놓는다.
- 왼 무릎을 오른 무릎보다 더 많이 구부리는 자세를 취하여 체중이 왼쪽에 실리게 한다.
- 왼쪽에 체중을 싣는 정도에 따라 볼의 위치도 조금씩 다르게 놓는다.
- 오른 어깨가 너무 밑으로 낮게 있지 않도록 왼 어깨와 비슷한 위치로 놓는다.
- 전체적인 몸의 자세를 경사도와 맞춘다.
- 오른발을 뒤로 빼는 클로즈 스탠스는 백스윙을 쉽게 빼는 데 도움이 될 수 있다.

3) 샷의 요령

- 지면 경사도와 비슷하게 백스윙을 조금 가파르게 한다.
- 백스윙을 할 때 왼발의 체중을 그대로 유지한다.
- 하체를 고정하고 손과 팔을 이용하여 샷을 한다.
- 샷을 하고 난 후에도 왼 무릎의 높이를 그대로 유지한다.
- 임팩트 이후 손목의 로테이트를 최소화한다.
- 낮은 피니시를 취한다.

8 왼발 오르막 어프로치샷

1) 셋업

- 클럽의 로프트가 경사에 의하여 자연스럽게 눕게 되어 경사에 따라 클럽 선택을 한다.
- 클럽을 짧게 쥐고 볼의 위치는 가운데나 볼 하나 정도 뒤에 놓는다.
- 몸의 자세를 경사도에 맞추어 정렬한다.

2) 샷의 요령

- 양팔이 이루는 삼각형 모양을 유지하며 스윙한다.
- 포워드스윙에서 너무 내려찍으면 캐리와 런의 컨트롤이 어려워 거리조절이 쉽지 않으므로 볼이 풀에 잠겨 있지 않다면 많이 찍히지 않도록 스윙을 둥그런 모양으로 스윙한다. 풀이 긴 러프지역에 볼이 있다면 코킹을 바로 하여 찍어 치는 샷이 더 유리할 수 있다.
- 볼이 처한 위치에 따라 올려치거나 찍어 치는 등 샷의 형태를 조금씩 다르게 한다.
- 피니시는 찍어 칠 때는 짧고 낮게 취하지만 올려 칠 때는 길고 높은 피니시를 취한다.

9 30yd 이상 숏게임

1) 특징

- 방향보다 거리감을 중요하게 생각한다.
- 브라효과를 이해하고 에러율 계산을 해야 한다.

※**브라효과** : 데이브 펠츠의 숏게임 바이블에서 인용한 표현으로 100야드 이내에서는 방향보다 거리에서 목표에 에러율이 높게 나타나고 100야드 이상에서는 거리보다 방향에서 에러율이 나타나는 것을 통계치로 뽑아내면 여자들의 브래지어처럼 나타난다는 표현

8시 스윙

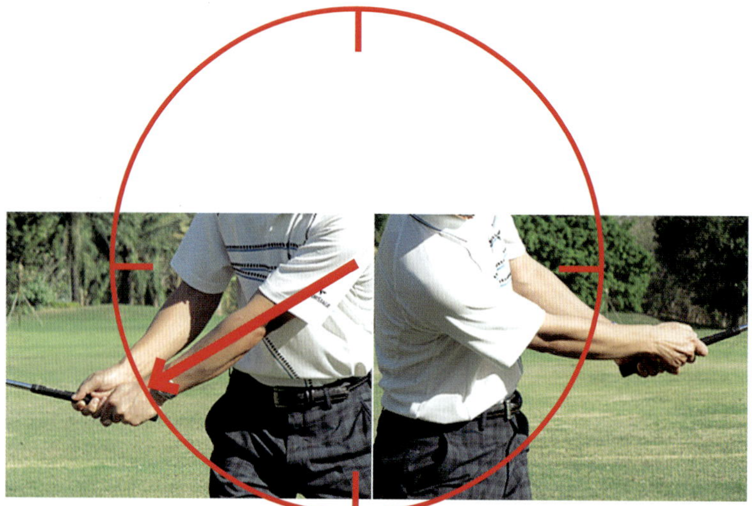

10시 스윙

- 스윙의 크기와 스피드를 조절하는 능력을 키워야 한다.
- 스윙크기에 따라 스피드를 가속시켜 거리를 늘린다.
- 코킹이 시작되며 스윙크기가 거리에 따라 커지기 시작한다.
- 볼의 위치도 점점 가운데로 위치시킨다.

2) 샷의 요령

왼팔을 기준으로 9시 스윙을 해서 거리를 웨지별로 알아둔다.

(예, 52° 웨지 – 70yd, 56° 웨지 – 60yd)

"9시 스윙"을 기준으로 스윙을 더 작게 "8시 스윙" 더 크게 "10시 스윙"을 해보며 거리감을 익힌다. 이 샷의 포인트는 스윙의 리듬을 살려 각 스윙마다 스피드를 스윙크기에 비례하게 가속하여야 스윙별로 거리가 다르게 나타남을 알 수 있다. 이러한 방법으로 자기만의 거리를 익혀두면 막연하게 그날 그날 감으로 칠 때보다 훨씬 일관되고 정확한 거리를 조절할 수 있다.

만일 이 방법이 너무 기계적이고 복잡한 느낌이 들어 어려움을 느낀다면 9시 스윙 한 가지만을 연습하고 그 스윙크기에 가감하는 방식으로 거리를 조절하면 된다. 웨지에다 직접 스윙크기와 거리를 표시해 두는 방법도 있고 자기만의 웨지 차트를 만들어 거기에 맞게 스윙크기와 거리를 연습하는 방법도 좋을 것이다. 30야드 이상 100야드 이내의 거리 조절은 프로에게도 쉽지 않은 샷이다. 방향보다 거리감에 더 치중하여 연습하고 자기만의 거리를 만들어야만 점수를 줄일 수 있을 것이다.

TIPS 숏게임 거리조절을 위한 추가적 조언

1. 왼팔을 기준으로 백스윙 크기를 이용하여 거리를 조절하는 연습을 한다.
2. 본인이 가장 쉽고 편하게 들 수 있는 높이의 백스윙을 만들어 거리가 얼마나 나가는지 알아둔다. 또 클럽을 바꿔가며 거리감을 알아둔다.
3. 같은 백스윙 크기라도 포워드스윙의 스피드를 다르게 하여 치면서 스피드 조절을 익힌다. 백스윙을 작게 들어 가장 빠른 포워드스윙으로 볼을 쳐보고 가장 느린 스윙으로 볼을 치면서 거리차이가 얼마나 나는지 알아본다. 작은 스윙으로 다운스윙 때 빠르게 눌러 치면 스핀이 많이 길려 런이 적어진다.)
4. 공의 위치를 바꿔가며 탄도를 다르게 연습한다. 이는 캐리와 런의 달라짐을 알 수 있다. 많이 찍어 칠 때와 헤드가 빠져나가듯 칠 때를 구별하여 연습한다.
5. 볼이 놓인 라이에 따라 탄도와 거리가 조금씩 달라지므로 항상 볼의 라이를 유심히 살핀다.
   - 잔디가 무성한 라이에서 플라이 샷을 주의한다.
   - 잔디의 순결과 역결을 구별하여 거리를 알아 둔다.
   - 맨바닥 같은 타이트한 라이와 볼이 가지런히 떠있는 라이의 탄도와 거리 차이를 알아둔다.
6. 팔로스루를 생략하여 샷을 끊어 칠 때와 정상적으로 스윙크기에 맞게 팔로스루 할 때를 구별하여 연습한다.
7. 주어진 상황에 따라 같은 클럽으로도 페이스를 조금씩 열어 로프트를 증가시키는 융통성을 발휘하여 거리를 조절하는 연습을 한다.

"벙커샷에서 중요한 것은 작은 기술을
외우는 것보다 그것을 실행하는 용기이다."

– 진 사라센

제 2 장

벙커샷

하비 페닉(Harvy Penick)이라는 전설적인 골프 교습가에게 제자가 묻기를, "스승님, 벙커샷을 잘하는 비결이 무엇입니까"라고 하니 하비 페닉이 "벙커샷을 배우기 이전에 벙커에 빠지는 않는 샷을 먼저 배우고 와라"라고 말함으로써 여러 가지 골프게임 중에 벙커샷의 의미를 다르게 부여하고 있다.

골퍼라면 누구나 벙커에서 커다란 미스샷으로 벙커를 탈출하지 못하거나 탑핑을 쳐서 당황하며 그린 건너편으로 볼을 찾아간 경험이 있을 것이다. TV에서 투어프로들이 하는 벙커샷을 보면 힘들이지 않고 편안하게 탈출하며 원 퍼팅이 가능한 거리에 볼을 올려놓는다. 그린 주변의 깊은 러프보다 벙커샷을 더 선호한다고 할 정도로 벙커샷을 잘한다. 하지만 대부분의 아마추어는 한번 만에 탈출하면 고마운 정도로 벙커샷을 어려워하거나 두려워한다. 특히 여성 골퍼나 초보자들은 벙커에만 볼이 들어가면 자력으로 탈출조차 어려우니 벙커 플레이는 어려운 샷임에 분명하고 골프게임 중에 또 다른 게임일 수밖에 없다.

벙커샷이 어려운 이유는 일반적인 샷에 비해 상대적으로 연습이나 경험할 기회가 적어 익숙하지 않다는 데 있다. 상황에 따라 볼을 먼저 칠 때와 모래를 칠 때를 구별하여야 하며 다양한 라이와 모래의 성질에 따라서도 셋업이나 치는 방식이 달라지기 때문이다. 경사지에 따라서, 볼이 모래에 묻힌 양에 따라서, 또는 모래의 습도나 무게에 따라서 모든 것을 다르게

준비해야 한다.

골퍼가 가지는 마음가짐도 크게 좌우한다. 예전에 경험한 벙커샷의 큰 실수로 인하여 스윙이 위축되거나 벙커에만 들어가면 두려워하는 자신감 결여는 좋은 벙커샷에 도움이 되질 않는다. 골프를 하는 한 벙커에 볼은 계속해서 들어갈 것이고 그렇기 때문에 두려움보다는 자신만의 벙커샷 공식을 만드는 것이 중요하다.

다음에 제시하는 벙커샷의 원칙은 벙커샷을 하기 전에 꼭 알아야 하는 필수사항이며 벙커샷에 자신이 없는 사람들에게 조금이나마 도움이 될 것이다. 벙커샷은 스타일이 중요한 것이 아니라 자신이 믿고 행할 수 있는 능력을 갖추는 것이 중요하다. 몇 가지 중요한 사항들만 기억하며 연습을 통하여 자신감이 생긴다면 더 이상 벙커를 두려워하지 않아도 되며 세이브하는 횟수가 늘어날 것이다.

1 벙커샷 handy tips

바운스를 이용하라

모든 클럽의 헤드는 리딩 에지와 바운스가 있다. 일반적인 샷은 헤드의 리딩 에지가 볼을 치고 들어가는데 비하여 벙커샷은 바운스가 먼저 모래를 때리는 것으로 시작한다. 샌드웨지를 발명한 진 사라센은 낚시를 하면서 호수에 내려앉는 오리를 보면서 바운스를 개발하였고 그것을 토대로 부드러운 벙커샷을 할 수 있게 되었다고 하였다. 이처럼 벙커샷을 잘할 수 있는 비결은 바운스를 이해하는 것이다.

클럽의 바운스를 이용하기 위해서는 클럽을 오픈하여 그립을 잡아야 한다. 먼저 헤드를 정면으로 올려 평소의 샷에서 리딩 에지가 6시와 12시를 향한다면 벙커샷을 할 때는 1시 방향으로 리딩 에지를 향하게 하여 그립을 잡는다. 그렇게 그립을 잡으면 헤드가 지면을 향할 때 리딩 에지가 아닌 바운스가 먼저 모래를 칠 수 있는 조건을 갖추게 된다.

손으로 바운스를 표현한다면 손날은 리딩 에지가 될 것이며 손등은 바운스가 된다. 여러분들이 손날을 이용하여 다른 손바닥을 쳐보고 손등을 이용하여 손바닥을 쳐보면 서로 다른 소리가 날 것이

다. 벙커샷도 마찬가지이다. 바운스로 정확하게 치는 벙커샷은 소리가 다르다. 둔탁하게 모래를 치는 소리가 나야 올바르게 바운스를 이용하여 치는 샷이다. 박힌 볼을 치는 경우를 제외하고는 모든 벙커샷은 바운스를 이용하여 샷을 해야 한다.

스탠스를 오픈하라(거리나 탄도에 따라 조절이 필요함)

벙커샷은 바운스를 이용하는 샷이기 때문에 클럽 페이스가 오픈될 수밖에 없다. 따라서 헤드가 오픈한 만큼 스탠스의 방향도 목표에 오픈되어야 한다. 이 공식이 절대적인 것은 아니지만 **약간의 오픈 스탠스는 스윙 시 몸의 회전을 편하게 하며 셋업에서 헤드를 오픈한 것을 샷을 하는 동안 그대로 유지시켜주는데 도움을 준다.**

오픈 스탠스의 정도는 샷의 거리에 따라 다를 수 있다. 예를 들어 아주 가까운 거리의 벙커샷은 스탠스를 많이 오픈하고 헤드도 많이 열린 상태에서 이루어지는데 이것은 같은 스윙 크기나 스피드를 구사해도 거리가 적게 나가게 된다. 반면 오픈 스탠스를 적게 취하고 헤드를 적게 열면 거리가 많이 나가는 것이다. 이처럼 헤드의 오픈 정도는 스탠스의 오픈 정도와

어느 정도 비례할 수 있다.

거리를 조절하는 방법은 스윙크기나 스피드를 조절하는 방법도 있지만 헤드의 열린 상태나 스탠스의 오픈 정도를 조절하는 방법으로도 가능하다. 하지만 벙커샷에 익숙하지 않은 골퍼라면 헤드의 여는 정도를 어느 정도 일정하게 고수하여 연습하는 것이 좋다. 왜냐하면 일반적인 샷에 비하여 벙커샷은 헤드를 오픈해야 하는 그 자체가 익숙하지 않기 때문에 어느 정도 벙커샷에 익숙할 때까지는 일정한 헤드오픈을 가지고 연습해보는 것이 더 효과적이기 때문이다. 따라서 벙커샷에 익숙한 투어프로들이라면 헤드를 다양하게 오픈하여 연습하는 것을 권하지만 벙커샷에 어려움을 겪는 골퍼라면 일정한 오픈의 스탠스와 헤드를 고수하여 어느 정도 벙커샷의 감각을 키우는 것이 먼저라 할 수 있다.

자기에게 익숙한 헤드의 오픈과 스윙크기를 계속하여 연습하다 보면 자신감이 생기며 일관된 거리가 나오게 된다. 이러한 일관된 거리가 충분히 나올 때까지 계속해서 연습하고 헤드의 오픈 정도를 가감하면서 스윙크기에도 변화를 주는 방법이 효과적이다. 다양한 헤드의 조절과 스윙크기의 조절은 프로나 상급자에게 유리하며, 초보자나 벙커샷에 자신이 없는 골퍼는 단계적인 연습 방법이 효과적이라고 할 수 있다.

스윙의 궤도가 무조건 아웃-인의 스윙만은 아니다.

벙커샷의 가장 흔한 조언 중의 하나가 "아웃-인으로 스윙하라"일 것이다. 하지만 결론부터 말한다면 아웃-인 스윙은 아주 가까운 거리를 처리할 때나 런이 전혀 없어야 하는 상황의 벙커샷 이외에는 필요 없는 기술이다. 대체로 벙커샷은 바운스를 이용하고 그에 따라 클럽이 오픈되며 이것은 목표보다 오픈되게 스탠스를 취하는 원인이 된다. 이것은 매우 자연스러운 현상이며 스윙은 스탠스를 선 방향 그대로 자연스런 인 투인 스윙을 하면 되는 것이다. 스윙이 좌측으로 되는 현상은 목표보다 오픈된 스탠스 때문이지 일부로 아웃-인 스윙을 하여 그렇게 되는 것은 아니다.

벙커샷을 하면서 꼭 기억해야 할 사항은 샷을 하면서 모래가 날아가는 방향으로 볼이 나간다는 사실이다. 오픈이든 클로즈이든 중요한 것은 스윙의 방향에 따라 모래가 날아갈 것이고 그 방향은 다시 볼이 날아가는 방향의 중요한 열쇠가 된다. 그러므로 목표를 향해 모래를 날리는 것이 중요하다.

벙커샷에서 스탠스는 오픈 스탠스가 유리하지만 스윙은 아웃-인 스윙이 벙커샷의 모든 해결책은 아니다. 아웃-인 스윙은 볼에 사이드 스핀을 주며 볼에 런이 없게 하여 가까운 거리를 처리할 때 필요한 하나의 기술이라고 보면 되는 것이다.

폭발하라, 때려라

벙커샷을 잘하는 투어 프로선수들의 샷을 보면 클럽과 몸이 하나인 것처럼 움직이며 마치 손으로 볼을 던지는 것처럼 쉬워 보인다. 결코 세게 치려고 하지 않으면서도 뭔가 폭발하듯이 매끄러우며 안정되고 견고해 보인다. 최경주 프로는 PGA 선수들 중에서도 벙커샷을 잘하기로 소문이 나 있다. 최경주 선수가 언젠가 한국에 왔을 때 주니어들과 함께하는 레슨 프로그램에서 벙커샷에 대하여 "벙커샷은 볼 뒤를 때려야 된다"라고 조언을 한 적이 있다. 이 한마디의 말 속에서 벙커샷의 모든 것이 들어있는 것처럼 크게 느껴졌다. 그가 구사하는 벙커샷은 일반적인 샷과 크게 달라 보이지 않는다. 일정한 템포로 매끄럽게 스윙하며 올바른 셋업을 통한 자연스런 폭발이 그의 벙커샷의 전부인 듯하다. 아마도 그가 얘기하는 폭발이라는 표현을 "때려라"라는 말로 표현한 것 같다.

많은 아마추어들이 벙커샷을 할 때에 바운스를 이용하여 볼 뒤를 과감하게 때리지 못하고 볼을 걷어 올리거나 탑핑을 겁내어 위축된 샷을 하는 것을 많이 보게 된다. 이러한 잘못된 샷의 대부분은 스윙의 확고한 믿음이 없어 불안감 때문에 생기는 경우가 많다. 하지만 벙커샷을 잘하려면 용기 있게 실행할 수 있는 자신감이 중요하다. 모든 샷이 백스윙보다 다운스윙에서 가속을 내듯이 벙커샷 역시 과감하게 볼 뒤를 때리는 것이 필요하다. 손목의 코킹을 살짝 이용하여 볼 뒤를 자연스럽게 때릴 수만 있다면 벙커샷은 그리 두렵거나 어려운 샷이 아니다. 또한 벙커샷에서 볼 뒤의 한 지점을 너무 정확하게 치려면 부담이 많고 경직된 스윙을 초래할 수 있다.

벙커샷을 잘하는 방법 중의 하나는 체중을 왼쪽으로 셋업하고 볼을 왼발 뒤편 정도에 위치시켜 볼 뒤를 자연스럽게 때리는 방법을 연습하면 효과적이다. 이러한 셋업은 다운블로의 샷을 가능하게 해주어 폭발을 더욱 쉽게 만들고 하체를 필요 이상으로 움직여 임팩트 지점이 불안정하게 나타나는 오류를 막아준다.

결론적으로 헤드의 바운스를 이용하여 모래를 때려야 벙커샷을 잘할 수 있다. 그리고 자연스럽게 때릴 수 있도록 연습하고 그것이 어떤 느낌인지를 기억하라. 그러면 벙커샷이 점점 쉬워질 것이다.

임팩트 때 로프트를 유지하라

벙커샷에서 볼 뒤를 정확하게 쳤는데도 불구하고 거리를 못 맞추거나 탈출을 못하는 경우는 임팩트 때 클럽의 로프트가 달라지기 때문이다. 정확한 탈출과 거리를 맞추기 위해서는 셋업 때 만들어 놓은 로프트의 각도가 임팩트에서도 정확하게 유지되는지를 확인하여야 한다.

로프트가 임팩트에서 변하는 가장 두드러지는 이유는 손목 각도의 변화와 임팩트에서의 양손의 위치가 달라지면서 나타난다. 예를 들어 대부분의 벙커샷은 임팩트에서 양손의 위치가 왼쪽 허벅지에 위치하는 것이 이상적인데 보다 오른쪽 허벅지에서 임팩트가 이루어진다면 로프트는 원래보다 매우 커지게 되며 원하는 캐리를 보장받을 수 없게 된다.

임팩트에서 로프트를 일관되게 유지하는 비결은 정확한 체중이동을 이용하거나 올바른 손과 팔

일반 벙커샷 헤드 정렬

박힌 볼 벙커샷 헤드 정렬

동작을 익히는 것이다. 임팩트에서 양손의 위치를 체크하고 양 손목의 각도를 일관되게 하여 임팩트에서 로프트가 커지고 작아지는 느낌을 연습하여야 한다. 어프로치샷에서도 임팩트에서 로프트의 각도는 볼의 탄도와 거리에 직접적인 영향을 미치듯이 벙커샷 역시 임팩트에서 정확한 로프트의 각도 유지는 훌륭한 벙커 플레이의 필수사항이다.

자신만의 스윙크기를 만들어라

스윙크기는 벙커샷의 거리를 조절하는 중요한 방법이다. 하지만 플레이에 능숙한 프로라 할지라도 스윙크기를 자유자재로 조절하면서 거리를 조절하기란 여간 어려운 것이 아니다. **벙커샷을 잘하기 위해서는 먼저 스윙크기를 다양하게 변화를 주며 연습하기보다는 자신이 스윙하기에 가장 익숙한 크기의 스윙으로 벙커샷이 익숙해질 때까지 연습하는 것이 좋다. 대체로 9시 스윙이나 쓰리쿼터 스윙이 많이 활용된다.** 그런 다음 어느 정도 벙커샷에 자신감이 붙으면 셋업에서

헤드를 오픈하며 로프트에 변화를 주고 스윙크기를 달리하며 거리의 변화를 익히는 것이 더 효과적이다.

벙커샷의 거리는 로프트의 조절과 스윙크기 그리고 스윙스피드의 조절로 가능하다. 벙커샷에 익숙한 PGA 프로들은 이 세 가지를 자연스럽게 변화를 주며 거리를 맞춘다. 하지만 연습량이 부족한 주말 골퍼나 초보자들에게는 벙커샷이 거리 조절은 고사하고 탈출에도 힘겨워하는 것이 사실이다. 헤드를 열어 로프트의 변화를 주고 스윙스피드를 조절하는 것은 스윙크기에 대한 올바른 이해를 통하여 어느 정도 벙커샷에 자신감을 얻은 후 실행하는 것이 더 안전하고 효과적인 방법이다.

박힌 볼 같은 경우에는 가파른 다운스윙을 통하여 팔로스루가 잘 안 되는 경우도 있으나 일반적인 벙커샷에서는 백스윙 크기와 같은 비율의 모양을 취하거나 조금 더 큰 팔로스루를 유지하는 것이 좋다. 볼 뒤를 가격한 후 스피드가 떨어지지 않게 헤드를 재빨리 팔로스루하는 것이 무엇보다 중요하다. 볼 뒤를 너무 많이 치거나 모래의 양을 너무 많이 때릴 경우 이것이 어렵게 되는데 빠른 팔로스루를 하여 피니시를 잡다보면 자연스럽게 임팩트가 좋아질 것이다. 어쨌든 자신만의 스윙크기를 만들고 그것에 따른 스피드를 익힌다면 거리 조절 능력이 조금씩 생기며 벙커샷에 대한 자신감은 커질 것이다.

2 짧은 거리 벙커샷

- 헤드페이스를 많이 오픈한다.
- 볼을 왼쪽에 놓는다.
- 체중은 약간 좌측으로 위치시킨다.
- 스윙은 왼팔을 기준으로 9시 스윙 정도로 한다.
- 코킹을 늦게 푸는 이미지로 스윙한다.
- 포워드스윙에서 가속하여 볼 뒤를 때린다.
- 약간 높은 피니시를 해준다.
- 런이 없게 하기 위하여 아웃-인 스윙을 한다.
- 팔로스루 후 클럽 페이스가 하늘을 보게 한다.

3 긴 거리 벙커샷

- 거리에 따라 클럽 페이스 오픈 정도를 줄인다.
- 거리에 따라 갭웨지나 피칭웨지를 사용한다.
- 볼을 가운데에서 볼 한 개 정노 왼쪽에 놓는다.
- 체중은 왼쪽에 위치시킨다.
- 백스윙을 너무 높게 들지 않고 평평한 이미지로 들어준다.
- 가파르거나 예각의 이미지가 아니라 원만한 이미지로 스윙을 한다.
- 디봇을 얇게 낸다.
- 거리에 따라 팔로스루를 크게 해준다.

4 박힌 볼 벙커샷

- 클럽 페이스를 스퀘어하거나 닫는다.
- 볼을 가운데에 놓는다.
- 체중은 약간 왼쪽으로 더 위치시킨다.
- 백스윙은 코킹을 빨리 하여 가파르게 높이 들어준다.
- 포워드스윙은 예각으로 내려오게 한다.
- 세게만 치려고 하지 않고 헤드무게로 볼 뒤를 찍어 준다.
- 백스윙의 크기로 거리를 조절한다.
- 런이 많아지는 것을 감안한다.

5 페어웨이 벙커샷

1) 특징

- 볼을 먼저 치는 샷이다.
- 클럽 선택은 벙커 턱의 높이를 고려해야 하며 볼의 라이에 따라 다르게 해야 한다.

- 볼이 조금이라도 모래에 묻혀 있다면 짧은 클럽으로 탈출을 목표로 해야 한다.
- 왼발 내리막 라이에서는 로프트를 큰 클럽으로 선택한다.

2) 샷의 요령

- 볼의 위치를 가운데나 우측으로 놓는다.
- 셋업 때 가슴을 펴고 턱을 들어서 셋업한다.
- 하체를 고정시키고 백스윙한다.
- 풀스윙보다는 견고한 임팩트를 위한 간결한 백스윙을 한다.
- 낮은 백스윙을 하고 다운스윙도 낮은 이미지로 한다.
- 디봇이 얇게 나는 스윙을 한다. 너무 가파른 다운스윙은 모래 양을 너무 많이 파게 되고 이는 거리 손실을 가져온다.
- 체중이동을 확실히 한다.
- 정확한 콘택트를 위해 균형을 잃지 않고 간결하게 친다.

TIPS 벙커샷을 위한 드릴

1. 벙커 안에 선을 그어 놓고 그 선을 헤드로 치는 연습을 한다. 이 연습법은 헤드가 떨어지는 지점을 선을 통하여 알 수 있게 해주며 임팩트의 위치를 좋게 해준다. 또한 정확한 체중이동과 코킹을 이용한 다운스윙을 유도하여 임팩트를 하는데 도움을 준다.
2. 선을 치는 연습을 충분히 하고 나면 실제로 볼을 놓고 공 뒤에 몇 센티 뒤에 선을 긋고 그 선을 치며 볼이 탈출하는 것을 익힌다.
3. 볼을 놓고 가상의 선을 마음속에 그리고 친다.
4. 막대기를 바닥에 깔고 그 위에 모래와 볼을 올려놓고 치면서 연습한다. 이 연습법은 정확한 임팩트 위치를 잡는데 도움을 준다.
5. 공 뒤에 헤드커버를 놓고 스윙 연습을 한다. 이 연습법은 포워드스윙에서 손목이 풀리는 동작을 고치는데 도움을 준다.
6. 연습매트에서 연습할 때 임팩트 소리가 둔탁한 느낌으로 나야 한다. 이 연습법은 클럽의 리딩에지로 샷을 하지 않고 바운스로 치는 것을 느끼게 해준다.
7. 스윙의 이미지를 예각으로 가파르게 하는 연습과 둥그런 이미지의 스윙을 구별하여 연습한다. 이 연습법은 볼이 놓여진 상황에 따라 다르게 적용하는데 도움을 준다.

"마음의 눈으로 홀로 향하는 골프공을 그려보라."

– 게리 플레이어

제 3 장

퍼팅

1 퍼팅의 중요성

대부분의 아마추어 골퍼는 라운드를 나갔을 때에야 비로소 퍼팅을 연습해 보는 시간이 많을 것이다. 그러나 프로들의 연습 비중을 보면 숏게임과 퍼팅이 롱게임을 연습하는 시간보다 많은 경우가 대부분이다. 프로들은 퍼터를 항상 품에 끼고 살 정도로 퍼팅에 대한 중요도를 잘 알고 있다. 점수내기 게임인 골프에서 퍼팅이 차지하는 부분이 40% 이상인 것을 감안하면 프로에게 있어서 퍼팅은 투어에서 살아남느냐, 아니냐를 결정하는 생명과도 같다.

TV 골프중계에서도 퍼팅이 가장 많이 비춰지는 이유가 촬영의 기술적인 문제도 있겠지만 퍼팅의 중요성을 어필하는 것이 아닌가 싶다. 짧은 버디퍼팅을 남기고 그 퍼팅이 주는 의미나 손익에 대한 수많은 생각을 해본 경험은 누구나 한번쯤 있을 것이다. 사실 퍼팅은 하기 전에도 생각을 많게 하는 샷이지만 퍼팅을 한 후에도 그 홀에서의 성공과 실패에 대한 여운의 기억을 가장 많이 남게 하는 샷이다. 그래서 예상치 못한 긴 거리의 퍼팅을 성공하면 몸에 엔돌핀이 돌고 자신감이 생기며 힘이 나지만 꼭 성공해야 하는 퍼팅을 실패하면 기분이 다운되고 자신감이 떨어지며 힘이 빠지게 된다.

퍼팅은 18홀을 플레이하는 동안 계속해서 선수에게 활력을 불어 넣어 주기도 하고 반대로

맥이 빠지게 하기도 한다. 물론 프로들은 이러한 정신적인 것들을 멘탈 훈련을 통해서 극복하지만 일반 아마추어들은 계속되는 실패에서 자신감을 갖고 평정심을 유지하기란 쉽지 않다. 역사상 샷 메이킹이 가장 뛰어나다고 평가받고 있는 벤 호건도 샷에 비하여 퍼팅이 약했다고 한다. 그래서 그는 퍼팅을 골프의 또 다른 영역의 게임이라고 하여 퍼팅의 어려움과 함께 그 중요성을 강조하였다. 골프에서 퍼팅의 중요성을 열거하면 아마도 끝이 없을 것이다.

골프의 궁극적인 목표가 볼을 홀에 넣는 것이라면 퍼팅의 중요성은 그것만으로도 충분히 설명되어질 것이다. 벤 크렌쇼와 톰 카이트의 스승인 하비 페닉은 다음과 같은 말로 퍼팅을 강조하였다: **"퍼팅을 잘하는 선수는 누구와도 겨룰 수 있지만 퍼팅을 못하는 선수는 누구도 이길 수 없다"고 하였다. 이 말을 덧붙여 필자는 퍼팅에 대하여 다음과 같이 말하고 싶다. "골프에서 퍼팅을 못하면 골프를 못하는 것과 같다. 따라서 퍼팅은 무조건 잘해야 한다."**

2 퍼팅 연습방법

퍼팅을 잘하기 위해서는 실내연습, 실외연습, 멘탈연습 3가지 차원으로 나누어 연습하는 것이 효과적이다.

1) 실내연습

퍼팅을 잘하는 사람은 기계적인 안정된 스트로크와 감각적인 느낌, 이 두 가지를 모두 갖추고 있다. 골프를 시작한 지 얼마 안 되는 초보자가 할 연습과 정말로 세밀한 감각까지 챙겨야 하는 프로들의 연습이 다를 수 있지만 좋은 퍼팅을 위해서는 기본자세를 잘 갖추고, 안정된 스트로크와 좋은 리듬감이 꼭 필요하다. 그러므로 퍼팅연습은 꼭 그린에서만 할 수 있는 것은 아니다. 실질적으로 홀인이나 그린경사를 익히는 것은 코스나 그린이 필요하지만 좋은 자세를 만드는 것이나 안정된 스트로크의 연습은 거실이나 방에서도 얼마든지 할 수 있다.

실내연습은 보통 거실이나 방처럼 바람도 없고 조용한 가운데 이루어진다. 이러한 이유로 실내연습은 퍼팅에 필요한 여러 가지 미세한 감각까지 챙길 수 있는 장점이 있고 스트로크에 대한 집중력을 높일 수 있다.

실내연습의 주된 목적은 퍼팅을 잘 하는데 기본이 되는 퍼팅의 좋은 습관을 만드는 데 있다. 좋은 기본자세를 만들고 리듬감을 갖추어 볼을 리드미컬하게 터치할 수 있는 스트로크 연습에 집중한다. 직접 그린에서 퍼팅할 때 기본이 될 수 있는 것들을 만들고 다듬는데 실내연습의 목표가 있다. 다음과 같은 연습은 실내에서 할 수 있는 좋은 퍼팅 연습이다.

① 기본기 구축 연습

- 자기에게 가장 잘 맞는 그립 찾아내기
- 올바른 셋업장치 만들기
- 머리와 하체를 고정하는 연습
- 벽에 머리를 고정하고 스트로크 연습
- 샤프트를 겨드랑이에 끼고 연습

② 거리연습

- 스윙크기를 4~5가지 만드는 연습
- 스윙크기별로 스탠스 폭 조절
- 스윙크기별로 스피드 가속 연습
- 하나–둘, 스트로크에 리듬을 만드는 연습

③ 방향연습

- 목표에 올바르게 에임하는 연습

- 두꺼운 책을 레일처럼 사용하여 스트로크 연습
- 카펫에 물병 놓고 방향 연습
- T자를 이용하여 정렬하는 연습

④ 터치연습

- 양팔과 몸의 움직임을 조화롭게 하는 연습
- 눈 감고 스트로크하여 감 찾기 연습
- 연습매트를 이용하여 실제 퍼팅 연습
- 헤드가 지면과 낮게 다니는 연습
- 오른손만으로 터치 연습
- 퍼팅보조기구를 사용한 연습(삼각구도 유지기구, 손과 어깨 일체감 유도기구 등)

2) 실외연습

좋은 스트로크를 가졌어도 퍼팅을 잘 못하는 사람들이 있다. 이런 골퍼는 그린에서 올바른 퍼팅에 필요한 것들을 충족시키지 못하기 때문인데 그린을 읽는 능력이나 거리감, 또는 자신의 스트로크를 상황에 맞게 잘 적용하지 못하기 때문이다. 그린은 참으로 다양하고 변화무쌍하다. 느린 그린, 빠른 그린, 평평한 그린, 경사가 심한 그린, 딱딱한 그린, 소프트한 그린, 벤트그라스 그린, 버뮤다그라스 그린 등 누구라도 그린에 쉽게 적응하기란 쉬운 일이 아니다.

실외연습은 실내연습보다 더 많은 환경적 요인들을 가지고 있는데 그린에서 직접 볼을 굴려보며 바람, 습도, 잔디, 지형, 고도 등에 적응하는 연습이다. 실제 그린에서 기술적인 스킬뿐 아니라 다양한 환경적, 심리적 요인들을 극복하고 볼을 홀에 넣는 연습이다.

① 구축연습

- 볼이 홀을 향해 굴러가는 이미지를 그리는 연습
- 라인 보는 법 연습
- 루틴 만드는 연습
- 연습스윙 연습

- 속도감 익히기 연습
- 에임과 정렬 연습

② 실전연습

- 숏퍼팅과 미들퍼팅 성공 연습
- 롱퍼팅 거리감 연습
- 거리를 3등분으로 나누어서 연습
- 공격적으로 지나가는 퍼팅 연습
- 안전한 거리 퍼팅 연습
- 훅 라인과 슬라이스 라인 연습
- 오르막, 내리막 퍼팅 연습
- 한 거리를 세 가지 거리감으로 연습
- 볼을 일렬로 5개 계속해서 성공시키는 연습

- 1미터에서 연속 10개 성공시키는 연습
- 홀 주위에 볼을 원 모양으로 여러 개 배치해 놓고 홀인하는 연습
  (이 연습은 올바른 에임을 하는데 효과적이다.)
- 티를 두 개 꽂고 스트로크 연습
- 5미터, 10미터, 15미터 거리감 연습
- 오른손만으로 퍼터를 잡고 터치감 연습
  (터치감을 느끼게 해주며 임팩트 때 가속을 도와준다.)
- 깎아 치는 골퍼들의 훅 라인 연습

3) 멘탈연습

18홀 라운드를 하다보면 퍼팅이 잘되어 자신감을 찾다가도 퍼팅을 실패하며 게임이 흔들리는 경우가 있다. 꼭 성공시켜야 하는 퍼팅을 실패하였을 때의 당혹감이나 좌절감을 누구나 한번쯤은 경험해 보았을 것이다. 실패한 이후에 갖게 되는 후회나 여러 가지 미련 등이 어쩌면 골프가 주는 재미중에 하나일지도 모른다. 하지만 퍼팅만큼 멘탈에 영향을 주는 게임도 없다. 골프가 멘탈게임이라고 하는 이유도 아마 퍼팅 때문이 아닌가 생각한다.

대부분의 골퍼는 짧은 숏퍼팅을 싫어한다. 아마도 투어를 하고 있는 프로들도 계속되는 숏퍼팅을 좋아하는 사람은 없을 것이다. 그렇다면 대부분의 골퍼들은 왜 숏퍼팅을 싫어할까? 그 답은 아마도 숏퍼팅을 실패하였을 때 갖게 되는 상실감과 그것이 주는 스트레스 때문일 것이다. 롱퍼팅에 비하여 숏퍼팅을 두려워하는 이유는 실패가 주는 스트레스 때문인데 스트레스는 이루고자 하는 기대치가 있을 때 그 기대치를 충족하지 못하면 갖게 된다.

결론적으로 롱퍼팅에 비하여 숏퍼팅은 성공에 대한 기대치가 높다는 것이다. 기량에 따라 성공 확률이 다르긴 하지만 숏퍼팅이 홀인 되지 않는 이유는 수없이 많다. 때문에 숏퍼팅은 꼭 들어가야 되고 롱퍼팅이 꼭 실패하라는 법도 없다. 그러므로 숏퍼팅이나 롱퍼팅이 들어가거나 그렇지 않을 때에 마음을 어떻게 먹느냐는 퍼팅을 하는 골퍼 자신에 달려 있는 것이다.

멘탈적인 부분을 요약하면, **자신감이나 긍정적인 마인드, 믿음 등을 성공적인 퍼팅으로 연결하는데 쓰는 능력이나 마음자세라고 할 수 있다. 똑같은 상황에서도 초조해하며 불안감을 느끼는 선수와 당당하고 자신감이 넘쳐 결단력 있게 행동하는 선수는 같은 퍼팅 기량을 가졌어도 결과가 많이 달라진다.** 퍼팅을 잘하는 사람은 확실히 마음가짐이 다르다. 멘탈이 강하다고 할 수 있다.

결단력이 있고 용기가 있으며 자기 자신을 믿고 자신감에 차 있다.

퍼팅을 잘하는 사람도 퍼팅을 많이 실패한다. 하지만 그들은 실패하더라도 좌절하지 않으며 언제나 다시 성공할 수 있다는 자신감에 차 있다. 인내하며 자신을 다독이고 여전히 좋은 기량의 퍼팅을 가지고 있다고 생각한다. 퍼팅을 하기 전에 전혀 두려워하거나 망설이지 않고 결단력이 있으며 믿음을 갖고 실행에 옮겨라. 어떠한 상황에서도 긍정적이며 자신의 것을 확실히 믿는다.

멘탈에 도움이 될 만한 연습

1) 수행에 대한 연습

- 자신감을 가질 수 있는 퍼팅 시스템을 만든다.
- 자신만의 일관되고 간결한 루틴을 가진다.
- 기술적인 부분에 너무 집착하지 않는다.
- 볼을 치기 바로 직전 순간 몰입 상태를 훈련한다.
- 의식적인 퍼팅과 무의식적인 퍼팅을 통한 자신만의 체계를 갖는다.
- 짧은 퍼팅 연습을 많이 하여 홀인할 수 있다는 자신감을 키운다.
- 멘탈에 도움이 되는 트레이닝 서적, 정보 등을 이용한다.
- 멘탈도 스윙의 기술처럼 트레이닝을 통하여 강화되므로 시간과 노력이 필요하다.
- 퍼팅하는 것을 좋아하고 지금 쓰는 퍼터를 사랑한다.

2) 심리적인 연습

- 들어가고, 안 들어가는 것을 걱정하기보다 내가 해야 할 것들에 집중한다.
- 실패에 대한 과거의 기억과 미래의 예측을 없애고 수행할 것에 대하여 집중한다.
- 심리적인 루틴을 일관되게 만들고 훈련한다.
- 시합이든 연습이든 결단한 것을 실행하는 용기가 필요하다.
- 연습은 실전처럼 시합은 연습처럼 퍼팅한다.
- 숏퍼팅을 연습할 때 항상 시합에서 중요한 순간이라고 이미지화하고 퍼팅한다.
- 불안, 두려움을 긍정의 이미지로 바꾸는 연습을 한다.
- 어떤 퍼팅도 성공할 수 있다는 자신감을 갖는 연습을 한다.
- 실패한 퍼팅 이후 자신만의 심리컨트롤 방법을 갖는다.

3 퍼팅을 잘하는 사람들의 공통점

1) 자신만의 퍼팅 시스템이 있고 그 시스템을 믿는다.

퍼팅의 스타일은 참으로 많다. 그립만 하더라도 그 종류가 많으며 어드레스 취하는 방식, 스트로크하는 방식 등 참으로 다양하다. 또한 퍼터 자체도 종류가 많다. 퍼팅에 대한 조언도 프로들마다 다르기 때문에 자신이 믿는 확실한 방식이 없는 아마추어의 경우에는 혼란스러울 수 있다.

퍼팅을 최고로 잘 한다는 투어프로들도 선수마다 다양한 형태로 퍼팅을 한다. 퍼팅을 조금이라도 더 잘하기 위하여 어떤 퍼터를 선택하고 어떤 그립을 할 것인지, 어떤 셋업에 어떤 스트로크를 해야 할지 고민이 많다. 하지만 정답은 가장 잘 들어가는 방식이 최고인 것이다. 퍼팅은 물구나무를 서서라도 잘 들어가기만 한다면 그 방식이 최고라는 우스갯소리가 있다. 이 말이 의미하는 것은 어떤 형태나 방식이 중요한 것이 아니라 퍼팅의 궁극적인 목적인 홀인이 일관되게 잘 이루어지기만 한다면 그것이 최고의 방법이라는 뜻이다.

퍼팅을 잘 못하는 선수들은 너무 기계적인 스트로크에만 치중하거나 검증되지 않은 조언에 귀가 얇아져 자신의 것을 계속해서 바꾸는 경향이 있다. 하지만 퍼팅을 잘하는 선수들은 자기가 가진 방법을 최고로 생각하며 잘 될 때나 잘 되지 않을 때에도 꿋꿋하게 자신의 스타일을 믿고 열심히 하는 스타일이다.

퍼팅이 잘 될 때는 아무 문제가 없지만 안 될 때 어떤 생각과 행동을 취하느냐가 매우 중요하다. 어떤 프로들은 퍼팅은 '무조건 감이다'라고 말한다. 그 말도 틀린 것은 아니나 중요한 것은 퍼팅을 감만으로 할 수는 없다. 감은 느낌이라고 할 수 있는데 좋았다가도 갑자기 나빠질 때가 있다. 이럴 때 시스템이 중요하다. 퍼팅을 잘하는 사람은 분명 감이 좋지만 거기에는 시스템이 뒷받침한다.

자신만의 시스템을 유지하면서 감각적인 부분을 채워나가야 한다. 퍼터를 바꾸어 보는 것도 도움이 될 수는 있으나 그 효과는 잠시인 경우가 대부분이다. 따라서 오랜 연습과 경험을 토대로 이루어진 자신만의 퍼팅 시스템을 믿고 많은 연습을 통하여 이루어진 자신감 있는 스트로크를 하는 것이 성공적인 퍼팅의 조건이다.

퍼팅의 시스템이란 자신만의 그립, 셋업, 그리고 스트로크와 루틴, 나아가서는 멘탈까지도 포함된다. 자신만의 믿을 수 있는 시스템이 확고하게 있어야 어떠한 상황에서도 흔들리지 않는 퍼팅을 수

행할 수 있다. 스타일이 중요한 것이 아니라 자신만의 가장 믿을 수 있고 일관된 시스템이 성공적인 퍼팅을 하는데 있어 가장 중요한 조건이다.

2) 교만할 정도로 퍼팅에 자신감이 있다.

퍼팅을 잘하는 선수는 자신감이 있다. 자신감은 큰 무대에서 우승을 하거나 더 많은 성공을 하였을 때, 또는 충분한 연습을 통하여 생긴다. 그러나 프로들도 때로는 감각을 잃거나 실패로 인해 자신감을 잃고 퍼팅을 힘들어 할 때가 있다. 스승을 찾거나 기본기를 체크하고 심지어는 퍼터를 바꾸는 등 다양한 방법으로 수렁에서 빠져 나오기 위하여 노력한다.

계속되는 퍼팅의 실패는 자신감을 떨어뜨리고 불안감을 조성하며 퍼팅하는 것 자체를 힘들게 할 수 있다. 그러나 퍼팅이 안 된다고 자신감조차 버려서는 안 된다. 퍼팅에서 자신감을 버린다면 퍼팅을 포기한 것과 다름이 없다. **단언하건대 퍼팅은 자신감이 절반이고 그 나머지가 실력이라고 할 수 있을 정도로 퍼팅에서 자신감은 매우 중요하다.**

퍼팅을 잘하는 선수는 실패한 퍼팅의 이유를 본인에게보다는 외부로 돌리는 경우가 많다. 의식적으로 그렇게 한다. 이는 자신감을 잃지 않으려는 의식적인 행동이다. 반면 좋은 퍼팅을 가지고 있으면서도 매번 자신은 퍼팅이 안 된다고 푸념하는 선수가 있다. 겸손한 것은 좋지만 자신감 없는 말투나 태도는 퍼팅을 하는데 매우 좋지 않다. 심리적으로 항상 자신의 것이 최고이고 잘 할 수 있다고 주문해야 한다. 교만할 정도로 퍼팅에 대한 자신감을 보이는 것이 퍼팅을 잘하는 선수들의 특징이다.

자신감을 갖는데 있어 가장 좋은 방법은 믿을 수 있는 퍼팅 시스템을 갖추는 것이다. 루틴과 스트로크에 대한 자신의 퍼팅 체계를 만들면 퍼팅 컨디션이 좋지 않아 잘 되지 않을 때에도 항상 자신감을 잃지 않을 수 있으며 스트레스도 덜 받을 수 있다. 계속되는 변화를 주는 것 보다 시스템을 구축하고 이를 기반으로 흔들리지 않는 자신감을 갖는 것이 무엇보다 중요하다.

3) 철저하게 루틴을 지키며 퍼팅한다.

스트로크하기 전 너무 많은 생각은 오히려 자연스러운 퍼팅을 방해한다. 퍼팅의 많은 실패 원인 중의 하나는 너무 많은 것을 생각하거나 실행하려 할 때이다. 머리 들지 말고, 거리감 생각하고, 스트로크를 어떻게 하고, 리듬은 어떻게 하고 등등.... 우리는 퍼팅을 할 때 너무나 많은 생각을 한다.

자연스럽게 홀인될 수 있는 터치가 아니라 스트로크에 대한 기술적인 방식에 집착하며 생각을 많이 할 때가 있다. 사실 퍼터를 들고 볼을 똑바로 굴리는 작업은 의외로 쉬울 수 있다. 하지만 너무 많은 정보들이 퍼팅을 어렵게 만들고 있으며 선수 자신이 스스로 퍼팅을 어렵게 만드는 경우도 있다.

골프에 있어서 퍼팅은 단순한 것이 좋다. 라이를 읽는 방법이나 에임하는 순서, 연습스윙의 횟수, 그리고 목표를 겨냥하는 방법, 스트로크에 이르기까지 자신만의 간결하고 일관된 루틴이 있어야 한다. 좋은 루틴은 생각을 단순, 명료하게 해주며 실패에 대한 두려움을 없애주고 본인이 해야 할 당면 과제에 집중할 수 있게 한다.

볼의 뒤에서 목표에 이르는 과정을 구체적으로 이미지화 하고 볼이 굴러가는 과정을 그려본다. 그리고 볼에 다가가 에임을 하며 연습 스트로크를 두세 번 한 후 볼을 보고 목표를 보고 다시 볼을 보고 친다. 이러한 루틴은 최대한 간결하고 일관되게 이루어져야 한다. 그러기 위해서는 루틴에 대한 많은 연습이 필요하다. 루틴에 대한 추가적인 설명은 퍼팅 시스템 부분을 참고하기 바란다.

4) 결과보다 과정을 중시한다.

골프의 성격상 1미터 퍼팅을 실패하여 우승을 놓치기도 하고 중요한 시합에서 떨어지고 하는데 어쨌든 한 타 때문에 울고 웃는 것이 골프이다. 그래서 한 스트로크의 크기는 아마도 말로 형언할 수 없을 만큼 클 수밖에 없다. 이러한 점에서 퍼팅의 한 타는 더욱 커다란 의미로 다가온다.

누구나 다 퍼팅을 성공시키고 싶을 것이다. 또한 퍼팅의 성공은 분명히 홀인일 것이다. 하지만 우리는 모든 퍼팅을 홀인할 수는 없다. 그렇다면 과연 어떤 퍼팅이 성공적인 퍼팅일까? 그 답은 퍼팅에 임할 때 결과보다는 본인이 취해야 할 과정에 충실하는 것이다. 어떤 퍼팅이든지 실패할 확률은 있다. 또한 어떤 퍼팅이든지 성공할 확률도 있다. 퍼팅을 하기 전에 그것이 실패할까봐 두려워하거나 혹은 퍼팅을 성공하였을 때 주어지는 보상에 대하여 미리 생각하는 것은 좋지 않다.

성공적인 퍼팅을 위해서는 "내가 이 퍼팅을 성공하려면 이렇게 해야지"라는 단순하고도 결단력 있는 실행만이 필요하다. 해야 할 것에 대한 집중과 결단력 있는 수행이 이루어졌다면 설사 홀인되지

않았더라도 그 퍼팅은 성공적인 퍼팅이라고 평가하는 것이다.

보통 스코어가 좋은 라운드에서는 많이 배우질 못한다. 반면 스코어를 망친 시합에서는 많은 것을 깨닫고 부족함을 느낀다. 퍼팅에서도 과정에 충실한 실행을 통하여 성공과 실패를 평가하고 설사 실패하였다 하더라도 그 퍼팅을 배우는 계기로 삼으면 된다. 이런 의식된 평가 습관은 퍼팅을 임하는 태도를 좋게 하며 결단력 있는 퍼팅을 돕고 이에 따른 성공 확률을 높인다.

5) 퍼팅 연습을 많이 하고 고수에게 배운다.

모든 성공의 주된 요인 중에 노력이 빠지는 경우는 없다. 특히 요즘같이 경쟁이 치열한 시기에는 남들보다 더 연구하고 노력해야 성공할 수 있다. 퍼팅에서도 이 진리는 그대로 반영된다. **퍼팅을 잘하는 사람은 퍼팅 연습을 많이 한다. 더 효율적인 연습 방법을 고민하며 퍼팅이 안 될 때는 어떤 연습을 해야 하는지, 무엇이 필요한지를 생각한다.**

대부분 퍼팅 연습은 그린에서만 하는 것으로 알고 있지만 실은 그렇지 않다. 좋은 퍼팅을 하기 위한 기술들을 장소와 상관없이 꾸준히 익혀야 한다. 좋은 기본기를 구축하거나 체크하고, 잘하는 것을 발전시키며, 부족한 것들을 보완하는 연습을 그린을 포함하여 다양한 장소에서 연습해야 한다. 연습시간은 많을수록 좋으나 한 번에 너무 많은 시간을 연습하기 보다는 20~30분 정도를 집중해서 연습하고 공백시간을 두었다가 다시 연습하는 방식이 더 효과적이다. 몇 시간씩 계속해서 퍼터만 연습하는 것은 투자하는 시간에 비하여 덜 효과적일 수 있다.

또한 라운드를 통한 퍼팅 연습이 도움이 된다. 실전에서 직접 느끼는 퍼팅에 대한 감은 좋은 퍼팅을 위한 꼭 필요한 경험이 될 수 있다. 퍼팅이 잘 될 때나 안 될 때나 모두 자신을 위한 연습이라고 생각하고 좋은 경험을 쌓는다고 생각하면 퍼팅으로 인한 불쾌한 경험은 줄어들 것이다.

또한 기억 속에서 잘했던 퍼팅, 멋지게 스트로크했던 기억 같은 긍정적인 기억을 많이 저장해 두는 연습이 필요하다. 사실 이 부분은 상당히 훈련되어야 가능한 것이다. 보통 안 좋았던 기억이 오래간다. 하지만 퍼팅에서는 안 좋았던 기억을 끄집어내는 것은 전혀 도움이 되질 않는다. 잭 니클라우스의 어느 인터뷰에 "자신은 평생 동안 쓰리퍼팅을 단 한 번도 한 적이 없다"고 말할 만큼 좋지 않은 기억은 자신의 머릿속에 두려 하질 않았다. 부정적인 생각이나 좋지 않은 기억을 멀리 하고 좋았고 훌륭했던 퍼팅을 기억하는 긍정적인 사고방식이 훌륭한 퍼터가 될 수 있다.

퍼팅 고수에게 조언을 구하는 것이 혼자 고민하는 것보다는 빠를 수 있다. 골퍼마다 추구하는 스타일이나 체계가 다르지만 퍼팅을 잘하는 선수들의 보편적인 것들을 따라하거나 배우는 것이 효과적일 수 있다. 퍼팅을 잘하기 위해서는 의외로 알아야 할 것이나 배울 것들이 많다. 단순하고 간결한 것이 좋지만 그러기 위해서는 복잡한 것들을 모두 컨트롤할 수 있는 깊이가 있어야 가능하기 때문이다.

6) 퍼팅하는 것을 즐긴다.

퍼팅을 잘하는 사람은 자신의 퍼터나 퍼팅 연습하는 것 자체를 즐긴다. 퍼팅이 안 되어 할 수 없이 퍼팅 연습을 하는 것 하고 퍼팅 연습 자체가 즐거워 퍼팅을 하는 것 하고는 차이가 많다.

성공하려면 즐기라는 말이 있다. 더 많은 퍼팅을 성공시키려면 퍼팅을 즐겨야 한다. 퍼팅 연습을 무슨 밀린 숙제 하듯이 하는 사람은 절대로 퍼팅을 잘 할 수 없을 것이다. 자신이 가진 골프 장비 중에 퍼터를 가장 사랑하고 애정을 주며 연습이든 실전이든 퍼팅하는 것을 즐긴다면 아마도 그는 훌륭한 퍼팅을 하는 사람이 될 것이다.

4 퍼팅의 스타일

1) 스트로크의 스타일

퍼팅 스트로크를 이야기할 때 두 가지 대표적인 스타일이 있다. 하나는 시계추 스트로크이며, 또 하나는 스크린 도어 또는 인 투 인 스트로크이다. 어느 것이 퍼팅의 정답이라고 할 수 없지만 두 가지 스트로크에 대한 올바른 이해는 분명 여러분이 어떤 것을 선택해야 하는지, 어떤 스타일인지, 또는 어떤 특징이 있는지에 대한 해답이 될 것이다.

하지만 이 두 스트로크의 구분은 분명하지도 않고 혼합된 형태를 띠기도 하며 골퍼 자신의 감에 의존하여 구분되는 경우도 있다. 이것은 어디까지나 다분히 개인적인 스타일의 문제이며 선택의 몫이다. 이 두 스트로크의 특징을 살펴보면 다음과 같다.

① 시계추 스트로크

시계추 스트로크의 가장 큰 특징은 손과 어깨가 만들어지는 삼각형 구도를 유지하며 손과 팔보다는 어깨나 몸통의 느낌으로 움직여지는 형태이다. 이 스트로크를 취하는 대표적인 프로들로는 헨릭 스텐슨, 패드릭 해링턴, 크리스티 커 등이 있다. 이들은 헤드의 움직임이 볼을 중심으로 일직선이 되게 하려고 노력하며 퍼터 헤드의 페이스를 직각으로 유지하려고 하는 진자운동의 형태를 띤다.

이 스트로크는 볼의 직진을 좋게 해주므로 방향감이 좋다는 장점이 있으나 스윙의 형태가 가파르게 형성될 가능성이 있고 이에 따른 거리감을 잡기가 어렵다는 단점이 있다. 어깨나 몸통의 큰 근육을 사용하는 이 스트로크는 섬세한 감에 의존하기보다 기계적인 형태로 만들어진 스트로크에 의한 퍼팅에 더 가까워 보인다. 그렇다고 이 스트로크를 하는 사람들이 감이 무시된 퍼팅을 한다는 것이 아니다. 퍼팅바이블의 저자 데이브 펠츠는 이 스트로크가 주는 이점에 대하여 매우 강조한 사람이다.

이 시계추 스트로크는 퍼터 끝이 중심축이 되어 헤드의 페이스가 변하지 않고 목표에 똑바로 움직일 수 있다는 장점을 부각하였다. 분명 이 스트로크도 좋은 퍼팅 스타일의 한 부분이다. 다만 이 스트로크 역시 많은 연습과 단점의 보완이 중요하며 본인의 스트로크와 목표로 볼을 보낼 수 있는 능력이 얼마나 부합되느냐가 중요한 과제로 남는다. 이 스트로크에는 일자형이나 날렵한 L자형보다는 반달형, 말렛형, 그리고 헤드가 큰 밸리 퍼터 등이 더 유리하다.

② 스크린 도어

세계적으로 퍼팅을 아주 잘한다고 손꼽히는 벤 크렌쇼의 스승인 하비 페닉은 그에게 퍼팅레슨을 할 때 "너는 헤드가 지면에 낮게 움직이면서 헤드가 양손을 절대 앞서나가지 말라"고 조언하였다. 스크린 도어 방식의 전형적인 예가 바로 벤 크렌쇼의 퍼팅일 것이다. 이 스트로크는 볼을 중심으로 헤드가 똑바로 다니기보다는 인 투 인의 라운드 형태를 띤다. 백스윙 때 약간 안쪽으로 빠지면서 헤드의 페이스도 약간 열리는 형태가 되며 임팩트 시점에서 다시 스퀘어의 상태로 돌아오고 팔로스루에서 또다시 안쪽으로 헤드가 진행하며 헤드의 페이스는 목표에 살짝 닫히는 형태의 퍼팅이다.

이 퍼팅의 가장 큰 장점은 헤드가 지면에 낮게 다니며 터치감이 우수하고 이에 따른 거리감이 뛰어나다는 점이다. 큰 몸통을 사용하지만 손과 팔의 느낌이 더 강조되며 매우 감각적인 스트로크이다. 하지만 헤드의 페이스가 열리고 닫히는 변화에 적응하지 못하면 방향성에 문제를 가져오며 리듬과 템포가 스트로크에 영향을 많이 주는 퍼팅 스트로크이다.

이 스트로크의 형태를 취하는 프로들로는 필 미켈슨, 타이거 우즈, 리키 파울러 등이 있다. 이들 모두 뛰어난 퍼팅을 하는 선수들이다. 이 스트로크는 퍼터의 끝이 중심축이 되기보다는 손과 헤드의 움직임이 시계추 스트로크에 비하여 수평으로 많이 움직이는 특징이 있다.

거리 조절의 핵심이 스피드와 스윙크기로 나뉜다면 힘이나 스피드에 더 치중하는 시계추 스트로크에 비하여 스크린 도어 방식은 스윙크기로 거리를 조절하는 것에 더 가깝다. 따라서 거리에 맞는 스윙크기를 몇 개 정도 만들어 놓는 것이 중요하다. 이 스트로크에 어울리는 퍼터의 종류는 둥그런 말렛형보다는 L자형 퍼터나 T자 모양의 기본형이 많이 사용된다.

이 스트로크 역시 장점과 단점이 있다. 중요한 것은 본인의 추구하는 스트로크가 어떤 특징을 가지고 있고 어떤 단점에 노출되어 있는지에 대한 올바른 이해가 필요하며 이에 대한 보완을 할 수 있는 연습이 중요하다.

③ 혼합 방식

시계추 스트로크와 스크린 도어의 좋은 점만을 혼합한 형태라고 볼 수 있는 이 스트로크의 특징은 손과 팔의 작은 감각보다 몸통과 같은 큰 근육을 사용하는 형태를 띠지만 매우 감각적이면서 헤드가 자연스럽게 일직선과 라운드의 경계를 넘나드는 방식이다. 2015년도 세계랭킹 1위를 기록한 조던 스피스나 브랜든 스네데커, 지미워커 등이 하는 형태의 퍼팅 방식이다. 많은 연습을 통하여 매우 감각적이면서도 일관된 퍼팅을 만들었다고 볼 수 있다.

하지만 이 방식에도 단점은 있다. 확고한 스타일의 퍼팅이 아니라 시계추 스트로크나 스크린 도어 방식의 혼합된 형태라서 퍼팅감을 한번 놓치면 찾아내기가 힘들고 그것을 회복하는데 많은 시간과 연습이 필요하다. 최근에 프로들이 가장 많이 취하는 방식이긴 하지만 이 스트로크 역시 본인의 느낌이나 감이 많이 좌우되며 많은 연습을 통해 자기만의 스타일을 갖추는 것이 중요하다. 느낌이 좋고 결과가 괜찮다면 어떤 스타일일지라도 문제가 될 수 없듯이 자기만의 믿을 수 있는 스트로크가 가장 좋은 것이다.

2) 거리감의 스타일

① 레그맨 스타일

온 그린 된 후에 첫 퍼팅의 패턴을 분석하면 대체로 처음 퍼팅한 것이 짧거나 딱 홀까지의 거리감, 또는 긴 것 두 가지로 보통 나뉘게 되는데 짧거나 홀까지 겨우 도달하는 스타일을 보통 레그맨 퍼팅 스타일이라 부른다.

이 스트로크 장점은 되돌아오는 퍼팅을 하지 않아 3퍼트의 위험성이 적다는데 있다. 퍼팅라인이 내리막이나 옆 라인에 처한 경우에 매우 유리한 퍼팅이다. 단점은 거친 그린이나 스트로크의 정확성이 부족하면 거리감이 짧아 퍼팅을 실패할 확률이 높다는데 있다. 유명선수 중 벤 크렌쇼, 잭 니클라우스 같은 프로들이 레그맨 퍼팅 스타일의 대표적인 주자들이다.

모든 퍼팅을 약 40cm 정도 지나가는 거리감으로 처리하면 이상적이겠지만 레그맨 스타일에게는 그것이 쉽지만은 않다. 때문에 이러한 레그맨 스타일은 첫 퍼팅을 무조건 지나가게 연습하는 것이 도움이 될 수 있다. 되돌아오는 퍼팅을 실패하여 3퍼트를 감수하더라도 홀을 무조건 지나가게 연습하면 짧은 스타일을 고치는데 도움이 된다.

② 차저 스타일

공격적인 퍼팅 스타일을 차저 스타일이라 부른다. 첫 퍼팅을 홀에서 지나가는 것을 두려워하지 않고 과감하게 하는 스타일이다. **이러한 스타일은 보통 짧아서 퍼팅을 실패하는 경우가 드물고 매우 용감하게 퍼팅한다. 퍼팅의 감이 좋은 날에는 원 퍼팅의 결과가 많이 나오면서 버디를 많이 하지만 보통 홀인되지 않는 볼은 홀을 지나쳐 홀을 향해 되돌아오는 퍼팅을 많이 하게 되어 항상 3퍼트의 위험에 노출되어 있다.** 거친 그린에서도 퍼팅의 성공률이 높고 홀의 뒷벽을 맞고 과감하게 들어가는 경우가 많다. 평지 퍼팅이나 오르막 퍼팅에서 유리하지만 내리막이나 옆 라인에서의 퍼팅은 홀을 많이 지나칠 수 있다.

아놀드 파머나 타이거 우즈가 이러한 스타일에 속한다. 이러한 스타일은 홀을 지나가되 1m 안쪽으로 거리감을 유지하는 연습을 많이 하여야 한다. 퍼팅감이 좋을 때에는 무서울 정도로 성공률이 높고 버디를 많이 하지만 퍼팅감을 잃었을 경우에는 3퍼트를 포함해 무너지는 경우가 많아 이것을 극복하는 훈련이 필요하다.

스타일을 쉽게 고치기는 어렵지만 자기에게 필요한 드릴을 통하여 거리를 조절하는 연습이 필요하다. 레그맨 스타일과 반대로 첫 퍼팅을 홀에 딱 맞게 치는 거리 조절의 연습법이 도움이 된다.

거리를 조절하는 좋은 연습법 중 하나를 소개하면 5m 이내의 퍼팅에서 3가지 거리를 연습하는 방법이다. 예를 들어 2m 퍼팅을 한다면 홀에 겨우 도달하는 퍼팅, 30cm 정도 홀을 지나가는 퍼팅, 그리고 1m를 넘게 홀의 뒷벽을 세게 맞고 들어갈 정도의 퍼팅을 나누어 연습하는 방법이다. 이 연습법의 효과는 같은 거리를 본인이 결정한 대로 또는 내리막이나 평지, 또는 오르막에서 응용하여 조절할 수 있는 능력을 길러준다.

보통 오르막 퍼팅은 홀의 뒷벽을 맞을 정도의 세기로 들어가는 것이 좋다고 하지만 막상 그러한 퍼팅을 접하면 연습이나 경험이 많지 않으면 마음먹은 대로 실행하기가 쉽지 않다. 이 연습법은 같은 거리에서 3가지 스타일로 거리를 조절하는 데 매우 좋은 연습법이다.

5 퍼팅 시스템

1) 멘탈

① 퍼팅을 앞두고 과거와 미래를 생각하지 않는다. 오직 현재에 충실한다.

② 내가 무엇을 할 것인지 과정에 충실한다.

③ 매번 같은 루틴을 한다. 그래야 긴장과 두려움을 이겨낼 수 있다.

④ 정성을 들이고 최선을 다해 퍼팅한다. 지성이면 감천.

⑤ 결과를 받아들인다.

⑥ 좋았던 퍼팅만을 기억한다.

⑦ 퍼팅하는 것 자체를 즐긴다.

⑧ 운은 항상 공평하다고 믿는다.

⑨ 흔들리지 않고 내 것을 믿는다.

⑩ 연습하라 그것이 자신감이다.

2) 그립

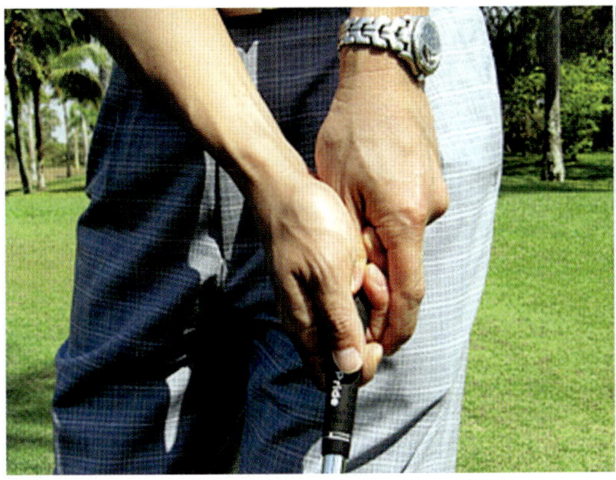
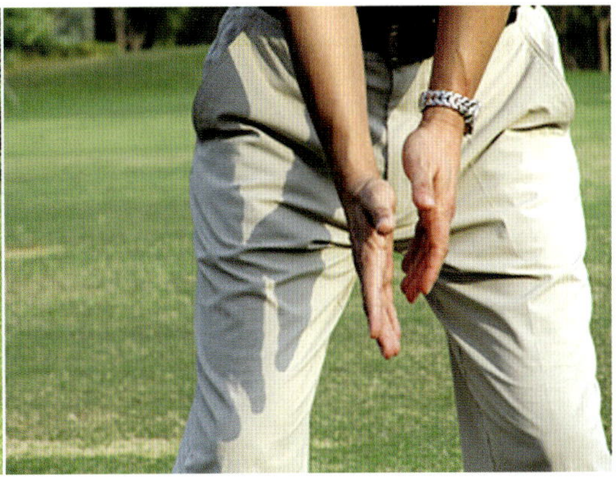

① 그립은 오른손으로 퍼터를 먼저 잡고 그 다음 왼손을 잡으며 왼손 집게손가락을 일자로 늘어뜨리면서 왼손 중지와 오른손 새끼손가락을 밀착시킨다.

② 오른손 바닥의 방향을 퍼터 페이스 방향과 맞춘다.

③ 그립의 압력은 헤드무게를 느낄 정도로 부드럽게 잡는다.

④ 왼손과 오른손이 한 덩어리가 된 것 같은 느낌으로 쥔다.

⑤ 왼손 검지손가락의 느낌을 살린다.

⑥ 오른손 새끼손가락과 왼손 가운데 중지를 나란히 정렬되게 잡는다.

3) 셋업

① 타깃 방향에 헤드와 몸의 방향을 먼저 맞추고 볼의 위치를 잡는다.

② 볼은 스탠스의 중앙에서 볼 하나 정도 왼쪽으로 놓는다.

③ 양팔의 팔꿈치가 몸통 방향으로 향하게 하고 5각형 모양이 되게 한다.

④ 왼 손목의 각도를 더 꺾어 잡으면 손목의 불필요한 움직임을 줄일 수 있다.

⑤ 어깨를 편안히 내리고 거리에 따라 스탠스 폭을 조절한다. 숏퍼팅은 어깨넓이로 스텐스를 좁게, 미들퍼팅은 조금 넓게, 롱퍼팅은 더 넓게 취한다. 이렇게 해야 백스윙과 포워드스윙의 크기를 조절하여 거리감을 맞출 수 있다.

4) 스트로크

① **어떤 퍼팅이든지 매번 같은 루틴을 한다.** 이미지를 그리고 에임을 정한 뒤 셋업을 하고, 연습스윙 3번을 거쳐, 다시 어드레스 그리고 볼을 보고, 다시 목표를 보고, 다시 볼을 본 후 스트로크한다. 매번 같은 준비과정을 거치는데 동작과 마음가짐, 그리고 시간을 일관되게 한다.

② **백스윙 탑이 완성되면 그곳에서 단번에 치는 것이 매우 중요하다.** 이것은 리듬감이 유지된다면 매우 강력한 퍼팅이 될 수 있는 스토로크의 핵심이다. 깎아 치는 퍼팅을 하는 사람에게도 효과적인 방법으로 견고한 임팩트를 만들어 내며 작은 스윙으로 멀리까지 칠 수 있는 장점이 있다. 매우 간결하고 견고한 퍼팅 방법이다. 백스윙이 만들어지면 주저 없이 바로 가속하여 매끄럽고 간결하게 단번에 스트로크해야 한다.

③ **전체적인 스트로크의 주동근은 손으로 한다.** 손을 많이 쓰는 퍼팅이 흔들린다고 조언하는 프로들이 많아 큰 근육으로 퍼팅을 시작하라는 조언들이 많은데 이는 감각적인 퍼팅에 방해받을 수 있다. 다만 손을 주동근으로 사용하는 퍼팅은 양손과 양팔, 그리고 어깨의 조화로운 움직임이 중요하다. 퍼터와 양손이 한 덩어리라고 생각하고 손을 쓰면 양팔과 어깨가 같이 움직이는 것을 느낄 것이다. 다만 손목이나 팔꿈치 같은 연결부위가 깨지지 않는 것이 중요하다. 좋은 스윙이 그러하듯 퍼팅도 양손과 양팔 그리고 몸통이 자연스런 조화를 이룰 때 좋은 스트로크로 연결될 수 있다. 오른손잡이인 경우에 헤드, 오른손 그리고 오른 어깨를 동시에 움직이며 스트로크하는 것도 좋은 연습법이다.

④ **퍼터헤드가 임팩트 존에서 지면과 수평으로 낮게 다니게 한다.** 이 스트로크는 볼에 전달되는 에너지가 최고로 나올 수 있는 매우 강력한 스트로크이다. 효율이 좋아져 거리감

을 잡는데 유리하고 숏퍼팅 성공이 많아진다. 같은 스윙크기에 같은 스피드를 전달해도 볼이 걷어 맞거나 찍혀 맞으면 거리감이 다르게 나온다. 걷어 치는 버릇의 골퍼라면 다운블로로 치는 연습법이, 찍어 치는 골퍼라면 오른 어깨를 내리거나 올려치는 연습이 필요하다.

⑤ **거리에 따라 스탠스의 넓이를 다르게 하여 백스윙의 크기를 자연스럽게 조절한다.** 백스윙은 스탠스 넓이를 이용하고 팔로스루의 크기는 백스윙과 비례하게 스윙크기를 만든다. 백스윙과 같거나 약간 더 큰 이미지의 팔로스루를 한다.

⑥ **백스윙보다 다운스윙에서 가속한다.** 백스윙 탑 부분에서 단번에 치며 스윙크기를 5~6개 정도 만들어 스윙크기에 따라 거리를 다르게 만든다. 스윙크기가 커지면 커질수록 스피드로 더 가속한다.

⑦ **때리느냐, 미느냐를 묻는다면 답은 때리는 것이다.** 다만 무작정 때리는 것이 아니라 스윙크기를 정하고 리듬을 기반으로 때려야 한다.

⑧ **퍼터도 피니시를 완벽하게 한다.** 퍼터가 피니시까지 갔다가 다시 되돌아오는 것은 임팩트에서 에너지를 다 전달하지 못한 경우이다. 따라서 되돌아오는 피니시를 없애야 한다. 완벽한 피니시는 리듬감을 좋게 하고 스윙크기를 체크할 수 있으며 임팩트 과정의 피드백을 느끼게 해준다.

⑨ **머리와 하체는 단단하게 고정시킨다.** 특히 허리에서부터 양 다리는 고정하는 것이 좋으며 상체에 의해서만 스트로크하는 것이 안정된 퍼팅의 기본이다.

5) 리듬

음악은 멜로디와 리듬으로 이루어져 있고 아무리 좋은 멜로디라고 하더라도 리듬이 형편없다면 좋은 음악이 될 수 없다. 이처럼 음악뿐만이 아니라 스포츠에서도 리듬은 생명이다. 어떤 종목의 스포츠이든 리듬감이 아름다움을 만들어 내고 균형과 효율을 내는 데 필수적인 요소가 된다.

골프 스윙도 리듬이 중요하다. 퍼팅을 하나의 작은 스윙으로 볼 때 리듬감은 임팩트를 만들어 내고 거리를 조절하며 타이밍을 찾는데 결정적인 요소이다. 보통 리듬은 시간과 관련성이 깊다. 같은 리듬이라고 한다면 같은 시간 안에 무언가를 수행한다는 의미이다.

예를 들어 1m의 퍼팅과 30m의 퍼팅을 같은 리듬으로 처리했다면 그것은 구체적으로 어떤 의미인가를 파악할 때 가장 핵심적인 요소는 시간이다. 보통 프로들이 샷을 할 때 시간을 측정해 보면 어드레스에서 백스윙을 스타트하여 포워드스윙을 거쳐 임팩트에 도달하는 시간이 보통 1초 전후로 나타난다. 조금 느린 스타일의 선수는 1초를 약간 넘기고 조금 빠른 스타일의 스윙을 가진 선수는 1초가 채 걸리지 않는다.

그렇다면 스윙하는 데 있어 클럽별로 걸리는 시간은 다 다른 것일까? 결론부터 얘기하면 같은 리듬에 스윙을 하는 선수라면 모든 클럽이 스윙을 하는(백스윙을 거쳐 임팩트까지)데 걸리는 시간이 같아야 한다. 그렇다면 웨지의 스윙과 드라이버의 스윙은 분명 스윙크기가 다른데 어떻게 걸리는 시간이 같게 할 수 있는지 의문을 가질 수 있다. 그것은 스피드를 다르게 하면서 백스윙과 포워드스윙에서 걸리는 시간이 다르게 나타나며 전체적인 시간을 같게 하는 것이다.

구체적으로 예를 들면 한 선수가 임팩트까지 1초의 시간을 사용한다고 가정할 때 웨지의 경우에는 백스윙까지 0.7초, 포워드스윙에서 0.3초를 사용한다고 보면 드라이버는 백스윙까지 0.9초, 포워드스윙에서 0.1초를 사용한다는 것이다. 그렇기 때문에 드라이버 스윙은 매우 빨라 보이는 반면 웨지 스윙은 상대적으로 느리게 보이는 것이다. 정확한 수치는 아니지만 대략 이러한 형태의 스윙이 이루어져야 같은 리듬으로 스윙을 하는 것이며 이것은 클럽별로 포워드스윙이 백스윙보다 얼마나 다른 가속을 내야 하는지 지표가 되는 동시에 일관된 타이밍을 가지게 한다.

웨지샷의 경우 풀스윙의 경우와 스윙크기를 줄인 컨트롤 스윙의 경우에도 이러한 리듬의 적용은 동일하다. 그렇기 때문에 작은 스윙을 하는 퍼팅에도 이러한 적용은 필수적인 것이다. 이것은 오로지 스윙을 하는 동안에 걸리는 시간, 즉 백스윙에 걸리는 시간과 포워드스윙에서 걸리는 시간에 대한 탐색이 있어야 스피드에 관한 결정이 내려지는 것이다.

모든 퍼팅에 걸리는 시간은 같아야 하지만 백스윙과 포워드스윙에서의 걸리는 시간은 퍼팅거리마다 스윙크기가 다르기 때문에 달라질 수밖에 없는 것이다. 이러한 이유로 1m 퍼팅과 30m 퍼팅은 포워드스윙에서 가속을 내는 스피드가 다를 수밖에 없다. 아주 짧은 타이밍의 예민한 사간차이지만 이러한 느낌을 갖지 못하면 좋은 리듬을 가진 퍼팅이 될 수 없고 이것은 좋은 결과와 일관된 퍼팅을 할 수 없게 한다.

스윙크기에 관계없이 똑같은 리듬으로 치는 것이 퍼팅에서는 매우 중요하며 이것은 스윙크기와 연결되어 거리를 결정하는 중요한 요소가 된다. 이것이 스피드 조절에 핵심인 것이다. 좋은 리듬을 확인하는 방법은 스윙크기에 관계없이 똑같은 시간에 임팩트가 되는 것을 확인하면 된다. 그러려면

스윙크기가 커지면 포워드스윙이 작은 크기의 스윙보다 더 가속을 내야 한다는 것을 알게 될 것이다.

퍼팅이 좋지 않은 경우의 대부분은 스윙크기에 따라 리듬감이 다르게 나타나는 경우가 많고 이것은 백스윙과 포워드스윙에서 스윙크기에 맞는 스피드 조절에 실패했기 때문이다. 리듬에 대한 확실한 시스템이 없는 퍼팅은 감에만 의존하는 불안정한 퍼팅이 될 수밖에 없다. 그러므로 퍼팅에서도 리듬은 생명이다.

6) 루틴

① **볼이 가는 과정을 구체적으로 이미지화한다.** 이것은 퍼팅의 루틴과정에서 가장 중요한 작업이다. 볼이 어떠한 속도와 라인으로 목표에 도달할지 구체적으로 그려보는 작업은 퍼팅을 직접 하는 스트로크 못지않게 중요하다. 이 과정이 생략되었거나, 또는 잘못되었다면 퍼팅은 성공할 확률이 매우 떨어진다.

골프의 전설 잭 니클라우스는 샷이나 퍼팅에 있어 이미지가 그려지지 않는다면 스트로크를 하지 않았다고 한다. 볼이 목표를 향하여 어떤 속도와 라인을 그리며 가는 것에 대한 구체적인 심상이 이루어지지 않는다면 그 퍼팅은 실패할 가능성이 매우 높으며 이것은 마치 여정에 대한 구체적인 계획을 갖지 않고 여행을 떠나 이리저리 헤매는 것과 다를 게 없다.

② **발을 모아 방향을 잡고 스탠스를 조절하여 볼의 위치를 잡는다.** 볼에 몸을 맞추어 에임하는 것도 일관된 동작이 필요하다. 볼을 마주하여 가상의 볼이 가는 라인에 T자 모양을 연상하여 에임하면서 몸의 여러 가지 부분을 목표와 평행하게 정렬하는 일도 퍼팅에서 매우 중요한 일이며 많은 연습이 필요하다.

보통 퍼팅의 실패 원인 중 방향에 대한 오류가 발생하였다면 스트로크와 에임을 살펴보아야 한다. 이 두 가지는 서로 결합하며 상충하는 성격을 띠는데 초보자의 경우에 목표보다 오른쪽(바깥쪽)으로 에임하고 스트로크를 당기는 경우가 가장 대표적인 예이다. 퍼팅의 경우에는 방향에 대한 오류가 결과로 나타날 경우, 골퍼들마다 다르겠지만 에임에 대한 미스가 영향을 더 많이 끼친다고 할 수 있다.

③ **거리감을 생각하며 연습 스윙을 두 번 한다.** 퍼팅은 방향과 거리를 원하는 대로 통제할 수 있다면 어떤 퍼팅이라도 모두 성공시킬 것이다. 이처럼 퍼팅에 있어서 거리감은 방향 이상으로 중요한데 대부분 퍼팅이 거리 조절이 잘 안되어 실패하는 경우가 많다. 아무리

좋은 방향도 너무 약하거나 세면 들어가지 않는 법이다.

퍼팅의 격언 중에 “never up never in”이란 말이 있다. 그러나 필자는 이 말에 결코 동감하지 않는다. “짧은 퍼팅은 절대 들어가지 않는다”라는 말은 부정할 수 없지만 그렇다고 너무 긴 퍼팅도 절대 들어가지 않기 때문이다. 가장 좋은 거리감은 내리막과 옆라인의 퍼팅은 홀까지의 거리가 좋고 평지 퍼팅이나 오르막 퍼팅은 약 40cm 정도 지나가는 것이 가장 좋은 퍼팅의 거리감이다. 이 부분은 퍼팅의 스타일에서 더 깊이 다루겠지만 어쨌든 방향 이상으로 거리감이 중요한 것은 사실이다.

거리감에 영향을 주는 요소들은 많을 것 같지만 실은 두 가지 뿐인데 그것은 바로 스윙크기와 스피드이다. 스윙크기와 스피드는 서로 결합하고 상충한다. 필자가 보는 견해에서 가장 나쁜 퍼팅은 너무 큰 스윙크기에 너무 약한 스트로크이다.

거리에 따라 스윙크기를 적당하게 만들어야 한다. 자동차에도 기어가 있듯이 퍼팅에도 스윙크기를 5~6가지 정도 만들어 이것을 스피드와 접목하여 거리감을 잡아 놓는 것이 좋다. 스윙크기가 커지면 이에 따른 스피드도 증가시켜 거리감을 잡는다. 거리감에 대한 스윙의 크기와 스피드가 자신만의 공식으로 있어야 한다. 거리에 따라 이 공식을 대입하고 자신만의 감각을 추가시켜야 한다.

감각적으로만 거리감을 잡으면 분명히 문제가 생기며 계속적인 퍼팅 경험이 없으면 터무니없는 거리감 상실로 퍼팅의 혼란을 가져온다. 따라서 스윙크기와 스피드에 대한 공식을 만드는 것이 중요하다.

스트로크를 하기 전에 목표에 가기 위하여 스윙크기와 리듬을 생각한 연습스윙은 필수적이다. 하지만 이러한 연습스윙은 절차와 시간이 일관성을 갖는 것이 무엇보다도 중요하다. 보통 볼 뒤에서 연습스윙을 두세 번 정도 하고 볼에 접근하여 볼을 보고 다시 목표를 보고 또다시 볼을 보며 스트로크하는 것이 좋은 방법이다. 볼에 접근하여 스트로크를 하지 못하고 너무 오래 있으면 오히려 자기 긴장을 하게 되어 좋은 루틴이라 할 수 없다. 집중력이 가장 발휘되며 긴장하지 않는 미묘한 시간차를 각자 뽑아내야 한다.

④ **계산한 것을 신뢰하며 실행한다.** 프로들도 매 라운드마다 퍼팅 컨디션이 다른데 경기가 끝나고 인터뷰에서 하는 말들은 거창한 것이 아니라 오늘 집중이 잘 되어서 거리감이 좋았다든지 라인이 눈에 잘 들어왔다든지 하는 간단한 말들로 퍼팅을 표현한다. 집중력이나 리듬, 또는 라인에 대한 아주 지극히 당연한 표현을 많이 한다. 이것은 스트로

크의 기술적인 문제보다도 훨씬 중요하다. 자기가 계산하고 믿은 것을 과감하게 실행에 옮기는 것이 믿음이 없이 주저주저하는, 그래서 운에 맡기는 퍼팅보다 훨씬 퍼팅의 성공을 가져온다.

7) 라인 보는 법

① 그린의 경사는 그린에 올라가기 전부터 파악한다. 그린의 전체적인 그림을 파악하는 것이 중요하다. 어느 쪽이 전체적으로 높은지, 어느 쪽으로 물이 빠지는지, 어디가 오르막인지 등의 전체적인 그린의 지형은 그린 올라가기 전에 보는 것이 좋다.

② 그린의 전체적인 경사를 먼저 살피고 그 다음 그린 내의 마운드를 살핀다. 그린의 전체적인 형태나 모양, 높낮이를 파악하려면 여러 가지 정보를 찾아내야 한다. 산이 어느 쪽에 있는지, 배수를 한다면 물이 어느 쪽으로 빠지는지, 연못이 있는지 등의 전체적인 그린의 모양과 높낮이를 파악하는데 이러한 정보는 매우 중요하다. 그러한 정보를 통하여 그린의 전체적인 경사를 파악하는 것이 좋다.

③ 그린 내의 작은 마운드는 어디가 최고로 높은지를 확인한다. 그린의 전체적인 경사를 파악하였다면 그린 내에 숨어 있는 크고 작은 마운드를 살펴서 그린의 전체적인 경사와 접목하여 높낮이를 결정해야 한다. 이러한 과정에서 그린 내의 마운드와 그린 전체의 경사를 비교하여 속임수 마운드를 찾아낸다. 속임수 마운드란 골퍼들에게 혼란을 주기 위해 그린의 전체적인 경사 속에 크고 작은 마운드를 두어 그린의 높낮이를 헷갈리게 만든 마운드를 말한다.

④ 스피드를 파악하기 위하여 잔디의 길이를 확인하고 바닥이 딱딱한지 부드러운지를 스파이크의 느낌으로 파악한다.

⑤ 지형의 경사를 많이 보아야 하는지, 잔디의 누운 결을 봐야 하는지를 결정한다. 벤티 그라스로 형성된 그린은 그린의 경사도에 영향을 많이 받지만 잔디의 잎이 넓은 종류의 버뮤다 그라스 등의 그린잔디에서는 잔디의 누운 결에 따라 볼의 속도와 방향이 많이 달라진다. 동남아 등이 이러한 잔디로 식재된 골프장이 많은데 이런 곳에서는 경사와 잔디의 결을 같이 생각해서 속도와 라인을 결정해야 한다.

⑥ 볼이 어떠한 라인을 그리며 홀에 들어갈 것인지를 상상하며 이미지화한다. 그린 읽기가 끝나면 볼이 출발하여 홀까지 가는 과정을 아주 생생하게 이미지화하여 퍼팅에 임

해야 한다. 이러한 볼이 굴러가는 과정을 이미지화하는 일이 그린을 읽기나 스트로크의 방법에 따라 다르게 나타나므로 그린읽기와 이미지화하는 작업을 접목하여 계속 연습하여야 하고 오류가 나타나면 피드백을 통하여 속도와 경사를 재가늠해야 한다.

⑦ 볼과 홀과의 거리를 계산하기 위하여 볼이 가는 과정이 오르막인지 내리막인지를 먼저 확인한다. 보통 초보자들이 라인 읽는 것을 보면 왼쪽과 오른쪽 중 어느 쪽이 높은지에 대한 관심이 더 많은 것 같다. 그것은 방향에 대한 관심이 더 많다는 뜻이다. **퍼팅은 방향에 대한 관심보다 볼이 목표를 향해 가는 과정에서 오르막인지 내리막인지를 먼저 파악하는 것이 중요하다. 이것은 거리감을 정확하게 계산하기 위한 방법이므로 이를 먼저 파악하는 것을 선행하고 그 다음에 좌측이 높은지 우측이 높은지를 확인해야 한다.**

이렇게 하는 이유는 볼이 굴러가는 과정이 결정되어야만 경사를 어느 정도 감안할지가 결정되기 때문이다. 보통 내리막이나 옆 라인은 경사를 많이 타고 평지나 오르막에서는 경사를 덜 타기 때문이다. 퍼팅에서 "속도가 라인을 지배한다"라는 말은 결코 틀린 말이 아니다.

⑧ **볼이 출발하여 볼과 홀의 3분의 2 지점이나 아니면 홀 앞의 1~2m 지점에서 볼이 통과시킬 지점을 정하고 그 지점을 어떤 속도로 통과시킬 것인가에 대한 이미지를 그린 다음 퍼팅하는 것이 중요하다.** 볼이 직선으로 가다가 어느 지점에서부터 꺾이기를 시작하는데 볼이 경사에 따라 원만하게 꺾이기도 하고 급작스럽게 꺾이기도 한다. 이것은 경사나 높낮이에 따라 다양하게 나타난다. 볼이 통과할 지점을 파악하는 것이 중요한 이유는 홀까지 가는 과정에 충실해야 홀인되거나 거리를 맞추는데 도움이 되기 때문이다. 홀을 향해 어떤 속도로 어떤 곡선을 그리며 진행할 것인가를 파악하고 통과할 지점을 정한 뒤 그곳을 통과하기 위하여 어떤 속도감으로 어디를 향해 칠 것인지를 결정해야 한다. 볼을 출발시키는 방향은 항상 그 지점이 되지는 않는다. 그 지점까지 가는 과정이 모두 다르기 때문이다.

⑨ 홀을 보고 퍼팅하지 않고 볼이 구르는 라인을 상상하며 퍼팅하려고 노력한다. 초보자들은 볼이 굴러가는 라인을 결정하였어도 홀에 모든 관심이 있다. 물론 퍼팅의 최종목표가 홀인이다. 그러나 홀에만 관심이 치우친 퍼팅은 실패하기 쉽다. 최종 목표는 홀이지만 볼을 홀인하기 위해서는 볼이 진행되는 과정에 집중해야 성공률이 높아진다. 그러기 위해서는 볼이 출발하여 어떤 라인을 그리며 홀로 들어갈 수 있는지 중간 과정을 구체적으로 파악하여 퍼팅하여야 한다.

⑩ **볼의 앞과 뒤에서 보는 라인은 좌측과 우측의 경사를 파악하여 방향을 결정하는데 도움이 되고 볼이 진행될 중간 지점에서 보는 라인은 오르막과 내리막을 파악하는 방법이다.** 이러한 방법으로 거리와 방향을 결정하였다면 그 결정을 믿어야 한다. 스트로크하기 위하여 어드레스를 했을 때 방향에 대한 확신이 없으면 모든 것이 뒤틀어지기 쉽다. 어드레스 들어가면 본인이 결정한 방향을 신뢰하고 거리에 맞는 계산된 것을 수행해야 한다. 만일 어드레스에서 결정된 사항에 확신이 서지 않는다면 다시 속도와 방향을 계산하고 루틴을 다시 해야 한다.

TIPS 퍼팅의 추가적인 조언

1) 롱퍼팅

① 그립을 부드럽게 잡아 헤드 무게를 느낀다.
② 어드레스를 너무 숙이지 말고 위에서 내려다보는 느낌으로 셋업한다.
③ 퍼팅라인을 이미지화한다.
④ 방향성보다 거리감에 중점을 두어 스트로크한다.
⑤ 스윙을 어프로치하는 느낌으로 한다.
⑥ 공이 처음 출발한 다음의 3분의 1 지점과 그다음 3분의 2 지점, 그리고 마지막 3분의 3 지점을 나누어 거리를 계산한다.

2) 숏퍼팅

① 숏퍼팅은 무엇보다도 자신감이 중요하다.
② 숏퍼팅도 일관된 루틴을 해야 한다.
③ 직선에서는 방향성을 휘는 라인에서의 거리감을 신경 쓴다.
④ 어드레스를 낮추어 안정감있게 자세를 잡고 집중력 있게 공을 본다.
⑤ 양 팔꿈치를 몸통에 붙이는 느낌으로 셋업하여 손, 팔, 어깨가 일체감이 있게 스트로크한다.
⑥ 볼이 홀에 들어가는 것을 이미지화한다.
⑦ 짧게 들어 단단하게 친다.
⑧ 숏퍼팅도 리듬을 중시한다.
⑨ 볼이 스타트되는 직선지점 10cm에 집중하여 볼을 보낸다.

3) 내리막 퍼팅

내리막 퍼팅이 오르막 퍼팅보다 어렵다고 하는데 사실 거리 조절만 잘 한다면 내리막 퍼팅이 더 쉬운 것이다. 그것은 볼이 오르막을 굴러갈 때보다 내리막을 굴러갈 때 지형이나 잔디의 저항을 덜 받아 일정한 결과를 가져오기 때문이다.

내리막 퍼팅에서는 대부분 왼발이 낮고 오른발이 높은 위치에서 퍼팅을 많이 하기 때문에 셋업 자세도 이런 지형에 맞는 조정이 필요하다. 왼발 내리막 샷을 할 때처럼 왼 무릎을 살짝 더 구부리는 자세를 취하여 상체와 하체가 지형에 평행하도록 만들어주는 것이 중요하다. 이렇게 셋업을 하지 않으면 임팩트가 견고하게 이루어지지 않는 경우가 많이 생긴다.

내리막 퍼팅도 거리를 맞추는 것이 가장 중요한 포인트인데 이를 위해서 가장 중요한 것이 홀 전에 가상의 지점을 정하는 것이다. 볼이 홀 쪽으로 굴러가는 라인을 정하고 그 중간에 가상의 통과점을 하나 설정하여 그곳까지만 퍼팅을 하는 방법이다. 많은 아마추어들이 홀만 보고 퍼팅을 하다가 볼이 홀을 많이 지나치는 경우가 많은데 가상의 지점을 정하고 그곳까지만 볼을 굴려주면 나머지 거리는 경사에 의해서 자연스럽게 홀 쪽으로 굴러가므로 이 방법이 매우 효과적인 내리막 퍼팅 방법이다.

이 가상의 지점을 설정하는 방법은 그린의 경사도나 그린의 빠르기에 따라 조금씩 다르게 되는데 경사가 심하거나 그린이 빠른 경우에는 가상의 지점이 홀에서 먼 부분이 될 수 있고 그린의 경사가 미미하거나 그린이 느릴 때는 홀과 가까이 설정된다. 하지만 이러한 가상의 지점을 정확하게 설정할 수 있는 능력은 많은 경험과 연습을 통해서만 가능하다. 내리막 퍼팅에서는 오르막 퍼팅보다 라인이 많이 휘는 경우가 대부분이다. 지형이나 잔디의 영향을 덜 받아 볼이 생각보다 낮은 쪽으로 많이 휘게 되므로 경사를 충분히 고려하여 라인을 읽어야 한다.

4) 오르막 퍼팅

오르막 퍼팅의 성공 여부도 역시 거리감이 중요한 열쇠다. 오르막 퍼팅도 역시 오르막의 경사도에 따라 가상의 홀을 만들어서 홀을 지나가도록 퍼팅한다. 홀인되는 과정이 볼이 지나가는 과정에서 이루어지도록 지나가게 치는 것이 중요하다. 홀 뒤를 치면서 들어가는 정도의 속도감이 좋다. 거리에 못 미치는 속도는 볼이 홀 주위의 조그마한 라이에도 영향을 받아 홀인되지 않는 경우가 더 많다. 그러므로 30~40cm 정도 지나가는 느낌의 속도가 가장 좋다.

오르막 퍼팅의 요령은 평상시의 퍼팅과 크게 다르지 않지만 다음과 같은 두 가지 방법이 거리감을 좋게 하는 방법이다. 첫 번째는 **스트로크의 크기와 리듬을 평상시와 같게 한 상태에서 포워드스윙에서 스피드를 더 빠르게 하면 임팩트가 조금 단단하게 이루어지며 홀에 못 미치는 짧은 퍼팅을 없앨 수 있다.** 이 스트로크에서 주의할 점은 가속에 대한 컨트롤이 필요하며 감각적인 퍼팅에 해당한다. 그린 주위의 풀이 긴 에이프런에서 퍼팅하는 것과 비슷하다.

두 번째 방법은 **평지에서의 스탠스 넓이를 오르막 퍼팅에서는 같은 거리라도 조금 더 넓게 벌려 스트로크의 크기를 조금 더 크게 하는 방법이다.** 평지에서의 스윙크기보다 크게 스윙하여 거리를 확보한다. 이 방법은 리듬이나 스피드의 시스템을 그대로 이용하여 감각적인 것보다는 공식에 입각한 퍼팅 방법이다. 감각적이든 공식적이든 오르막 퍼팅에서는 거리감이 중요하고 내리막이나 옆 라인보다 경사를 덜 타는 것을 알아야 한다.

Memo

"진짜 굿샷이란 최대의 위기에서
가장 필요할 때의 좋은 샷을 말한다."

– 바이런 넬슨

제 4 장

트러블 샷

1 발끝 오르막 샷

발끝 오르막 샷은 우리나라와 같이 산악지형의 코스가 많은 곳에서 반드시 익혀야 하는 기술이다. 코스의 경사는 거리에도 영향을 주지만 특히 방향과 관계가 깊다. 발끝 오르막 샷은 발보다 볼의 위치가 높은 상태의 샷을 뜻한다. 보통 이러한 위치에서 나오는 실수는 뒷땅이나 심한 훅 그리고 클럽의 토우부분에 맞아 더 산비탈로 올라가거나 제 거리를 못내는 경우이다.

1) 셋업

① 클럽을 한두 클럽 긴 것으로 선택하고 그립을 짧게 내려잡는다.
② 평지의 라이보다 볼이 몸과 가까워졌으므로 상체를 볼과 조금 멀게 세워주고 무릎도 평지보다 더 펴서 몸을 거의 선 상태로 셋업한다.
③ 발바닥의 체중을 발가락 쪽으로 더 위치시켜 자세를 안정되게 취한다.
④ 스탠스를 너무 넓게 하면 체중이동이 어려워 훅이나 뒷땅이 날 수 있으므로 적당한 넓이의 스탠스 폭이 필요하다.
⑤ 볼의 위치는 가운데나 볼 하나 정도 오른쪽으로 놓는 것이 좋다.
⑥ 경사도에 따라 100야드 이상의 거리에서는 오른쪽으로 약간 오조준하여 겨냥한다.

2) 샷의 요령

① 자연스럽게 플랫한 스윙이 되므로 일부러 뒤로 빼는 스윙을 할 필요가 없다.
② 풀스윙보다는 하체를 안정시키는 백스윙이 필요하며 상체만을 이용한 컴팩트한 스윙이 좋다.

③ 볼 위치에서 가슴까지의 거리를 가늠하고 그 거리의 변화를 주지 않는 스윙의 이미지를 활용한다.

④ 경사도가 심한 곳에서는 코킹을 자제한 낮은 백스윙을 하여 임팩트 위주의 샷을 한다.

⑤ 피니시를 생략한 손의 로테이트를 자제하여 팔로스루한다.

2 발끝 내리막 샷

발끝 내리막 샷은 볼이 발보다 낮은 상태에 있는 샷으로써 아마추어들이 발끝 오르막보다 더 까다롭다고 생각하는 샷이다. 이런 라이에서의 실수는 탑핑이나 목표보다 오른쪽으로 휘어가는 슬라이스 샷이 많이 나온다는 것이다.

1) 셋업

① 스탠스 폭을 넓게 취하여 하체를 안정시킨다.

② 발바닥의 체중을 발뒤꿈치 쪽으로 위치시킨다.

③ 상체를 더 숙여 주며 무릎을 더 구부리는 느낌으로 셋업한다.

2) 샷의 요령

① 원래 클럽보다 한 클럽 긴 것을 선택하고 70~80%의 힘만으로 가볍게 스윙한다.

② 머리를 고정시키고 체중이동은 안하여도 무방하다.

③ 경사도에 따라 볼이 오른쪽으로 휘어지므로 100야드 이상의 거리에서는 목표보다 왼쪽으로 겨냥하는 것이 유리하다.

④ 자연스럽게 업라이트가 되는 스윙이 이루어지므로 백스윙을 너무 높이 들지 말고 셋업 때의 무릎의 높이가 변하지 않는 범위 내에서 스윙한다.

⑤ 하체를 고정한 상체 회전만으로 친다.

⑥ 피니시를 생략하고 클럽 페이스가 열리지 않도록 릴리스를 빠르게 하여 팔로스루한다.

⑦ 가볍게 스윙하여 임팩트 위주로 치고 스윙의 균형을 잃지 않도록 한다.

3 왼발 내리막 샷

왼발 내리막 샷은 골퍼들이 가장 어려워하는 트러블이다. 셋업 자세를 취하기도 힘들며 거리를 떠나 임팩트 자체가 어려운 상황이다. 경사도에 따라 탄도가 평지보다 낮아져 캐리가 짧게 나가는 대신 런이 더 발생할 수 있다.

1) 셋업

① 볼의 위치는 보통 가운데에 놓지만 경사도에 따라 오른쪽으로 옮길 수도 있다.

② 왼 무릎을 더 구부리고 오른 무릎을 펴는 모양을 취하여 왼 무릎으로 체중을 실어서 셋업한다.

③ 힙의 위치를 좌측으로 위치시킨다.

2) 샷의 요령

① 백스윙을 조금 가파르게 들어준다.

② 포워드스윙은 손과 헤드가 같이 내려오는 코킹을 유지한 상태로 스윙한다. 이러한 동작에서는 헤드가 열리기 쉬우므로 이 점을 주의한다.

③ 낮은 팔로스루를 취하고 피니시를 생략한다.

④ 경사도와 스윙에 따라 볼이 오른쪽으로 가기 쉬우므로 경우에 따라서는 왼쪽으로 겨냥한다.

⑤ 연습스윙을 통하여 헤드가 떨어지는 지점을 기억하여 볼의 위치를 잡는 응용이 필요하다. 경사도가 클수록 임팩트 지점은 달라질 수 있으므로 이 방법이 효과적일 때가 많다.

⑥ 하체를 좌측으로 고정하고 상체의 스윙만으로 친다.

4 왼발 오르막 샷

트러블 샷 중에서 가장 쉬운 라이의 샷이라 할 수 있으나 경사도에 따라 거리계산이 쉽지 않고 가끔씩 뒷땅이나 훅샷이 나와 골퍼를 당황케 하는 샷이다. 왼발이 오르막 상황이므로 클럽의 로프트는 더욱 커지며 탄도가 높게 나오는 대신 거리가 줄어들 수 있다. 경사에 맞게 올려치거나 가파르게 찍어 치는 두 가지 형태의 샷이 많이 나온다.

1) 셋업

① 한두 클럽 긴 것으로 선택하고 그립을 짧게 잡는다.
② 볼을 가운데로 위치시킨다.
③ 경사도에 맞게 무릎, 허리, 어깨선을 정렬한다.
④ 확실한 체중이동을 하기 위하여 스탠스를 조금 좁게 잡는다.

2) 샷의 요령

① 라이가 잘 찍히면서 임팩트되는 상황이므로 가파르게 다운스윙을 의도적으로 할 필요는 없다.
② 다운스윙 시 하체의 체중이동과 손, 팔 스윙의 타이밍이 중요하므로 확실한 체중이동이 필요하다. 체중이동 없이 클럽을 휘두르면 뒷땅이나 훅샷이 발생할 수 있다.
③ 손목의 로테이트를 빨리 하지 말고 확실한 몸의 회전을 이용한다.

5 맨땅이나 디봇에서의 샷

봄 같은 경우 코스에 나가보면 디봇이나 맨바닥의 라이에 볼이 놓인 상황이 많이 발생한다. 프로들도 코스공략이 서로 비슷하여 티샷을 잘 친 경우에도 디봇에 들어가는 경우가 많다. 디봇이나 맨땅 라이에 볼이 있어도 운이 나쁘다고 한탄하거나 불안한 생각을 할 필요는 없다. "왜 하필 이런 곳에 볼이 있는 거야"라고 생각하기보다는 **어떻게 셋업하고 볼을 어떤 위치에 놓으며 어떻게 스윙해야 정확하게 볼을 콘택트할 수 있을 것인가를 고민하여야 한다.** 그러한 여유로운 마음가짐과 준비가 있어야 실수를 줄이고 좋은 결과를 얻을 수 있다.

1) 셋업

① 다운블로의 샷을 유도하기 위하여 다음과 같이 셋업한다.

- 손이 볼보다 앞쪽에 있게 셋업한다.
- 오른쪽 어깨를 낮추지 않고 높여 주는 셋업을 한다.
- 체중을 약간 앞발에 있게 한다.

② 볼을 가운데에서 한 개 정도 오른쪽으로 위치시킨다.

③ 클럽을 짧게 쥐고 한 클럽 길게 잡는다.

④ 상체를 펴고 턱을 들어서 볼을 코밑으로 내려다보듯이 셋업한다.

⑤ 셋업을 조금 일어선 느낌으로 한다.

2) 샷의 요령

① 스탠스를 고정하고 하프스윙의 느낌으로 백스윙한다.

② 정교한 임팩트가 필요하므로 머리를 고정하고 포워드스윙에서는 확실하게 체중을 이동한다.

③ 머리가 상하로 움직이지 않도록 주의한다.

④ 스윙을 크게 하지 않고 타이밍을 잘 맞추어 서두르지 않는 다운스윙을 한다.

⑤ 페어웨이 벙커샷이나 디봇, 맨땅에서의 샷은 모두 비슷하여 한 가지 기술을 잘 습득하여 응용하는 것이 중요하다.

⑥ 너무 가파르게 눌러치는 것보다 디봇이 얇게 볼만 치는 기분으로 샷 한다. 그러기 위해서는 가파르게 들기보다 손과 헤드가 낮게 빠지는 이미지로 완만한 백스윙을 하는 것이 좋다.

6 깊은 러프에서의 어프로치샷

러프에 잠긴 볼을 처리하는 것이 어려운 이유는 상황에 따라 클럽 선택도 다르게 해야 하지만 샷에 따라 매우 변화무쌍한 결과가 나와 일관된 샷을 치기가 어렵다는데 있다. 일단 깊은 러프에 빠진 볼은 정상적으로 맞추는 것이 불가능하기 때문에 일반적인 스윙크기에 비하여 캐리가 나가지 않고 런이 많이 발생한다. 러프에서의 샷이 가장 어려운 이유도 이러한 캐리와 런의 조절이 어렵기 때문이다. PGA선수들도 이러한 이유 때문에 깊은 러프에서의 샷보다는 오히려 벙커샷을 더 좋아하는 선수들이 많다.

깊은 러프에 빠진 볼은 우선 볼이 잠긴 정도가 어느 정도인지를 파악하는 것이 중요하다. 잠긴 정도에 따라 클럽을 예각으로 들어 가파르게 찍어 칠 것인지, 아니면 벙커샷처럼 폭발을 이용하여 칠 것인지를 결정하여야 한다. 정확한 선택 없이 무작정 힘으로만 세게 쳐서 볼을 탈출하려고 하면 실수할 확률이 높다. 보통 볼이 반 이상 묻힌 경우부터 정상적인 샷이 불가능하다고 보면 되는데 이런 경우에는 클럽 페이스를 조금 열고 벙커샷을 하듯 부드럽게 치면 좋은 결과를 얻을 수 있다. 스윙크기와 스피드를 조절하여 거리가 얼마나 나가는지 알아둔다.

1) 셋업

① 로프트가 큰 클럽을 선택하고 그립을 약간 단단하게 쥔다.
② 클럽 페이스와 스탠스를 오픈한다.
③ 왼발 쪽으로 체중을 실어놓는다.

2) 샷의 요령

① 백스윙은 코킹을 이용하여 가파르게 든다.
② 볼의 2~3센티 뒤를 친다.
③ 포워드스윙에서 가속한다.
④ 스윙크기에 비하여 볼이 많이 나가지 않으므로 스윙을 크게 한다.
⑤ 깊은 풀에 볼이 있다면 저항을 최소화하기 위하여 가파르게 포워드스윙을 한다.
⑥ 볼이 어느 정도 보이면 위로 올려치듯이 팔로스루한다.

참고문헌

- 데이브 펠츠, 학원사, 퍼팅 바이블, 2001
- 데이브 펠츠, 학원사, 숏게임 바이블, 2002
- 데이브 스탁튼, 바이오프레스, 내기골프에서 이기는 퍼팅 기술, 2002
- 밥 로텔라, 루비박스, 자신감의 게임, 2003
- 밥 로텔라, 루비박스, 퍼팅 마음의 게임, 2004
- 잭 니클라우스 외, 팩컴북스, Golf My Way, 2010
- 조셉 페런트, 한문화, 젠골프, 2003
- 피아 닐손, 루비박스, 모든 샷에 집중하라, 2007
- 하비 페닉, W미디어, 하비 페닉의 리틀레드북, 2010

제 3 부

SPECIAL TIPS

– 매니지먼트 게임

Special TIPS - 매니지먼트 게임

1 날씨

골프를 치다보면 정말 여러 가지 상황을 맞이하게 된다. 그 중에서도 날씨이야기는 골프에 있어서 빼놓을 수 없는 중요한 요소이다. 골프의 묘미 중 그 으뜸은 바로 자연과의 대결이라고 할 수 있다. 골프를 하다 보면 추운 영하의 날씨에서도 뜨거운 더운 날에도 플레이를 하게 된다. 따뜻한 봄날에 플레이를 하기도 하지만 혹독한 비바람과 싸우는 날도 있다. 황사와 더불어 부는 거친 모래 바람 앞에서도 비가 오는 장마철에도 경기는 계속된다. 이러한 변화무쌍하고 다양한 날씨 속에서도 골프는 계속되며 우리는 플레이를 해야 한다.

모든 선수가 같은 날씨에 똑같은 반응을 하는 것은 아니다. 어떤 이는 더운 것을 못 견디고 어떤 선수는 추울 때 맥을 못 춘다. 바람 부는 날씨에 감당이 안 되는 골퍼가 있는가 하면 습도가 높을 때 정신없어 하는 골퍼도 있다. 우리 인간의 몸은 체질이 모두 다르듯이 날씨에 적응하는 것도 모두 다르다. 많은 플레이어들은 이러한 변화무쌍한 날씨를 경기 당일의 컨디션이나 그동안의 경험을 통해서만 대처하는 요령을 터득하였다. 어쨌든 날씨에 따라 어떻게 마음먹고 주어진 상황을 순응하며 적응해 나가느냐에 따라 우리가 얻게 되는 결과는 많이 다르게 나온다.

날씨에 관련된 부분을 크게 나눈다면 기온, 바람, 습도로 나눌 수 있다. 먼저 기온은 골퍼나 플레이에 가장 영향을 많이 미치는 요소다. 동남아 같이 30도가 육박하는 더운 날씨와 영하에 가까운 추운 날씨는 선수의 컨디션을 다르게 한다. 특히 추운 날씨에서는 몸이 쉽게 굳어 유연한 스윙을 방해하며 손의 감각이 떨어져 섬세한 샷이나 숏게임이 잘 안 될 때가 있다. 이러한 때는 얇고 보온성이 강한 옷을 여러 겹 입는 것이 유리하며 손을 따뜻하게 해 줄 보온장비를 챙기거나 따뜻한 물을 수시로 마시고 계속 움직이며 몸이 굳지 않도록 해야 한다.

골프 클럽도 기온에 따라 변화가 생긴다. 철로가 뜨거운 여름날과 추운 겨울에 다르게 반응하듯이 샤프트나 그립도 날씨에 따라 조금은 다르게 바뀐다. 예를 들면 따뜻한 날에 치던 드라이버는 추운 겨울에는 샤프트가 보다 강하게 느껴질 수 있다. 그러므로 따뜻할 때 치던 드라이버보다 조금 약한 샤프트를 사용한다든지 아니면 낮은 기온으로 인해 조금 딱딱하게 느껴지는 샤프트에 대한 적응이 필요하다.

기온이 떨어지면 평소보다 볼의 비거리가 줄어든다는 것을 알아야 한다. 낮은 기온은 볼의 탄력을 줄이며 캐리로 날아가는 비거리를 줄인다. 특히 아이언을 선택할 때 전에 이곳에서 쳤던 기억만으로 클럽 선택을 한다면 낭패를 볼 수가 있다. 비거리가 줄어드는 양은 경험적으로 계산할 수밖에 없지만 분명히 게임에 영향을 줄만한 중요한 요소이다.

바람 역시 플레이에 영향을 많이 미치는 요소이다. 하지만 플레이어가 가지는 생각에 따라 골프의 재미는 바람에 따라 다르게 나타난다. 바람이 불면 집중력이 떨어지고 볼이 좋은 샷을 쳤음에도 불구하고 원하는 곳으로 가질 않는다. 하지만 바람을 잘 이용하면 때로는 좋은 결과를 가져올 때도 있다. **보통 바람이 불 때 결과가 좋지 않은 이유는 바람 때문에 생기는 볼의 오차보다 바람으로 인해 생기는 스윙의 리듬감이나 균형이 깨지는데 더 큰 이유가 있다.** 특히 집중력을 잃게 하는 퍼팅은 치명적이다. 따라서 바람이 불 때의 퍼팅 요령은 스탠스를 평소보다 조금 더 벌려 안정감 있게 만들고 리듬을 잘 타거나 자기만의 루틴을 믿는 수밖에 없다.

맞바람이 부는 경우에 샷을 하는 요령 중 한두 클럽을 더 길게 잡고 낮게 치는 방법쯤은 웬만한 핸디를 가진 골퍼라면 다 알고 있을 것이다. 그러나 낮게 치려고 볼을 오른발에 놓고 너무 눌러 치면 볼의 스핀이 너무 많이 걸려 처음에는 낮게 출발하지만 볼이 솟구치며 원하는 거리가 나가지 않을 때가 있다. 이럴 때는 볼을 스탠스 가운데 정도에 놓고 클럽을 짧게 잡아 지나가듯이 휘둘러 치는 것이 좋은 방법이다. 이렇게 하면 볼의 스핀도 덜 걸리고 바람을 이겨내며 제 거리를 칠 수 있다. 이것은 아이언이나 드라이버의 경우에도 마찬가지이다.

뒷바람이 불 때는 특별한 기술 없이도 클럽의 선택만으로 거리를 조절하면 되지만 드라이버의 샷에서는 탄도를 조금 높게 가져가는 것이 유리하다. 이처럼 바람의 방향에 따라 샷을 조금씩 다르게 가져가는 것은 스윙이 어느 정도 자리 잡은 골퍼라 할지라도 쉽게 구사되는 것은 아니다. 따라서 평소에 이러한 연습이 이루어져야 한다. 연습을 항상 일정하고 단조롭게 하는 것보다 티를 높여서 더 띄우는 샷을 연습해보고 또한 볼의 위치를 오른쪽으로 위치시켜 낮은 볼을 연습해 보는 등 다양한 구질이나 탄도 연습이 필요하다.

비가 오는 습한 날씨에서는 우중 플레이에 대한 준비가 무엇보다도 중요하다. 먼저 비옷과 우산, 장갑 등을 꼼꼼히 챙기고 타올과 상체가 젖었을 경우 갈아입을 옷을 여분으로 챙기는 것이 좋다. 상체가 젖으면 스윙이 감기고 몸이 피곤함을 더 느낀다. 젖은 상태에 따라 웃옷을 갈아입는 것만으로도 기분이 달라지며 남은 플레이에 도움이 된다. 특히 장갑은 양피로 된 장갑은 피하는 것이 좋다. 양피는 새 것이거나 맑은 날에는 느낌이 좋고 그립감이 뛰어나지만 물이 묻을 경우에는 매우 미끄러지는 특징이 있다. 따라서 양피보다는 합성피로 만들어진 장갑을 준비해야 한다.

맑은 날씨나 런이 많은 코스에서 치던 드라이버보다 비 오는 날이나 페어웨이가 무른 코스에서는 로프트가 조금 큰 드라이버를 사용하는 것도 현명한 방법이다. 또는 **평소보다 비 오는 날에는 런이 부족하기 때문에 캐리가 많이 나가도록 볼을 띄워 치는 것이 유리하다.** 비가 와서 그라운드가 축축해지는 것은 그린공략을 할 때는 오히려 유리한 경우도 있다. **평소에 딱딱한 그린으로 볼이 그린에 맞으면 튀어나가던 것이 비로 인해 부드러워져 그린에서 볼을 잘 받아주기 때문이다. 습도가 높거나 비 오는 날에도 볼이 날아가는 캐리는 줄어들기 때문에 클럽을 선택하는데 이 점을 고려해야 한다.**

골프를 하는데 비가 오는 것을 좋아하는 골퍼는 없을 것이다. 하지만 우리는 이런 날에도 플레이를 해야 하고 또 좋은 스코어를 만들어 내야 한다. 그러기 위해서는 철저한 준비와 긍정적인 마인드를 가지고 현명하게 상황에 대처하는 능력을 길러야 한다. 같은 사항이라도 그 처해진 상황을 불평하거나 부정하기보다 그 상황을 인정하고 올바르게 대처할 수 있는 방안을 고민하는 것이 현명한 골퍼이다.

날씨가 좋지 않은 악천후에는 자신이 평소에 그 코스에서 치던 스코어에서 한두 점수 또는 핸디에 따라서 여러 점수를 더 친다고 미리 생각하고 플레이를 시작하면 오히려 좋은 결과를 가져올 수가 있다. 날씨가 좋고 악천후가 없는 플레이하기에 좋은 날씨와 비바람이 몰아치는 날씨와는 스코어를 기록하는데 당연히 다를 수밖에 없다. 이러한 자신만의 스코어를 미리 생각하지 않으면 초반 몇 홀에서 원하지 않은 나쁜 스코어가 나쁜 흐름으로 연결되어 그날의 라운드 전체를 망칠 수 있기 때문이다.

이처럼 날씨는 골프의 일부이며 이러한 날씨에 어떻게 반응하며 플레이를 펼쳐 나갈 것인가는 오직 선수의 몫이다. 보통 프로들의 시합도 4일간에 걸쳐 이루어지며 4일 내내 같은 날씨를 유지하는 경우는 흔치 않다. 또한 4일 내내 같은 컨디션으로 일관된 플레이를 하기도 쉽지 않다. 어떤 위대한 골퍼가 한 명언 중에 "골프에서 운은 긴 안목에서 보면 공평한 것이다"라고 말한 것처럼 날씨 역시 누구에게나 공평하게 적용된다. 어떤 한 사람에게만 바람이 불고 비가 오며 날씨가 추운 것은 아닌 것이다. 우리는 이 사실을 미리 인정하고 게임에 임

할 필요가 있다.

골프에서 적이 있다면 상대 선수가 아니라 자기가 플레이해야 하는 코스라는 말이 있다. 같은 코스를 공략하는데 있어 날씨에 따라 플레이의 성격은 확연히 달라진다. 또한 선수의 컨디션에 따라서도 달라진다. 어제 플레이했던 홀에서 그린을 웨지로 공략했던 코스가 오늘은 4번 아이언을 쳐야 하는 것이 골프이다. 우리는 이러한 골프의 성격 자체를 인정해야만 한다.

자연의 변화무쌍함에 적응하며 플레이하는 것이 골프의 어려움이면서 동시에 재미다. 인간은 자연에 순응하며 살아야 한다. 좋은 날이 있으면 나쁜 날도 있게 마련이다. 이러한 이치는 날씨뿐만 아니라 우리 인생사가 그러하다. 골프도 이러한 이치를 이해하고 자연에 순응하며 순리에 맞게 적응을 빨리 하는 플레이어가 현명한 선수이다.

2 핑계

골퍼들이 흔히 하는 이야기 중에 우스운 이야기가 하나 있다. 볼이 잘 안 맞는 이유가 몇 천 가지가 있다고들 한다. 볼이 잘 안 맞는 이유를 보면 운전하고 와서, 채를 바꿔서, 날씨가 안 좋아서 등등 헤아릴 수 없이 많을 것이다. 이러한 이유 중에서 볼이 안 맞을 이유가 없는데 안 맞는 이유가 가장 마지막 이유라고 한다. 이처럼 우리는 골프가 잘 안될 때 이런 저런 핑계를 대기에 익숙해져 있다. 하지만 골프가 잘 되지 않는 이유를 라운드 내내 늘어놓는 것처럼 불편한 것이 없고 또 이러한 것은 핑계를 대는 사람이나 듣는 사람 모두에게 그리 유익한 것은 못된다.

특히 핸디캡이 큰 골퍼들일수록 이런 현상은 더 심하게 나타나는데 고수들은 그렇지 않다. 고수들은 처해진 상황을 겸허히 받아들이며 자기 분위기로 바꿔 나간다. 예를 들면 그린이 너무 안 굴러서 퍼팅이 안 된다고 동반자들이 투덜거릴 때 고수는 그린이 안 구르는 것은 인정하지만 퍼팅을 못하는 이유로 그린을 탓하지 않는다는 것이다. 오히려 동반자들의 퍼팅을 참고하여 그린의 스피드를 빨리 파악하고 그것에 맞는 거리감을 찾아내는데 집중한다는 것이다. 비록 라운드가 끝날 때까지 퍼팅감을 찾지 못한다 하더라도 다음 라운드를 위한 좋은 경험을 했다고 생각하는 것이 고수들이 하는 마음가짐이다.

골프선수들 중에서도 시합을 망치고 유난히 이런 저런 핑계를 대는 선수가 많이 있다. 어느 홀에서 클럽을 잘못 잡았다느니, 갤러리 잡음에 집중이 덜 되었다느니… 등등. 하지만 골프는 어느 한 홀의 어떤 한 샷이 그날의 게임 분위기를 바꿀 수 있다는 것을 염두에 두어야 하는 운동이다. 물론 홀 바이 홀로 현재에 집중하면서 플레이를 해야 되는 것은 맞는 이야기다. 하지만 경기를 하다보면 한 라운드에 찬스와 위기는 공존하기 마련이다. 위기가 되었든 찬스가 되었든 모든 것을 다 잃거나 모든 것을 다 얻을 수 없는 것이 골프라는 것을 인정하고 경기에 임해야 한다는 것이다. 짧은 퍼팅을 놓쳤는데 생각치도 않은 먼 거리의 퍼팅이 성공한 경우가 간혹 나오는 것이 골프이다.

핑계와 자신감은 분명히 구별된다. 이는 핑계를 보는 시각에 따라 구별되어진다. 어떤 핑계는 말 그대로 구차한 변명과도 같은 핑계이다. 하지만 어떤 핑계는 자신감 속에 포함된 좋은 의미의 핑계이다.

구차한 변명 같은 핑계는 남에게 불편을 줄 뿐만 아니라 자기 자신에게도 도움이 되질 못한다. 따라서 좋은 골퍼가 되기 위해서는 이러한 핑계를 줄이는 것부터 배워야 한다. 누구에게나 골프가 잘 되지 않는 날은 있게 마련이다. 이렇게 골프가 잘 되질 않는 날에는 구차한 핑계로 일삼는 것보다는 자신이 부족하다는 것을 인정하고 연습의 방향을 잡는 시간으로 삼는 것이 좋다. 하지만 핑계가 이처럼 부정적인 면만 있는 것은 아닌 것 같다.

자신감 속에 있는 핑계도 있다. 잭 니클라우스나 아놀드 파머 같은 선수들은 자신감이 넘쳐 종교적인 수준을 넘는 믿음이 강한 선수라고 할 수 있다. 퍼팅한 후 볼이 홀에 들어가지 않은 경우 위의 두 선수는 자신은 분명히 홀로 볼을 넣었지만 볼이 홀로 들어가지 않았다고 볼에게 잘못을 돌렸다고 한다. 이처럼 이 선수들은 자기 자신의 긍정적인 마음을 유지하기 위하여 외부로 핑계를 돌렸다고 한다. 잭 니클라우스 선수는 3퍼팅을 한 번도 하지 않았다고 인터뷰한 것처럼 자신감을 고취시키고 긍정적인 마인드를 갖기 위하여 자신이 조절할 수 있는 핑계는 자신감이라고 할 수 있다.

이처럼 이들은 항상 자기게임에 자신감이 넘쳤고 그 자신감은 강한 정신력과 피나는 노력에서 이루어 낸 결과물이다. 하지만 우리들의 핑계는 이들과는 조금 다른 것 같다. 거의 변명에 가까운 수준으로 그날의 실수에 대해 늘어놓기에 익숙하지 않은가. 만족하지 못한 스코어로 라운드를 마친 후 이러쿵 저러쿵 변명하기보다 충분한 자기성찰로 무엇이 부족한지를 반성하는 성숙한 골퍼가 되어야 한다.

3 동반자

골프의 묘미 중 하나는 동반자의 경기력이 미묘하게도 자신의 경기에 영향을 미친다는 것이다. 골프가 아닌 다른 구기 종목은 상대의 기술이나 기량에 따라 우세가 점쳐지고 실력차이가 확연히 나타나지만 골프는 자기 볼을 자기가 코스에서 치는데 왜 상대방의 플레이가 본인의 플레이에 영향을 주는지 미묘하다고 밖에 할 수 없다.

항상 편하게 자주 플레이를 갖는 동반자와의 라운드에서는 자기의 실력을 그대로 잘 발휘하지만 낯선 동반자를 유난히 꺼리는 골퍼들이 있다. 평소에 80타 대를 편하게 쳤던 골퍼가 어떤 특징적인 낯선 동반자를 만났을 때 갑자기 90~100대의 스코어를 기록하는 골퍼들이 있는 것이다. 하물며 기량이 가장 출중하다는 미 PGA 투어선수들도 3라운드까지 좋은 스코어를 기록하다가 마지막 날 타이거 우즈와 맞붙어 4라운드 경기를 망친 선수들도 많다. 그러고 보면 2009년 양용은 선수가 정말 대단하긴 한 것 같다. 메이저대회 마지막 날 타이거 우즈와 맞붙었을 때 그 압박감이 대단했을 텐데 그것들을 다 이겨내고 승리했으니 큰 박수 받아 마땅하다.

골프는 정말 알다가도 모를 운동이다. 말처럼 쉽게 자기 볼을 자기가 플레이하면 되는데 그것이 어려우니 말이다. 테니스처럼 상대의 강한 서브를 받아 넘겨야 하는 것도 아니고 야구처럼 상대의 강한 피칭을 쳐내야 하는 운동도 아닌데 강단지게 자기 골프를 치는 것이 쉽지 않다. 동반자가 그날 특별히 플레이가 잘 풀리면 본인의 플레이가 흔들리기도 하고 동반자가 너무나 멀리 쳐서 내가 보내는 드라이버 거리는 초라하게 느껴질 때도 있다. 상대방의 긴 거리의 퍼팅이 쑥 들어가기라도 하면 짧은 나의 퍼팅은 괜히 홀이 막힌 것 같아 불안하고 혹시 작은 내기라도 하면 상대방의 스코어를 미리 계산하기도 한다. 분명히 저 상황에서는 보기 이상의 스코어를 기록해야 하는데 파를 하면 자기게임에 영향 받는다. 말이 많은 플레이어, 속도가 느린 플레이어 등 골프에서 같이 플레이하는 동반자의 영향은 말로 표현할 수 없을 정도로 많다.

진정으로 훌륭한 선수는 차갑도록 냉정하게 자기의 플레이를 하는 선수다. 자기가 계획한 대로 실행하고 루틴대로 플레이하며 겸허히 결과를 받아들일 줄 안다. 상대방의 플레이에 휘둘리지 않고 자기가 계획한 대로 한 홀 한 홀 공략해 나가는 것이다. 사실 웬만한 강단이 없으면 이러한 플레이를 하기가 쉽지 않다. 하지만 골프에서 강자가 되려면 자기를 다스리며 자기에게 현명한 선택을 하고 자기게임에 충실하는 법을 알아야 한다. 골프는 드라이버가 꼭 멀리 나가야 우승하는 게임도 아니고 화려하게 플레이해야 좋은 스코어를 치는 게임도 아니다. 각자 자신이 가지고 있는 장점을 잘 살려 본인이 의도한 스코어를 쳐 내는 것이 중요하다. 동반자의 플레이 스타일이 항상 자신의 스타일과 같을 수는 없다.

플레이의 스타일에 따라 클럽 선택도 달라지고 공략법도 다를 수밖에 없다. 투어프로들 역시 플레이하는 스타일이 조금씩은 다르다. 꼼꼼하고 계산된 플레이어가 있으면 화려하고 공격적인 골퍼도 있다. 주절주절 시끄러운 골퍼가 있는가 하면 조용히 18홀을 플레이하는 선수도 있다. 플레이하는 스타일은 보통 성격에 따라 많이 좌우되지만 어떤 스타일이 꼭 좋고 유리하다고 말할 수는 없다. 중요한 것은 자신의 스타일을 갖는 것과 그것을 믿고 본인의 플레이를 할 줄 알아야 한다는 것이다. 상대의 플레이에 휘둘리지 않고 자신의 스타일을 고수하며 최선을 다하면 되는 것이다. 그리고 후회 없이 18홀 그린에서 동반자와 악수하고 나오면 바로 그 선수가 훌륭한 선수이다.

4 선택

우리의 삶이 선택의 연속이라고 말하지만 골프도 게임이 시작되어 끝날 때까지 계속되는 선택의 연속이라 할 수 있다. 티 그라운드에서 드라이버를 칠까 우드를 칠까부터 시작해서 6번을 칠까 7번을 칠까, 라이를 볼까 말까… 등등 계속되는 선택이다. 클럽 선택에서부터 공략 선택, 샷의 선택, 라이 선택 등 골프에서는 수없이 많은 선택을 한다. 가장 속상한 샷 중의 하나는 굉장히 잘 친 샷인데도 불구하고 클럽 선택을 잘못해서 너무 길거나 짧아 결과가 좋지 않은 경우이다. 이런 경우 미스 샷을 할 때보다 더 속상하고 잘못 선택한 것에 대하여 후회하게 된다.

게임이 잘 풀리는 날에는 이러한 선택들이 잘 되고 결정도 쉽게 된다. 하지만 게임이 잘 풀리지 않는 날에는 선택을 결정하기가 어렵고 결정을 잘못하는 경우도 많다. 이러한 잘못된 선택은 경험이 적은 초보자일수록 많이 나타나는데 이러한 선택이 스코어에 지대한 영향을 미치는 것은 당연하다.

예를 들면 티샷한 볼이 숲속으로 들어갔을 때 나무와 나무 사이로 그린을 바로 공략할 것인지 아니면 레이업할 것인지를 놓고 고민할 때 실력에 맞게 그리고 확률적으로 더 높은 결정을 해야 하는데 욕심을 부리며 무조건 그린으로 바로 공략하다가 많은 타수를 잃으며 스코어 관리를 못하는 경우다. 올바른 선택을 하기 위해서는 결정의 순간에 나름대로 원칙을 정해 놓아야 한다.

첫째, **가장 안전한 것을 선택한다.** 골프는 항상 굳샷만을 추구하는 게임이 아니다. 야구에서 타자가 계속되는 삼진에도 불구하고 만루 홈런 한방이면 게임을 승리할 수 있다. 하지만 골프는 만루 홈런은 못 치더라도 삼진을 당하면 안 되는 게임이다. 골프의 진정한 의미는 미스 샷을 줄이는 게임이며 미스 샷을 하였더라도 그 폭을 줄여야 한다. 우리는 항상 베스트 샷에 몸도 마음도 치우쳐져 있다. 하지만 골프는 실수의 게임이고 실수를 줄이는게 골프를 잘하는 비결이며 실수를 줄이기 위해서는 가장 안전한 샷이 가장 좋은 선택이다. 샷을 고민할 경우 상황에 따라 다르지만 가장 안전한 샷으로 선택하면 실패하거나 후회할 일이 적어진다. 위험부담이 가장 적은 샷으로 선택하는 것이 현명하다.

둘째, **가장 익숙한 것으로 선택한다.** 샷을 선택하는 데 있어 평소에 전혀 연습이 없던 생소한 것을 시도하기보다는 자기가 늘 해왔던 익숙하고 가장 자신 있는 것으로 선택하는 것이 유리하다. 연습라운드를 함에 있어서도 어떤 날은 스코어를 최대한 줄이는데 집중하는 라운드가 있는가 하면 어떤 날은 새로운 시도들로 실험적인 라운드를 하는 경우가 있다. 그런 실험적인 라운드에서는 자신이 가지고 있는 일반적인 샷 이외에도 새로운 경험의 샷들을 많이 연습하는 경우이다. 하지만 시합이나 평소 익숙하지 않은 샷을 중요한 순간에 시도하는 것은 무모하다고 할 수 있다. 중요한 순간이나 매우 긴장되는 상황일수록 자신이 항상 해오던 익숙한 샷이 있어야 하며 그러한 익숙한 샷을 선택하는 것은 그만큼 성공확률을 높인다.

셋째, **실력에 맞게 선택한다.** 골프를 잘 하려면 자기의 골프 게임을 파악하고 장점을 살릴 수 있는 것을 선택할 줄 알아야 한다. 예를 들어 그린을 공략하는 샷을 선택할 때 남은 거리가 100야드 이내라면 핀을 직접 공략하지만 100야드 이상 된다면 핀이 한쪽으로 치우쳐 있다 하더라도 그린 가운데를 공략하고 퍼팅으로 승부하는 것이 유리하다. 또는 러프에서 거리가 멀다고 우드나 롱 아이언을 선택하기보다 그린 주위까지만 갖다 놓는다는 생각으로 조금 짧은 클럽을 선택하는 것이 현명하다. 플레이어의 컨디션은 매일 매일 다르게 나타난다. 라운드를 하며 초반 몇 홀에서 자신의 샷 감각이나 컨디션을 체크하고 그것에 맞는 샷의 선택은 스코어를 유지하는데 매우 중요하다. 잘 되는 날과 안 되는 날을 구별할 줄 알고 공격과 방어를 할 줄 알아야 스코어를 잃지 않는다. 이러한 계산 없이 무모하게 공략하는 것이나 욕심을 부리는 일은 보다 적은 스코어를 치는데 전혀 도움이 되지 않는다.

넷째, **보상과 위험의 득실을 따져야 한다.** 모든 경기력이 엄되는 날에는 조금 공격적으로 가도 괜찮다고 판단되면 과감하게 공격한다. 하지만 왠지 컨디션이 좋지 않고 게임이 다운되는 날에는 무리한 공격보다는 안전 위주의 지키는 플레이가 유리하다. 예를 들어 파5홀에서 위험요소를 넘기는 2온 시도를 할 것이냐 안전하게 3온 작전을 갈 것이냐의 선택에서는 항상 보상과 위험을 따져 확률이 높은 쪽으로 선택해야 한다. 자신의 실력을 과신하는 것도 또 너무 안일하게 방어적인 플레이도 플레이어의 스타일이지만 보다 확률이 높은 쪽을 선택하는 능력은 훌륭한 선수일수록 탁월하다.

다섯째, **환경적 요소를 고려하여야 한다.** 날씨나 코스, 바람, 컨디션, 볼의 상태 등 환경적인 요소를 고려한 가장 합리적인 선택을 하여야만 스코어를 잃지 않고 제대로 플레이를 할 수 있다. 예를 들어 맞바람과 뒷바람이 불 때 클럽을 선택하는 것이 쉽지 않은데 가장 안전하고 위험요소를 피하며 만약 실수가 되더라도 만회할 수 있는 실수가 되는 선택을 하여야만 한다. 퍼팅을 할 때에도 그린의 속도를 가늠하여 공격적으로 퍼팅할 것인지 아니면 수비적으로 퍼팅할 것인지를 결정하여야 한다. 이러한 환경적인 요소를 고려하여 올바른 선택을 하기에는 많은 경험과 실전이 필요하지만 조금만 신경 쓰고 관심을 더 기울인다면 보다 빠르게 본능적으로 이러한 것들을 해 낼 수 있을 것이다.

여섯째, **결정한 것을 믿어야 한다.** 샷을 하기 전 확신이 서지 않은 상태에서 샷이 이루어지면 결과가 좋지 않은 경우가 많다. 예를 들어 페어웨이 밖의 양쪽이 다 OB 지역일 경우 볼을 페어웨이에 갖다 놓으려는 생각만으로 어정쩡한 스윙을 구사하였을 때 오히려 더 미스를 하는 경우가 있다. 이럴 때는 평소에 주로 사용하는 구질을 통하여 단호하게 샷을 하는 것이 좋은 결과로 이어질 확률이 높다. 단호하게 결정한 것을 믿고 실행에 옮겼을 때 성공할 확률이 높고 또 실패하더라도 후회가 덜 되며 실패를 교훈으로 삼을 수 있다.

5 스코어

골프에 있어서 스코어는 절대적이다. 내용이 아무리 형편없어도 스코어가 좋으면 그 선수가 우승을 하는 것이 골프이다. 하지만 스코어는 라운드하는 동안 아무리 잘 만들어 보려고 노력해도 뜻대로 잘 되지 않는 것이 골프 스코어다. “골프 핸디는 땅속에 들어 있다”라는 말이 있다. 이것은 자신이 가지고 있는 평균의 스코어를 깨는 것이 정말 어렵다는 뜻에서 표현된 말이다. 경기 초반에 너무 나쁜 스코어를 기록하거나 반대로 너무 좋은 스코어를 기록하여도 결국 끝날 때쯤이면 자신의 핸디에서 크게 차이나지 않게 스코어가 만들어지는 경우를 두고 하는 말이다.

어떤 티칭프로는 라운드를 하는 동안 스코어는 잊고 한 홀 한 홀 아니면 한 샷 한 샷에 최선을 다하다 보면 스코어는 당연히 좋아질 것이라고 한다. 물론 틀린 얘기는 아니다. 하지만 도인의 경지에 이르기 전에는 이렇게 스코어에 무심하며 플레이하기가 쉽지 않다. 하지만 우리는 이러한 노력을 최소한 기울여 볼 필요는 있다.

골프를 하다보면 왠지 샷이 잘되고 게임이 잘 풀려 좋은 스코어를 내는 날도 있지만 게임이 풀리지 않고 운도 따르지 않아 스코어를 잃어버리는 날이 있다. 통상적으로 잘 될 때는 문제가 되질 않는다. 플레이가 잘 풀리는 날에는 몸에 엔돌핀이 돌며 기분이 업되고 치는 대로 결과가 좋은 날이라 골프에 자신감이 충만하게 된다. 하지만 플레이가 잘 안될 때는 모든 것이 꼬인 듯 마음먹은 대로 되는 것이 없다. 그 충만했던 자신감도 서서히 사라지고 의 기소침해지며 본인의 골프가 초라해진 것 같은 마음이 들 때도 있다. 하지만 플레이가 안 풀릴 때 어떤 마음가짐과 태도를 유지하느냐에 따라 훌륭한 플레이어와 그렇지 못한 플레이어로 나뉠 수 있다.

훌륭한 선수는 절대 포기하는 법이 없다. 플레이가 잘 안될 때도 인내하고 기다린다. 당황하거나 서두르지 않고 기회가 올 때까지 인내하고 또 인내한다. 설사 그 인내와 기다림의 결과가 라운드가 끝날 때까지 오지 않는다 하여도 멋지게 한수 배운 후회 없는 라운드라고 생각한다. 이러한 마음가짐과 태도는 골프 기량 못지않게 중요하다. 요즘 젊은 선수들은 스윙의 기술이나 신체적 조건이 좋아 훌륭하게 샷을 해내지만 이러한 인내심이 상대적으로 부족한 것 같은 선수를 많이 본다.

라운드를 하다 보면 항상 기회와 위기가 같이 오게 마련이다. 모든 스포츠가 그렇고 인생이 그렇듯이 잘 될 때가 있고 또 안 될 때도 있는 것이다. 최선을 다해 기회를 살리려고 노력하고 플레이가 잘 풀릴 때 자신감을 고취시키며 위기가 찾아올 때 평정심을 유지하고 유연하게 대처해 나가야 한다. 플레이가 잘 되지 않을 때 포기하지 않고 실력을 쌓는 기회로 삼는다면 당신은 훌륭한 플레이어가 될 수 있을 것이다. 절대로 라운드 중간에 게임을 포기하지 말라. 플레이가 자기 마음먹은 대로 잘 풀리지 않는다고 일찍 포기한다면 다음에도 또 그런 상황이 닥쳤을 때 이겨내는 법을 모르기 때문에 또 포기하게 되는 것이다. 인내심이야 말로 골프에서 꼭 필요한 기술이 아닐까 싶다.

6 스타일

골퍼들의 스타일은 매우 다양하다. 특히 플레이 스타일은 프로들에게서도 매우 다양하게 나타난다. 골퍼들마다 골프게임에서 잘 할 수 있는 장기는 모두 다르다. 어떤 이는 장타가, 어떤 이는 숏게임이, 또 어떤 이는 퍼팅이 장기인 경우가 있다. 무슨 장기를 가졌든지 자기의 골프게임을 올바르게 분석하고 부족한 게임을 보충하며 장기의 게임을 더 부각시키는 스타일의 전개가 필요하다.

요즘은 프로이든 아마추어이든 장타를 치는 골퍼가 매우 많아졌다. 장비도 좋아졌거니와 골퍼의 연령대도 낮아졌고 스윙기술도 많이 발전한 결과라고 보여진다. 하지만 조금 짧게 친다고 점수를 내지 못하는 것은 아니다. 분명 장타를 치는 것은 골프에서 유리하다. 하지만 이것만이 전부는 아니므로 **점수를 만들어 내는데 무엇이 필요한 것인지를 알고 자신에게 맞는 장기를 살리는 것이 현명하다.**

이러한 것이 게임의 스타일일 것이다. 조금 짧게 치지만 정확성을 무기 삼아 점수를 뽑아낼 수도 있고 장타를 치는 사람은 그것을 이용하여 낮은 점수를 만들어 내면 된다. 장타를 치고 파5홀에서 투 온에 성공하며 버디를 많이 쳐서 낮은 점수를 치면 분명 플레이가 화려해 보인다. 하지만 장타자에도 단점은 있다. 샷의 정확도가 떨어지면 확실히 실수의 폭이 넓게 나타난다. 한 홀에서 큰 점수를 칠 확률이 높고 장타가 오히려 단점이 되기도 한다. 하지만 단타자들은 장타를 치는 사람이 매우 부럽다. 단타자들은 항상 거리에 대한 로망이 있으며 장타를 위한 생각들로 머릿속을 가득 메운다. 보통 단타자들은 숏게임이나 퍼팅이 강하다. 멀리 치지 못하는 핸디캡을 정확한 그린 공략이나 퍼팅으로 만회하는 경우가 많다. 플레이가 화려하지는 않지만 자신만의 게임이 있고 점수를 내는 방법을 나름대로 가지고 있다.

롱게임, 숏게임, 퍼팅 등 골프게임에서 중요하지 않은 것은 없지만 나름대로 자신만의 특화된 게임이 있다면 어디가서도 자신을 견줄 수 있을 것이다. 또한 특화된 장점은 없는데 반대로 못하는 것이 없는 단점이 없는 골퍼도 무섭다. 특별히 잘하는 게임이 없는 것 같은데도 스코어를 잘 만들어 내는 골퍼가 있다. 프로들 중에서도 이러한 평을 받는 선수들이 있는데 플레이가 화려하지도 멋있지도 않은 것 같지만 내실 있는 골프를 치며 낮은 스코어를 만들어 내는 프로이다. 점수를 내는데 필요한 것들을 골고루 다 할 줄 아는 플레이어다.

골퍼마다 플레이하는 방식은 다르며 이는 스타일일 수 있다. 우리가 필드를 나갈 때 수수하게 입을 것이냐 아니면 눈에 확 띄는 화려한 의상을 입을 것이냐 선택하는 것처럼 플레이 스타일도 선수 개개인에 따라 다르다. 전체적인 플레이의 성격도 틀려지지만 한 홀 한 홀의 플레이도 스타일에 따라 다르게 공략된다. 아무튼 자신만의 플레이 스타일이 있고 부족한 게임을 채우며 자신의 장점을 살리는 플레이어라면 스타일에 관계없이 매력 있는 골퍼가 될 수 있을 것이다.

참고문헌

- 밥 로텔라, 루비박스, 골프 완벽한 게임은 없다, 2005
- 잭 니클라우스 외, 팩컴북스, Golf My Way, 2010

저자소개

염정환

- 한국골프대학 교수
- KPGA 정회원
- 이학박사
- 대한골프학회 이사
- 대한골프운동과학회 이사
- 안산시 골프협동조합 이사

THE PROFESSIONAL GOLF TIPS

2017년 3월 10일 초판 1쇄 인쇄
2017년 3월 15일 초판 1쇄 발행

지은이 염정환
펴낸이 진욱상
펴낸곳 백산출판사
교 정 편집부
본문디자인 박채린
표지디자인 오정은

서사와의 합의하에 인지첩부 생략

등 록 1974년 1월 9일 제1-72호
주 소 경기도 파주시 회동길 370(백산빌딩 3층)
전 화 02-914-1621(代)
팩 스 031-955-9911
이메일 edit@ibaeksan.kr
홈페이지 www.ibaeksan.kr

ISBN 979-11-5763-322-7
값 25,000원